人力资源总监
教你做薪酬

操作实务与设计技巧

实用
案例版

张明辉◎著

中国铁道出版社
CHINA RAILWAY PUBLISHING HOUSE

内 容 简 介

本书是一本薪酬实务工具书，由资深 HRD 手把手教你做薪酬的操作与设计。全书共 22 章，首先介绍了薪资操作的过程，从工资条的科目讲起，为薪酬专员介绍了制作工资需要掌握的技能、工资发放过程中的疑难问题以及如何处理调薪等内容，涉及很多实用的 Excel 计算公式；然后介绍了薪酬体系设计，为薪酬主管介绍了薪点制的设计过程、职位分析与岗位评估的操作过程；最后介绍分类薪酬方案的设计与操作案例，包括：年薪制、奖金提成制、计件制、项目奖金制、项目补贴、股权期权、工资总额与业绩挂构、企业年金、职能部门绩效工资、薪酬调查、互联网公司薪等薪级表以及互联网公司股权案例等内容。

全书架构合理，逻辑性强，讲解通俗易懂，以表析文，案例丰富，注重案例原创性、与时俱进，行文可读性强。本书可作为薪酬专员、薪酬主管、HR、企业高管、MBA、本科生等的参考用书。

图书在版编目（CIP）数据

人力资源总监教你做薪酬:操作实务与设计技巧 ：实用案例版/张明辉著.—北京：中国铁道出版社，2018.6

ISBN 978-7-113-24387-6

Ⅰ．①人… Ⅱ．①张… Ⅲ．①企业管理－工资管理
Ⅳ．①F272.923

中国版本图书馆 CIP 数据核字（2018）第 064498 号

书　　名：	人力资源总监教你做薪酬——操作实务与设计技巧（实用案例版）
作　　者：	张明辉 著

策　　划：	王 佩	读者热线电话：	010-63560056
责任编辑：	杨新阳　王 佩		
责任印制：	赵星辰	封面设计：	MXK DESIGN STUDIO

出版发行：	中国铁道出版社（100054，北京市西城区右安门西街 8 号）
印　　刷：	三河市宏盛印务有限公司
版　　次：	2018 年 6 月第 1 版　　2018 年 6 月第 1 次印刷
开　　本：	700mm×1 000mm　1/16　印张：23　字数：477 千
书　　号：	ISBN 978-7-113-24387-6
定　　价：	59.80 元

前言 PREFACE

一、本书的源起

薪酬管理，在 HR 的工作中是一个比较特殊的模块，可大可小。

往小了说，就是做工资、发工资而已；往大了说，年终奖、绩效工资、提成、年薪、股权激励等，不仅使 HR 经理绞尽脑汁，而且公司高管、老板都要过问，甚至头疼，有时不得不请咨询公司出手相助。薪资分配不均衡，导致员工流动量大，或者公司上市以后高管为了早日实现套现纷纷辞职，影响公司经营业绩或股价波动，已不鲜见。

公司规模小的时候，经营先于管理，人力资源管理也如此，包括薪资，简单可操作是最主要的做法。当公司规模扩大到几百甚至几千人的时候，就会出现公平与否的问题。员工对外比薪资水平；对内比纵向职务层级、横向部门、职位之间的差别，或者叫攀比。原先适用的简单模型，被迫打上各种补丁，或者要做薪酬体系修订或重新设计。

每个公司，尤其是多元化的集团公司，部门多、复杂，子公司、事业部、一级部门、分公司、大区等不一而足。大一统的薪酬体系开始不适用了，随之，分类的薪酬方案设计就出现了。

以上各种情况，对负责薪资的 HR 来说，薪酬体系的设计也就成了一项必备的技能。职等职级表、薪资曲线、等差、级差、P25 等行业术语，背后的逻辑思路框架，以及更多的 Excel 技巧，就需要熟练掌握。

有些薪酬话题，属于老生常谈。对熟手来说，会者不难；对新手来说，却是需要不断学习的过程，难者不会。

另外一些薪酬的话题却是新形势催生的，比如拟上市公司催生了薪酬"规范"，2008 年新《中华人民共和国劳动合同法》的实施力度加大，催生了离职、加班、年休假等的计算的政策依据和合法性的反复权衡，与外贸业务相关的体系审核等频繁又琐碎，工作量大，催生了规避与整改的左右为难。

薪资与人事、绩效模块的关系交叉在一起，不分彼此，你中有我，我中有你。

不管是工作中的需求，还是 HR 自身面临的职业规划，都需要熟练掌握薪酬的操作与设计。

本书主要是指导在薪资、人事、绩效模块摸索的新手来掌握薪资操作过程与设计的技巧，指导有 3~5 年工作经验的熟手拓展领域，触类旁通，将薪酬的设计作为一门手艺，学精学透，为自己的职业技能再增添一个筹码。

二、本书结构

本书共分为四篇，分别是第一篇（第一章~第四章）薪资操作，主要包括薪资发放的过程、技巧以及薪资计算的依据，公司内部的薪酬制度、人事制度，外部的劳动政策法规等。第二篇（第五章~第八章）薪酬体系设计，包括薪酬体系的建立与修订、薪点制、职位分析与岗位评估。第三篇（第九章~第十八章）薪酬方案设计，包括年薪制、计件工资、销售奖、项目奖、补贴项目设计、股权设计、工资总额与业绩挂钩、企业年金设计等 58 个真实案例。第四篇（第十九章~第二十二章）薪酬高级专题。主要是拟上市公司的薪酬"规范"，32 个体系审核的薪酬案例。

三、读者对象

本书适合从事薪资、人事、绩效模块的人力资源专员、主管学以致用，也可供人力资源部经理、绩效主管、部门经理等参考，或对薪酬感兴趣的其他行业的读者了解。

本书张巧兰参与并编写了第二、三章的内容，并对 Excel 计算公式设置进行了复核。

张明辉

2018 年 3 月

杭州

目录 CONTENTS

第一篇 薪资操作

第二篇　薪酬体系设计

第三篇 薪酬方案设计

第四篇 薪酬高级专题

第一章

读懂工资条的科目

每个月收到工资短信后，不同层面的人的反应和心理想法会有区别。

比如公司领导，采用高年薪制或年薪+股份制，对短信上的工资数据只是看一眼，对他来说这只是基本收入，不会太在意。

而普通员工收入不高，就会关注和上个月比是否有出入。有出入，会电话或当面去向薪资专员打听：态度好，叫打听；态度不好，叫质疑。

拿计件工资的一线员工则会严重关注，工资少 50 元，就会马上跳起来，找生产部经理、车间主任、组长或直接找人事部去理论。

1.1　一级科目和二级科目

短信通知后，员工一般会收到纸质的工资条，或通过电子邮件发放，或通过 OA 系统自助查询。工资条举例，见表 1.1 和表 1.2。

表 1.1　某科技公司工资条

单位：元

序号	姓名	部门	岗位	基本月薪	其他补贴	绩效工资	司龄工资	加班工资	奖金	补发
				6 900.00		4 600.00	140.00			

其他	应发工资	高温费	养老	医疗	失业	公积金	个调税	工会费	实发工资	备注
	11 640.00		−714.00	−182.50	−89.25	−1 000.00	−675.85	−34.50	8 943.90	

表 1.2　某通信股份有限公司工资条

单位：元

部号	部门	编号	姓名	基本工资	各类补贴	误餐费	应发其他	应发数
01	办公室	0001		2 1086.00	150.00	150.00	500.00	21 886.00

公积金	补扣公积金	基本养老保险	医疗保险	失业保险	扣缴所得税额	应扣数	实发数	备注
1 314.00	0.00	275.94	71.29	0.00	3 509.95	5 171.18	16 714.82	

工资条由很多科目和数字组成。要想看明白数字，必须先搞懂科目。科目是从财务借用过来的术语，做财务报表，就涉及会计科目。

工资科目分为一级科目和二级科目。科目之间有内在的逻辑关系，财务叫勾稽关系，就是算法。不会变的一级科目有两个：应发工资和实发工资。银行短信只是告诉你一个最后的数据，这个科目叫实发工资。

实发工资=应发工资−代扣代缴部分。

用计算器或 Excel 自己计算下，实发工资是否是应发工资−代扣代缴部分小计。

1.2　二级工资科目的计算

应发工资的二级工资科目一般包括：基本工资、绩效工资、司龄工资、加班工资、带薪假工资、津贴补贴、计件工资、销售提成、项目奖金、年终奖、其他。

代扣代缴的二级工资科目一般包括：养老保险、医疗保险、失业保险、生育保险、工伤保险、公积金、工会费、个人所得税等。一级科目和二级科目之间，都是+、−的关系。而每个二级科目的计算，依据具体的计算公式，有些简单、有些复杂，应根据公司薪酬制度、人事管理规定、国家劳动政策等确定计算公式，并在 Excel 工资表中进行公式设置。

1.2.1 基本工资的计算

基本工资是最基础的，绩效工资、年终奖等一般与此有相应的计算关系。基本工资根据月工资标准、基本工资占比、出勤或缺勤计算。

月工资标准，一种是直接的数据，比如 3 000.00 元。另一种是根据薪点计算，比如，你的薪点是 3.0，目前公司薪资制度规定薪点值 1 分=1 000 元，则你的月标准工资=3.0×1 000=3 000.00 元。假定公司规定你的职位的基本工资比例为 70%，绩效工资为 30%，则基本工资=3 000×0.7=2 100.00 元。

如果你当月满勤，那么你的基本工资就是 2 100.00 元。假如你缺勤了，就要另行计算。一般公司的人事管理规定或薪资制度或假期规定，会明确各种请假薪资的扣法。

计算缺勤工资时有两种方式：按出勤加，或者按缺勤扣。

按出勤算：当月基本工资=日工资×出勤天数。

按缺勤算：当月基本工资=基本工资-日工资×缺勤天数。

这两种计算方式得到的结果也是不同的。

接下来的问题是，日工资怎么算？

日工资=月基本工资/21.75。

你一定会很好奇地问：21.75 怎么来的？1 年有 365 天，52 周，每周休 2 天，则年休息日为 2×52=104 天，年工作日为 365-104=261 天。1 年有 12 个月，则月工作日：261/12=21.75 天。

以下几种情况需要注意：

有的公司把 11 天的法定节假日也扣除了，得到的月工作日为 20.83 天，它的计算依据是（365-104-11）/12=20.83，这是不对的。目前法定节假日是 11 天，包括：元旦 1 天、清明节 1 天、劳动节 1 天、端午节 1 天、中秋节 1 天、国庆节 3 天、春节 3 天。这 11 天虽然不工作但带薪。

还有些不规范的企业，用当月实际的工作日天数来计算，是不对的。如有些企业实行单休，就按照月工作日为 26 天来计算员工工资，这样做不但不对，而且违法。21.75 天，这是国家规定的时间，与本月的工作日多少无关。

当企业用比 21.75 大的数字进行测算时，你的日工资就减少了，相应地，你的月出勤工资=日工资×出勤天数，也就少了。

当本月为 30 天时，按出勤与缺勤计算时的工资出入见表 1.3。

表1.3 出勤工资、缺勤工资的算法出入（1）

月基本工资（元）	月工作日（天）	日工资（元/天）	当月实际天数（天）	工作日（天）	出勤天数（天）	缺勤天数（天）	月出勤工资A1（元）	月缺勤工资（元）	月基本工资A2（元）	出入：A1-A2（元）
2 100	21.75	96.55	30	21	18	3	1 737.93	289.66	1 810.34	-72.41

月基本工资为=2 100.00元，若当月实际天数30天，工作日21天，缺勤3天，那出勤只有18天。

日工资=2 100.00/21.75=96.55元，则：出勤工资=96.55×18=1 737.93元；缺勤工资=96.55×3=289.66元，即应发的月基本工资=2 100.00-289.66=1 810.34元。

两种算法得到的结果相差：1 737.93-1 810.34=-72.41元。

也就是说，按出勤算，工资会少发72.41元。

当本月为31天时，按出勤与缺勤计算时的工资出入见表1.4。

表1.4 出勤工资、缺勤工资的算法出入（2）

月基本工资（元）	月工作日（天）	日工资（元/天）	当月实际天数（天）	工作日（天）	出勤天数（天）	缺勤天数（天）	月出勤工资A1（元）	月缺勤工资（元）	月基本工资A2（元）	出入：A1-A2（元）
2 100	21.75	96.55	31	22	19	3	1 834.48	289.66	1 810.34	24.14

月基本工资为2100元，当实际天数31天，工作日22天，缺勤3天，出勤19天。日工资依然为96.55元，则：出勤工资=96.55×19=1 834.38元；缺勤工资=96.55×3=289.66元，则应发的月基本工资=2 100-289.66=1 810.34元，不变。

相差：1 810.34-1834.38=-24.14元。

也就是说，按出勤算，工资会多发24.14元。

这两种算法，在有30天、31天的不同月份，相差可达：24.14-（-72.41）=96.55元。

这种算法的变化不仅影响正常的在岗员工的工资结果，对于试用期、实习、离职的情况也是有影响的，虽然金额不大，但是确实会有出入。**当然，小数点直接保留两位取整后再做加减乘除，也略有影响。**

有公司更离谱，不按照应发工资，而是用劳动合同约定的工资（一般比应发工资低）作为基数，或用最低工资，这种"节省人工成本的方法"属于违法操作。

1.2.2 代扣代缴的计算

代扣代缴的一级科目包括：社会保险、公积金、工会费、个人所得税。

（1）社会保险的代扣代缴

社会保险包括：养老保险、医疗保险、失业保险、工伤保险、生育保险，大病附加险。代扣代缴小计=社会保险+公积金+工会费+个人所得税。

如果想进一步搞清楚，社会保险、公积金、工会费怎么代扣的，就要继续了解基数和比例。比如，养老保险个人部分=缴纳基数×缴纳比例。

基数有个上限、下限的范围，是上年本省或本市的社会平均工资（以下简称社平工资）的 60%～300%。也就是说，如果工资很高，要封顶，按上年当地社平工资×300%作为基数。如果工资很低，要保底，按上年当地社平工资×60%作为缴纳基数。如果工资在上年社平工资的 60%～300%，就按月工资缴纳。

以上说的是合法缴纳的情况。上市公司以及当地政府的劳动部门执法很严格的地区，比如上海、省会城市通常会这么做。

一般的民营公司，有很多会想办法少缴纳一点，程度不同。比如，按劳动合同约定工资缴纳，而劳动合同的约定工资比应发工资要低不少。对企业来说，不规范的好处就是直接省了人工成本；对劳动部门来说，本地区没有太高执法要求，睁只眼闭只眼就算了。在一些地区，比如偏远地区，还存在着社会保险险种减少或基数很低、比例很低的空间，催生了劳务派遣公司操作获得差价的机会。当然这种空间在减少，因为国家出台了新的政策。有些地方有综合险、农民工双低保险等。

（2）公积金的代扣代缴

公积金缴纳，比社会保险要宽松，不是所有的公司都为员工缴纳公积金的。对员工来说，多数人希望公司缴纳公积金，对于买房子有很多好处；但也有不少低工资者不喜欢缴纳，因为公积金不容易取出来，而且每月还要从工资中扣除几百块，影响生活水平。

（3）工会费的代扣代缴

工会费=缴纳基数×比例，个人比例 0.5%，单位比例 2%。这笔钱到哪里去了？单位比例 2%中的 0.8%交给财税，1.2%返还公司工会作为活动经费（按照各地规定比例分配）。不同公司，实际情况也不同。有的公司工会费就在员工上缴的里面开支了；也有的公司，会拨额外的经费给工会。当你过节拿到水果或卡，或单位组织旅游时，你要想一下：这是公司额外给的，还是从工资里代扣的羊毛？

（4）个人所得税的代扣代缴

个人所得税是累计制的，税率 P 有七段：3%、10%、20%、25%、30%、35%、45%。假定月工资 A，要先扣除 3500 元，即以（A-3 500）的余额作为应纳税额。个人所得税计算公式是：个人所得税=（A-3 500）×P-速算扣除数，见表 1.5。

表 1.5 个人所得税税率 3%、10%、20%的计算依据

级 数	全月应纳税所得额	税 率（%）	速算扣除数（元）
1	不超过 1 500 元	3	0
2	超过 1 500～4 500 元	10	105
3	超过 4 500～9 000 元	20	555

当月工资是 3 400 元、4 500 元、6 000 元、10 000 元时，个人所得税分别为：0、30.00 元、145.00 元、745.00 元，见表1.6。

表 1.6　个人所得税的计算

月工资 A	A−3 500	税 率 P	速算扣除数 B	个人所得税=（A−3 500）×P−B
3 400	−100	0	0	0.00
4 500	1 000	3%	0	30.00
6 000	2 500	10%	105	145.00
10 000	6 500	20%	555	745.00

1.3　税后工资、人工成本

员工与公司对工资的理解常常有出入，问题出在哪儿？

HR 经常站在公司的立场与员工进行沟通。在招聘时，HR 向应聘者介绍的工资，一般说的是税前工资，也就是工资条中的应发工资。有些还会加上其他的工资性收入，比如交通费、通信费、公司福利（卡、实物）、公司给缴纳的公积金，有时还会增加培训机会、班车、工作环境等项目。

而员工谈论的通常是税后工资，也就是实发拿到手的工资。对于公积金，虽然公积金账户增加了 2 倍，比如扣了 200 元/月，账户实际到账 200+200=400 元，但从工资条来看，就是少了 400 元。员工也对是否包吃、包住，是否提供交通费、电话费、报销等抱有期望，将这些理解为税后收入。

这就造成了出入：员工心里认为，拿到手的工资总是比 HR 说得要少。

同时老板在与 HR 部门规划中谈论的是人工成本，觉得成本高。因为除了工资性收入（工资、奖金提成、补贴、年终奖等），公司还有其他福利要支出，如五险一金，这是说的公司支出部分，一般可以估算为 0.4 倍的工资性收入，被政府相关部门（社会保险中心公积金中心等）按月统一扣除了。0.4 倍怎么来的？以杭州市为例，五险一金的公司缴费部分的比例，合计是 0.413 左右，见表1.7。

表 1.7　五险一金公司部分缴费比例

养老	医疗	失业	工伤	生育	社会保险小计	公积金	五险一金合计
14%	11.50%	2%	0.60%	1.20%	29.3%	12%	41.3%

也就是说，HR 给出的年薪 7 万元，对老板来说，人工成本约为 7×1.4=9.8 万元，而对于员工来说，则只看到按照 7 万元扣除各种代扣代缴后的月工资×12+年终奖税后金额，这样可能只有 5 万多元的年收入，见表1.8 和表1.9。

表 1.8　五险一金个人部分缴费比例

养老	医疗	失业	工伤	生育	社会保险小计	公积金	五险一金合计
8%	2%	1%	0	0	11%	12%	23%

表 1.9　员工估算的税后年收入

税前 12 个月收入（万元）	年终奖（万元）	比　例	缴　费（万元）	税后年收入（万元）
6	1	0.23	1.61	5.39

这就是三类人从不同的立场和角度看待的工资，差别其实有点大。如果再加上招聘、培训、离职补偿、商业保险等，人工成本还要增加。

1.4　月收入、年收入的计算口径

假如税前月工资 3 000 元，含基本工资和绩效工资，扣除个人所得税以及代扣代缴的社会保险、公积金以后是 2 300 元，员工会认为他的工资只有 2 300 元。

而 HR 是不会这样算的，他会按照员工税前月工资×12 个月，还要把年终奖折算进去。假如，年终奖为 2 个月工资，那年收入就是 3 000×12+3 000×2=42 000 元。这样，月收入=42 000/12=3 500 元。如果再把现金性收入加上，比如公司福利 5 000 元/年，交通费报销 1 200 元/年，通信费 1 200 元/年等，年收入就是 42 000+5 000+1 200+1 200=49 400 元。

对于出勤月数，员工按实际算，HR 是折算的，比如出勤 5 个月，年收入 20 000 元，HR 会用 20 000/5×12=48 000 元来计算年收入。

1.5　工资条涉及的《中华人民共和国劳动合同法》提示

在 2008 年《中华人民共和国劳动合同法》实施前，工资条可有可无。但《中华人民共和国劳动合同法》实施后，因为企业需要举证，员工的维权意识增强，为避免劳动纠纷增多，这就对公司的制度提出了很多新要求。在薪资模块，工资条也有法律隐患需要 HR 注意。

（1）处罚款不能随便扣

处罚款要变相为奖金科目。以前工资 3 000 元，迟到扣 50 元，实发到手 3 000-50=2 950 元，很简单。但现在不能这样做，建议变成：工资 2 500 元，绩效奖金 500 元，包含了要求不迟到等员工奖惩条例规定的情况。迟到，处罚金额就从绩效奖金中扣除则实发到手：2 500+450=2 950 元。

有人说这是走形式。是的，这就是对现实的妥协和规避。

（2）加班工资

加班工资，需要在工资条上体现，也就是在月工资表中体现这个科目。比如有的公司有加班情况，但不想鼓励加班，怎么办？工资 3 000 元，就把它拆为基本工资 2 400 元、加班工资 600 元，只要实际的加班工资不多于 600 元，就写在这个科目下。

（3）年休假补偿

在工资条上，年休假补偿也要设置出单独的科目。

（4）最低工资

每个地区有不同的标准。比如，杭州市 2013 年为 1 470 元/月。这个也经常有误加班工资不包含在内，出勤是按满勤计算的。假如，本月出勤只有 16 天，低于 1 470 元，不一定是公司违法。HR 在工资条中要确保应发工资剔除国家规定的科目后，按满勤折算后的结果不低于 1 470 元/月。

（5）计件工资

计件工资对于平时加班、双休日加班、法定节假日加班，不能用 1 倍的单价计算，而是 1.5 倍、2 倍、3 倍，要事先去劳动部门备案，满足每周加班累计不超过 36 小时，综合计算工时制（1 周 6 天，确保 1 天休息）等。

（6）注意签字存档

员工签字很重要，最好有个说明：本月工资已结清，我与公司没有劳动争议。存档要做好，因为企业举证需保存两年。

（7）内容合法、程序合法、传递合法

薪酬制度、处罚规定都要满足内容合法、程序合法、传递合法。也就是工会、职工代表大会，至少要走个形式，否则工资条再设计，操作得再合法，最后也不成立，造成被动。

（8）工资条

工资条容易引发员工私下交流，工资不能保密。有很多公司规定，如果打听、泄露工资就要给予处罚，或者解除劳动合同，但实际操作效果不佳。有条件的公司会引入 IT 系统，薪资发放后有自助查询模块，员工可以自己去查看工资条，主管领导也可以掌握下级的工资情况。

第二章

做工资的基本功

工资条只是 HR 反馈给每个员工的当月薪资发放信息，对薪酬专员、HR 经理来说，薪资发放，才是费力气的技术活。有的公司通过软件操作，效率相对高；一般的公司，还是通过 Excel 表操作。

软件与 Excel 表的道理一样，只是把计算公式等事先设置好，通过后台实现，HR 只要做好录入。本章以介绍 Excel 表为主。

当你接手前任薪酬专员的工作时，如果有现成工资表，则只需继续维护。当你进入一家新公司，或公司的薪资体系有大的变动时，就需要依据公司最新的薪资制度、国家和当地的劳动政策新建 Excel 表。

本章重点介绍月工资表的设计，科目、计算公式是新建表的重要组成部分。

2.1 设计一套 Excel 月工资表

月工资表的设计步骤如下：

（1）横向的设置，包括基本信息和科目。在薪资制度、薪资预算中，科目有一级和二级之分。一级科目可以细分为几项二级科目。但在月工资表中，一般直接做到二级科目。

第一部分为基本信息，包括：序号、公司、部门、职位、姓名，还有薪点、出勤天数等。有的公司还有工号，使用工号的好处是可避免姓名重复造成混淆。

第二部分为应发工资对应的二级科目，包括：基本工资、绩效工资、司龄工资、津贴补贴、计件工资、销售提成、加班工资、年休假补偿、其他。不同公司会有不同变化。

第三部分为代扣代缴、实发工资，包括：个人所得税、养老保险、医疗保险、工伤保险、生育保险、失业保险、公积金、工会费等。

（2）纵向的设置，包括序号填写，基本信息的完整、准确录入，合计或小计。小计是因为有多个子公司账户分别做工资表，或各部门分类（人数多）；最后合并小计得到的就是合计。

（3）规范表式，包括考虑页面横向设置、字体及大小、小数点、打印需要。

工资表一般需要打印后找领导签字，所以事先要考虑并设置好。

注 意

　　页面横向设置，字体宋体，字号一般建议选 9 号（或更小号），小数保留至小数点后 2 位，单元格中的数据统一为左对齐或中间对齐；设置好页边距。

实际操作还需要加表头，如：××××公司××年××月工资表。表下面加：编制：_____、日期：_____；审核：_____、日期：_____；审批：_____、日期：_____。

工资表的初步设计见表 2.1。

表 2.1 XX有限公司XX年XX月工资表

序号	公司	部门	职位	姓名	薪点	出勤天数	基本工资	绩效工资	司龄工资	补贴	计件工资	销售提成
1												
2												
3												
4												
5												
6												
7												
8												
9												
10												
小计												

加班工资	其他	应发工资	养老保险	医疗保险	工伤保险	失业保险	生育保险	公积金	个人所得税	工会费	实发工资	备注

编制： 审核： 审批： 日期： 日期： 日期：

2.2 设置 Excel 计算公式

（1）实发工资的计算设置

实发工资=应发工资-代扣代缴。也可用：实发工资=应发工资+代扣代缴，其中，代扣代缴的单元格的数值前面加负号。

代扣代缴用求和公式：SUM()。假定序号 1 对应的是 3 行，代扣代缴对应的是 Q 列到 X 列，则：代扣代缴=SUM(Q3:X3)；应发工资对应的是 P 列，实发工资对应的是 Y 列，则实发工资=应发工资-代扣代缴，计算公式为：Y3=P3-SUM(Q3:X3)。

虽然求和也可以用代扣代缴：=Q3+R3+S3+T3+U3+V3+W3+X3，但是操作起来相对麻烦，还是建议用 SUM() 求和函数。

（2）应发工资的计算设置

假定序号 1 对应的是 3 行，应发工资的二级科目对应从 H 列到 O 列，则应发工资的计算公式：P3=SUM(H3:O3)。

（3）小计、合计的设置

假定工资表有 10 人，序号 1～10 对应行 3～12，小计对应行 13。以基本工资科目对应的 H 列为例，小计的计算公式为：H13=SUM(H3:H12)。

（4）基本工资的科目的计算设置

基本工资一种是直接录入；另一种是录入薪点后再进行计算。

例：员工李某，薪点 3.0，公司薪资制度规定薪点值 1 分=1 000 元，标准月薪=基本工资+绩效工资，比例：基本工资 0.8，绩效工资 0.2，则：月基本工资=薪点×1 000×0.8=3.0×1 000×0.8=2 400.00 元。假定，序号 1 对应行 3，薪点对应 F 列，基本工资对应 H 列，则基本工资的计算公式为：H3=F3×1 000×0.8。（注：本例未考虑出勤、缺勤的情况。）

（5）基本工资的计算

例：11 月有 30 天，工作日 21 天。李某出勤 20 天，缺勤 1 天。

1）按出勤计算

基本工资=月基本工资标准/21.75×出勤天数。用公式表示：H3=F3×1 000×0.8/21.75×20=2 206.90。

2）按缺勤计算

基本工资=月基本工资标准-月基本标准工资/21.75×缺勤天数。上例用公式表示：H3=F3×1 000×0.8-F3×1 000×0.8/21.75×1=2 289.66。

其他科目的设置，需要根据具体薪资制度用公式来表示，然后再用 Excel 公式进行计算。

初步设置公式的工资表如表 2.2 所示。

序号 1 的所有科目的计算公式都做好后，下拉该单元格，便可对序号 1～10 都设置好公式。

表 2.2　经初步公式设置的工资表（数据有所保留）

单位：元

序号	公司	部门	职位	姓名	薪点	出勤天数	基本工资	绩效工资	司龄工资	补贴	计件工资	销售提成
1					3.0	20	2 289.66					
2					4.0	21	3 200.00					
3							0.00					
4							0.00					
5							0.00					
6							0.00					
7							0.00					
8							0.00					
9							0.00					
10							0.00					
合计							5 489.66					

加班工资	其他	应发工资	养老保险	医疗保险	工伤保险	失业保险	生育保险	公积金	个人所得税	工会费	实发工资	备注
		2 289.66									2 289.66	
		3 200.00									3 200.00	
		0.00									0.00	
		0.00									0.00	
		0.00									0.00	
		0.00									0.00	
		0.00									0.00	
		0.00									0.00	
		0.00									0.00	
		0.00									0.00	
		5 489.66									5 489.66	

注意

　　前面说的是假定只有一张表格。实际情况是一个公司通常有多个部门（事业部、分公司、子公司、大区、工厂），需要在多个子公司账户造工资表，需要对 Sheet1 重命名，比如：A 公司、销售公司、研发中心、B 工厂等。每张表的小计，最终都汇总到一张表格中。

基本工资的汇总表的计算公式：

H3=Sheet1!H3+Sheet2!H3+Sheet3!H3，或：H3=SUM（Sheet1!H3,Sheet2!H3,Sheet3!H3）。

2.3 录入数据

公式设置好后，录入基本数据，见表2.3。

表2.3 数据录入后的工资表

单位：元

序号	公司	部门	职位	姓名	薪点	出勤天数	基本工资	绩效工资	司龄工资	补贴	计件工资	销售提成
1					3.0	20	2 289.66					
2					4.0	21	3 200.00					
3					2.0	21	1 526.44					
4					3.2	21	2 442.30					
5					3.8	18	2 900.23					
6					5.5	21	4 197.70					
7					6.0	21	4 579.31					
8					8.0	21	6 105.75					
9					9.2	21	7 021.61					
10					1.8	21	1 373.79					
小计							35 636.78					

加班工资	其他	应发工资	养老保险	医疗保险	工伤保险	失业保险	生育保险	公积金	个人所得税	工会费	实发工资	备注
		2 289.66									2 289.66	
		3 200.00									3 200.00	
		1 526.44									1 526.44	
		2 442.30									2 442.30	
		2 900.23									2 900.23	
		4 197.70									4 197.70	
		4 579.31									4 579.31	
		6 105.75									6 105.75	
		7 021.61									7 021.61	
		1 373.79									1 373.79	
		35 636.78									35 636.78	

2.4 检查数据

为防止出错，薪酬专员要系统考虑，建议列个自检清单：

- 录入数据是否有差错：有没有多输或少输？小数点有没有搞错？
- 计算公式是否设置错误：下拉时，是否错位？
- 提供的原始依据是否有问题：考勤是否对？请假是否对？公司薪资政策修订了，工资表中的标准是否随之作了相应修改？劳动部门的新政策，是否执行了？
- 基本信息是否有差错：公司、部门、岗位有变动，是否已修改？姓名有没有写错？新进人员有没有遗漏？离职人员是否已删除？
- 金额是否有大的变动：以前每月合计100万元左右，这次突然变成了200万元，是否是哪里错了？重点核实一下小数点和链接是否有误。

2.5 审核、审批

薪酬专员提交给各部门领导后是怎样进行审核的？

2.5.1 HR经理审核的内容

HR经理审核的重点如下：

- 看汇总表的应发工资、实发工资，与上月的数据是否有出入。
- 浏览基本信息，是否有文字错误，离职或新进人员是否已删除或添加。
- 看每个人的应发工资、实发工资是否大概正确，与以前几个月相比有没有较大的出入。
- 对于某些员工没有而某些员工有的特殊科目，要看看备注，是什么项目扣罚或奖励了。
- 看附带的工资依据，各种调薪报告、考勤请假统计、处罚、奖励等。
- 审核计算公式是否有问题。
- 看看有没有比最低工资还低的情况。
- 对每个月汇总的应发工资、实发工资，各科目的工资数据，做个笔记摘录，随时翻看，对照，做到心中有数。
- 总经理、分管领导交代过，但薪酬专员不知道的事项，交代其补充进去。

2.5.2 领导审批

审批一般是由总经理负责，或由常务副总代签（老板授权，或出差临时授权）。

领导有时能看出一些数据问题，和 HR 经理没考虑到的方面。但是最关注的还是人工成本是多了还是少了？如果感觉成本偏高，可能会要求 HR 提供员工税前、税后的月均收入、年收入等明细，然后要求 HR 经理考虑是否要调薪或控制人工成本。也有一些部门经理、副总向老板打过招呼，要求个别调薪的，老板会交代给 HR 经理。

2.5.3 后续发放：财务和银行

（1）财务付款给银行

总经理审批签字后，财务把当月工资总额（税后的实发工资）及工资明细一并支付发送给银行。这项操作的界线会有点模糊：有些公司是由财务部门负责，有些公司则是由 HR 负责。银行也会专门设置对接该公司工资发放业务的工作人员。

（2）银行发放

银行确认收到该公司的当月工资总额和明细后，按流程为该公司的员工发放工资。

（3）员工查收

银行将工资发放以后，通常员工会收到短信提醒，工资发放流程就此结束。但如果有例外情况，需要 HR 再去协调财务和银行等。

新建工资表需要花费不少的时间和精力，但自次月起，薪资专员做工资最主要的任务就是维护了，工作量会大大减少。

2.6 薪酬专员须知

作为 HR 薪酬专员，本节的这些技能是必须掌握的，包括薪资名词、数据、政策、计算公式等，这是 Excel 设置、录入、链接、调整扣减等操作的依据。

2.6.1 个人所得税的计算

个人所得税简称个人所得税。本节所讲的是工资、薪金所得的个人所得税税率。

工资、薪金所得适用超额累进税率，税率有七级，具体情况见表 2.4。工资、薪金所得，以每月收入额减除 3 500 元后的余额，为应纳税所得额。工资、薪金所得税按月计算，并从职工的工资中于发放时代扣。

表2.4 个人所得税税率表

级 数	全月应纳税所得额	税率（%）	速算扣除数（元）
1	不超过 1 500 元	3	0
2	超过 1 500～4 500 元的部分	10	105
3	超过 4 500～9 000 元的部分	20	555
4	超过 9 000～35 000 元的部分	25	1 005
5	超过 35 000～55 000 元的部分	30	2 755
6	超过 55 000～80 000 元的部分	35	5 505
7	80 000 元	45	13 505

作为薪资专员，个人所得税税率表一定要妥善存储，并做到烂熟于心。

个人所得税计算公式为：

应代缴的个人所得税=（当月工资薪金收入-实际缴存的社会保险费和住房公积金-个人所得额扣除数）×适用税率-速算扣除数。

例如，当月工资、薪金收入分别为 3 400 元、5 000 元、8 000 元时，应缴个人所得税金额分别为：0 元、10.50 元、161.00 元，见表 2.5。

表2.5 个人所得税计算举例

情 况	当月工资薪金收入 A（元）	实际缴存的社会保险费 B（元）	实际缴存的公积金 C（元）	个人所得扣除数（元）	A-B-C-D（元）	适用税率 P（%）	速算扣除数 D（元）	应代缴的个人所得税 E=（A-B-C-3 500）×P-D（元）
情况 1	3 400	374	408	3 500	-882	0	0	0
情况 2	5 000	550	600	3 500	350	3	0	10.50
情况 3	8 000	880	960	3 500	2660	10	105	161.00

2.6.2 经济补偿金的个人所得税计算

（1）免征个人所得税的情况

1）个人因与用人单位解除劳动关系而取得的一次性补偿收入（包括用人单位发放的经济补偿金、生活补助费和其他补助费），其收入在当地上年职工平均工资 3 倍数额以内的部分，免征个人所得税；超过的部分按照规定计算征收个人所得税。

以杭州为例：

王某在 2013 年劳动合同解除时一次性从公司取得经济补偿金 90 000 元。而杭州市 2012 年职工平均工资是 42 493 元，杭州市 2012 年职工平均工资的 3 倍是 42 493×3=127 479 元。由于王某所取得的经济补偿金为 90 000 元，低于杭州上年职工平均工资的 3 倍，所以不需要交纳个人所得税，测算见表 2.6。

表 2.6 经济补偿金个人所得税测算

单位：元

一次性补偿金 A	2012 年杭州市社平工资 B	B×3	个人所得税
90 000	42 493	127 479	0

2）企业依照国家有关法律规定宣告破产，企业职工从该破产企业取得的一次性安置费收入，免征个人所得税。

3）对于一次性取得的经济补偿金，在计算个人所得税时应当扣除以下部分：个人根据国家和地方政府规定比例实际缴纳的住房公积金、医疗保险费、基本养老保险费、失业保险费。但是事实上，由于上述费用一般在员工工资中已经予以扣除，所以在经济补偿金中不用再次扣除。

4）虽然个人取得的一次性经济补偿收入数额较大，但考虑到被解聘的人员可能在一段时间内没有固定收入，所以对于个人取得的一次性经济补偿收入，可视为一次取得数月的工资、薪金收入，允许在一定时期内进行平均。

具体平均办法为：以个人取得的一次性经济补偿收入，除以个人在本企业的工作年限数，所得结果作为个人的月工资、薪金收入，按照税法规定计算缴纳个人所得税。个人在本企业的工作年限数按实际工作年限数计算，超过 12 年的按 12 年计算。

（2）一次性经济补偿金应缴纳的个人所得税具体计算方法

应代缴的个人所得税={[（经济补偿金总收入 － 当地上年度职工平均工资的 3 倍 － 实际缴存的社会保险费和住房公积金)/本单位的工作年限 － 个人所得额扣除数]×适用税率 － 速算扣除数}×本单位实际工作年限。

这个计算公式看起来复杂，实际可以这样理解：核心还是月个人所得税，月个人所得税=（月工资-个人所得税扣除数）×适用税率-速算扣除数。只是"月工资"用"（经济补偿金总收入-当地上年度职工平均工资的 3 倍-实际缴存的社会保险费和住房公积金)/本单位的工作年限"代替。也就是超过当地上年度职工平均工资的 3 倍的部分按年分摊折算，当作一个月工资。最后，总个人所得税=月个人所得税×本单位实际工作年限，本单位实际工作年限最大为 12 年。

注 意 ....

法律依据：《国家税务总局关于个人因解除劳动合同取得经济补偿征收个人所得税问题的通知》（国税发〔1999〕178 号）及《财政部 国家税务总局关于个人与用人单位解除劳动关系取得的一次性补偿收入征免个人所得税问题的通知》（财税〔2001〕157 号）。

例：一次性经济补偿金总收入 A 为 90 000 元、180 000 元、220 000 元时，总个人所得税 E 分别为：0、321.63 元、5 704.20 元，见表 2.7。

表 2.7 一次性经济补偿金平摊的个人所得税计算

情 况	经济补偿金总收入 A（元）	当地上年度职工社平工资的3倍 B（元）	实际缴存的社会保险、公积金 C（元）	A-B-C（元）	本单位工作年限 N（年）
情况 1	90 000	127 479	13 800	-51 279	8
情况 2	180 000	127 479	13 800	38 721	8
情况 3	220 000	127 479	13 800	78 721	8
M=（A-B-C）/N（元）	个人所得税扣除数（元）	M-3 500（元）	适用税率 P	速算扣除数 D（元）	总个人所得税 E=[（M-3 500）×P-D]×N（元）
-6 409.88	3 500	-9 909.88	0		0
4 840.13	3 500	1 340.13	3%	0	321.63
9 840.13	3 500	6 340.13	20%	555	5 704.20

2.6.3 社会保险、住房公积金代扣代缴的计算

随着《中华人民共和国社会保险法》的实施，企业社会保险须严格按照国家规定进行缴纳，少缴、不缴都将存在法律风险。所以企业在招聘人员后必须要及时为其缴纳社会保险，以免造成不必要的损失，损害企业的信誉。社会保险费用既然是一项必需的支出，那么对于企业来说也必须了解其主要构成及相关的政策规定。

（1）社会保险缴纳金额核算

计算公式：社会保险月缴纳金额=社会保险缴费基数×缴费比例。

1）企业社会保险缴费基数。

即企业本月工资总额。按照国家统计局的有关文件规定，工资总额是指各单位在一定时期内直接支付给本单位全部职工的劳动报酬总额，由计时工资、计件工资、奖金、加班工资、特殊情况下支付的工资、津贴和补贴等组成。

劳动报酬总额包括：在岗职工工资总额，不在岗职工生活费，聘用、留用的退休人员的劳动报酬，外籍及港澳台人员劳动报酬以及聘用其他从业人员的劳动报酬。

2）员工社会保险缴费基数。

即职工本人上一年度月平均工资。新参加工作、重新就业和新建用人单位的职工，从进入用人单位之月起，当年缴费工资按用人单位确定的月工资收入计算。职工缴费工资低于上一年度全省在岗职工月平均工资 60% 的，按照 60% 确定；高于上一年度全省在岗职工月平均工资 300% 的，按照 300% 确定。

3）缴费比例。

由各省市自行制定，以杭州市为例，各类保险缴费比例见表2.8。

表2.8 杭州市社会保险缴费比例

险　种	企业部分费率	个人部分费率	备　注
养老保险	14%	8%	
医疗保险	11.5%	2%+4元	
失业保险	2%	1%	农业户口个人失业保险不交
工伤保险	0.6%	0	按企业类别略有不同
生育保险	1.2%	0	

员工个人缴纳的社会保险费用由用人单位每月从职工工资中代扣代缴。

例：月缴费基数=3 500元，个人缴费比例小计11%+4元，个人缴费385元；单位缴费比例29.3%，单位缴费1 025.50元，见表2.9。

表2.9 社会保险缴费计算

类　别	月缴费基数（元）	缴费比例						备　注
		养老	医疗	失业	工伤	生育	社会保险小计	
单位	3 500	14%	11.5%	2%	0.6%	1.20%	29.3%	
个人	3 500	8%	2%	1%	0	0	11%	医疗另加大病保险4元/月

缴费金额					
养老（元）	医疗（元）	失业（元）	工伤（元）	生育（元）	社会保险小计（元）
490.00	402.50	70.00	21.00	42.00	1025.50
280.00	74.00	35.00	0.00	0.00	389.00

（2）公积金缴纳金额核算

1）计算公式

公积金月缴纳金额=公积金缴费基数×缴费比例

2）公积金缴费基数

即职工本人上一年度月平均工资。新参加工作的职工从参加工作的第二个月开始缴存公积金，月缴存基数为本人当月工资；单位新调入的职工从调入单位发放工资之日起缴存公积金，月缴存基数为本人当月工资。

3）公积金缴费比例

参照各地标准，以杭州市为例，公司及个人部分缴费比例各为12%。

例：月缴费基数=3 500 元，单位缴费比例 12%，个人缴费比例 12%，则单位缴费 420 元，个人缴费 420 元，测算见表 2.10。

表 2.10 公积金缴费计算

类 别	月缴费基数（元）	公积金缴费比例	公积金缴费金额（元）
单位	3 500	12%	420
个人	3 500	12%	420

需要说明的是，实际操作中，有些公司为了控制人工成本，缴费基数和比例比上述规定低，但在政策范围之内。

2.6.4 年终奖的合理避税

全年一次性奖金是指行政机关、企事业单位等扣缴义务人根据全年经济效益对员工全年工作业绩的综合考核情况，向员工发放的一次性奖金。此一次性奖金也包括年终加薪、实行年薪制和绩效工资办法的单位根据考核情况兑现的年薪和绩效工资。可总结为：老算法、新税率。

（1）老算法

年终奖的计税方法仍然采用《国家税务总局关于调整个人取得全年一次性奖金等计算征收个人所得税方法问题的通知》（国税发〔2005〕9 号）的规定。

注 意

（国税发〔2005〕9 号）规定：纳税人取得全年一次性奖金，单独作为一个月工资、薪金所得计算纳税，并按以下计税办法由扣缴义务人发放时代扣代缴：先将员工当月内取得的全年一次性奖金，除以 12 个月，按其商数确定适用税率和速算扣除数。

（2）新税率

新税率的费用减除标准、税率和速算扣除数根据《关于贯彻执行修改后的个人所得税有关问题的公告》（国税发〔2011〕46 号）规定按照新《中华人民共和国个人所得税法》执行。

（3）计算公式

年终奖个人所得税基数=全年一次性奖金/12。

如果在发放年终一次性奖金的当月，员工当月工资薪金所得低于税法规定的费用扣除额 3 500 元，应将全年一次性奖金减除"雇员当月工资薪金所得与费用扣除额的差额"后的余额，按上述办法确定全年一次性奖金的适用税率和速算扣除数。

算法 1：当员工当月工资薪金所得 $A \geqslant 3\,500$（税法规定的费用扣除额），年终奖个人所得税=员工当月取得全年一次性奖金×适用税率-速算扣除数。

算法2：当员工当月工资薪金所得 A<3 500（税法规定的费用扣除额），年终奖个人所得税=(员工当月取得全年一次性奖金 - 员工当月工资薪金所得与费用扣除额的差额)×适用税率-速算扣除数。

在一个纳税年度内，对每一个纳税人只允许按上述方法计算一次全年一次性奖金。员工取得的除全年一次性奖金以外的其他名目的奖金，如半年奖、季度奖、加班奖、现金奖、考勤奖等，一律与当月工资、薪金收入合并，按税法规定缴纳个人所得税。

例1：刘女士是一家公司雇员，2013 年 12 月取得当月工资 6 500 元，年终奖 18 000 元，其应缴纳多少个人所得税？

当月工资 6 500 元≥3 500 元，年终奖个人所得税采用算法1。

当月个人所得税应缴纳 195 元，见表2.11。

表2.11　当月个人所得税计算

当月工资 A（元）	个人所得税扣除数 B（元）	差额 A-B（元）	适用税率 P（%）	速算扣除数 D（元）	月个人所得税 E=（A-B）×P-D（元）
6 500	3 500	3 000	10	105	195

年终奖个人所得税，应缴纳 540 元，见表2.12。

表2.12　年终奖个人所得税计算（当月工资≥3 500 元时）

年终奖 W（元）	按12个月折算的基数（元）	适用税率 P（%）	速算扣除数 D（元）	年终奖个人所得税 F=W×P-D（元）
18 000	1 500	3	0	540

最终结果：合计个人所得税=195+540=735 元。

例2：赵先生在某公司工作，2013 年 12 月 10 日取得工资收入 3 000 元，月底又一次取得年终奖金 40 000 元，计算其 12 月份缴纳多少个人所得税？

当月工资 3 000 元<3 500 元，年终奖个人所得税采用算法2。

当月个人所得税，应缴纳 0 元。依据：月工资低于 3 500 元，不用扣个人所得税。

年终奖个人所得税，应缴纳额 3 845 元，见表2.13。

表2.13　年终奖个人所得税（当月工资<3 500 元时）

年终奖 W（元）	月工资 A（元）	个人所得税扣除数 B（元）	差额 B-A（元）	W2=W-(B-A)（元）	W2 按12个月折算的基数（元）	适用税率 P（%）	速算扣除数 D（元）	年终奖个人所得税 F=W2×P-D（元）
40 000	3 000	3 500	500	39 500	3 291.67	10	105	3 845

最终结果：合计个人所得税=0+3 845=3 845 元。

2.6.5 薪资计算的依据

员工在工作中不可避免地会因为各种原因需要请假，有些假期是国家规定需要严格执行的，有些是因员工个人原因而需要休假。不管何种假期，薪资核算人员都需要了解每种假期的具体规定，了解不同假期的工资核算方法。

各类假期分成两类：少做少得的假期、不做也得的假期。

（1）少做少得的假期

1）事假：可以不支付事假期间工资，按天核算。

2）病假：员工病假期间需要支付病假工资，但企业需要知道：员工根据其工作年限的不同，医疗期的期限是不一样的，在医疗期内不得解除劳动合同。

● 员工患病（非职业病）或非因工负伤期间的医疗期核算标准，见表2.14。

表2.14 医疗期核算标准

总工作年限	本单位工作年限	应给予的医疗期（月）	计算周期（月）
10年以下	5年以下	3	6
	5年以上	6	
10年以上	5年以下	6	12
	5年以上10年以下	9	15
	10年以上15年以下	12	18
	15年以上20年以下	18	24
	20年以上	24	30

● 病假期间的工资计算，见表2.15。

表2.15 病假工资计算标准

连续工龄	连续病假6个月以内	连续病假6个月以上
10年以下	本人工资的50%	本人工资的40%
10年以上20年以下	本人工资的60%	本人工资的50%
20年以上30年以下	本人工资的70%	本人工资的60%
30年以上	本人工资的80%	本人工资的70%

注：无论是病假工资还是疾病救济费，均不得低于当地最低工资的80%。上述为浙江省规定，其他省份如有不同，请参考当地政策。

（2）不做也得的假期

1）年休假：年休假期间，工资、奖金和其他福利待遇照发，不得扣减。

2）婚假：婚假期间，工资、奖金和其他福利待遇照发，不得扣减。

3）丧假：丧假期间，工资、奖金和其他福利待遇照发，不得扣减。

4）产假：产假期间工资福利待遇不变，企业缴纳生育保险且符合计划生育规定的，产假期间工资由生育保险基金支付；企业未缴纳生育保险的，由企业支付。

5）护理假：男方护理假期间，工资、奖金和其他福利待遇照发，不得扣减。

6）工伤假：工伤期间，工资、奖金和其他福利待遇照发，不得扣减；工资按照发生工伤前 12 个月的平均工资核算。如果发生工伤前入职未满 12 个月的，则按实际月数核算平均工资。

2.6.6 最低工资标准

根据国家和地方有关最低工资的规定，"在法定工作时间或依法签订的劳动合同约定的工作时间内提供了正常劳动的前提下，用人单位依法应支付的最低劳动报酬"。

最低工资包括：基本工资、奖金、津贴、补贴。

最低工资不包括：加班加点工资、特殊劳动条件下的津贴、国家规定的社会保险和福利待遇。企业通过伙食补贴、住房等支付给劳动者的非货币性收入亦不包括在内。

注 意

上述标准是指劳动者在正常工作时间内获得的报酬。假如员工当月新进、离职，或者请事假、病假，则工资应按天核算，显然有可能会低于最低工资。

另按照浙江省的规定，员工个人缴纳社会保险、住房公积金的费用包括在最低工资标准内，所以员工工资扣除个人应承担的社会保险、公积金后会低于最低工资。

2013 年，杭州市的最低工资为 1 470 元/月。薪酬专员应关注每年 4 月政府是否调整最低工资标准。

2.6.7 工时的规定

（1）标准工时

标准工时是最常用的一种工时制，对于标准工时制的员工，要求每天工作 8 小时，每周工作 40 小时。

注 意

按照《中华人民共和国劳动合同法》的规定，法定节假日用人单位应当依法支付工资，即折算工作天数时不得剔除国家规定的 11 天法定节假日。

月平均工作时间和月平均计薪时间有所不同：

1）月工作天数的计算：年工作日=365 天−104 天（休息日）−11 天（法定节假日）

=250 天。月工作日=250 天÷12 个月=20.83 天。

2）月计薪天数的计算：年计薪天数=365 天-104 天（双休日）=261 天。月计薪天数=261 天÷12 个月=21.75 天。公司核算员工工资时，应以计薪天数 21.75 来核算。

（2）综合计算工时与不定时工时

企业因生产特点不能实行标准工时制度，且符合条件的经劳动保障行政部门批准可以实行不定时工时工作制或综合计算工时工作制。

1）企业对符合下列条件之一的职工，可以实行不定时工作制。

企业中的高级管理人员、外勤人员、推销人员、部分值班人员和其他因工作无法按标准工作时间衡量的职工；企业中的长途运输人员、出租汽车司机和铁路、港口、仓库的部分装卸人员以及因工作性质特殊，需机动作业的职工；其他因生产特点、工作特殊需要或职责范围的关系，适合实行不定时工作制的职工。

2）企业对符合下列条件之一的职工，可实行综合计算工时工作制，即分别以周、月、季、年等为周期，综合计算工作时间，但其平均日工作时间和平均周工作时间应与法定标准工作时间基本相同：

交通、铁路、邮电、水运、航空、渔业等行业中因工作性质特殊，需连续作业的职工；地质及资源勘探、建筑、制造业、旅游等受季节和自然条件限制的行业的部分职工；其他适合实行综合计算工时工作制的职工。

3）对于实行不定时工作制和综合计算工时工作制等其他工作和休息办法的职工，企业应根据《中华人民共和国劳动法》第一章、第四章有关规定，在保障职工身体健康并充分听取职工意见的基础上，采用集中工作、集中休息、轮休调休、弹性工作时间等适当方式，确保职工的休息休假权利和生产、工作任务的完成。

2.6.8 加班工资的计算

（1）加班工资的倍数

按照规定，员工在正常工作时间以外付出劳动的，企业需要支付加班工资，加班工资核算标准一般为 1.5 倍、2 倍、3 倍，具体描述如下。

员工延长工作时间的，加班工资按 150%计发；休息日安排劳动者工作又不能补休的，加班工资按 200%计发；法定节假日安排劳动者工作的，加班工资按 300%计发。

实施综合计算工时工作制的企业，综合计算工作时间超过法定标准工作时间的，加班工资按 150%计发，法定节假日安排劳动者工作的，加班工资按 300%计发。

（2）加班工资的基数

对实行标准工时制的月薪制员工，其加班工资基数为标准月薪数，日加班工资基数为月标准工资/21.75，小时工资基数为日工资/8。

对于实行纯计件工资制的员工，加班工资可以以计件单价为基数来核算。

2.6.9　员工离职经济补偿金、赔偿金的计算

随着劳动合同法的不断完善，劳动者的法律意识增强，企业的竞争压力变大，经济补偿金核算变成 HR 工作中不可避免的一项内容。

注 意

经济补偿金按照劳动者在本单位的工作年限支付，因 2008 年新《中华人民共和国劳动合同法》（以下简称劳动法）实施，对经济补偿金的标准做了修订，所以 2008 年 1 月 1 日以后的按照新法执行，2008 年 1 月 1 日以前的按照旧法执行。

（1）新《中华人民共和国劳动合同法》与旧《中华人民共和国劳动合同法》的两点区别

1）2008 年以后，不满 6 个月的按半个月工资核算；2008 年以前，按 1 个月核算。

2）2008 年以后，对月工资不到社会平均工资 3 倍的，补偿年限不封顶，超过社会平均工资 3 倍的，最高年限不超过 12 年；2008 年以前，对月工资不设限，但补偿年限不超过 12 年。

新《中华人民共和国劳动合同法》与旧《中华人民共和国劳动合同法》的区别，见表 2.16。

表 2.16　经济补偿金标准的变化

比较点	2008 年以后	2008 年以前
每满 1 年	1 个月工资	1 个月工资
6 个月以上不满 1 年	1 个月工资	1 个月工资
不满 6 个月	半个月工资	1 个月工资
支付年限及标准	月工资高于用人单位所在地区上年度职工月平均工资 3 倍的，按职工月平均工资 3 倍支付，最高年限不超过 12 年 月工资低于用人单位所在地区上年度职工月平均工资 3 倍的，按职工月平均工资支付，补偿年限不封顶	按职工月工资核算，最高年限不超过 12 年

（2）月工资的界定

上述经济补偿金中的月工资，是指在解除/终止劳动合同前 12 个月的平均工资。

工资统计时包括、计时工资、计件工资、奖金、津贴和补贴、加班加点工资、特殊情况下支付的工资。

（3）赔偿金与补偿金的区别

用人单位如果违法解除/终止劳动合同的,应当按照经济补偿金的标准向劳动者支付赔偿金,用人单位已经支付了赔偿金的,不用再支付经济补偿金。赔偿金的计算年限自用工之日起计算。

2.7　劳动年报申报

上述工资操作,是面向公司内部的。薪酬专员还需要完成对外给政府劳动部门的统计报表,即劳动年报申报。

企业劳动年报一般要按季度、年度进行申报,其中申报的内容包括企业人员信息和企业薪酬信息两部分。单位负责申报的人员只要根据单位的人事月报、薪资报表将相关数据按要求填入上报即可,统计的口径需要按照规定进行分类统计。

相关统计表单示例,见表 2.17～表 2.22。

表 2.17　单位人员期末人数统计

期　别	单位从业人员											离开本单位仍保留劳动关系的				
	合计	其中：女性	其中：农村劳动力	1. 在岗职工					2. 其他从业人员			职工	内部退养	停薪留职	借给外单位人员	下岗未就业
				小计	其中：女性	其中：专业技术人员	长期职工	临时职工	小计	退休返聘人员	劳务派遣人员					
	1	2	3	4	5	6	7	8	9	10	11	12	13	14	15	16
一季度																
二季度																
三季度																
四季度																
全年合计																

说明：1=4+9，4=7+8

表2.18　职工按劳动岗位分组

期　别	期末职工人数合计	工人	学徒	工程技术人员	管理人员	服务人员	其他人员	离开本单位仍保留劳动关系的				
								小计	内部退养	停薪留职	借给外单位使用	下岗未就业
	1	2	3	4	5	6	7	8	9	10	11	12
一季度												
二季度												
三季度												
四季度												
全年合计												

说明：1=2+3+4+5+6+7+8-10-11

表2.19　职工技术、技能情况

期　别	人才资源总数	在岗职工人数	其中：专业技术人员				其中：工人按技能等级分					
			合计	高级职称	中级职称	初级职称	合计	高级技术	技术	高级工	中级工	初级工
	1	2	3	4	5	6	7	8	9	10	11	12
一季度												
二季度												
三季度												
四季度												
全年合计												

说明：3=4+5+6，　　7=8+9+10+11+12

表2.20　职工按学历分组

期　别	在岗职工人数	博士	硕士	本科	大专	中专	中技及高中	初中	小学及以下
	1	2	3	4	5	6	7	8	9
一季度									
二季度									
三季度									
四季度									
全年合计									

说明：1=2+3+4+5+6+7+8+9

表 2.21　劳动报酬和生活费

	单位从业人员劳动报酬							离开本单位仍保留劳动关系的		
	合计	在岗职工工资总额		其他从业人员劳动报酬				关系职工的生活费	内部退养职工	下岗未就业人员
		小计	其中：女性	小计	退休返聘人员	劳务派遣人员	兼职人员			
	1	2	3	4	5	6	7	8	9	10
一季度										
二季度										
三季度										
四季度										
全年合计										

说明：1=2+4

表 2.22　职工工资总额构成情况

	职工工资总额合计	在岗职工工资总额								离开本单位仍保留劳动关系的职工生活费
		小计	计时、计件标准工资	奖金、超额工资	津贴和补贴	加班加点工资	其他			
							小计	调整工资补发上年工资	其他	
	1	2	3	4	5	6	7	8	9	10
一季度										
二季度										
三季度										
四季度										
全年合计										

说明：1=2+10，2=3+4+5+6+7

> **注　意**
>
> 　　对外的劳动年报，企业实际操作中统计口径会有偏差。也就是说，不是所有工资册上的人员都进入劳动年报申报的统计报表。

2.8　人工成本统计

　　除了工资表、劳动年报申报，薪酬专员还需要掌握人工成本的统计方法，这项工作不是所有的企业都存在。但对 HR 经理来说做好人工成本统计是很有必要的。因为年度预算中，人工成本是费用预算的一种，需要控制和分析。最好是每月、每季度、每年都有人工成本统计和分析。

统计人工成本时要将所有与人相关的费用都统计进来，通常来说包括薪资、附加、其他福利等，每项包含的内容如下。

（1）薪资：包括基本工资、绩效工资、奖金、司龄工资、补贴、津贴等。

（2）附加：通常用 0.4 倍估算。包括单位缴纳部分社会保险（工资总额的 29.3%）、单位缴纳部分公积金（工资的 8%～12%）、经济补偿金、加班工资、医疗期工资、工伤补助、带薪年休假、防暑降温费（每年 6～9 月）、商业保险费、残疾人保障金（当地上年度社会平均工资×单位在职人数×1.5%）、工会经费（工资成本的 2%）、职工教育经费（工资成本的 2.5%）等。

> **注 意**
>
> 在人工成本统计模块，薪酬专员和 HR 经理，对社会保险、公积金、工会费等的缴费比例，应关注的是单位缴纳部分的比例，而不是工资表中代扣代缴的个人缴费比例。这就是为什么 HR 常用工资总额×1.4 倍来估算人工成本，因为单位缴费，社会保险小计 29.3%+公积金 8%～12%，一般在 140%左右。

看到这里，读者可能会问：公积金缴费比例为何是 8%～12%？不是前面提及的 12%吗？实际操作一般为 12%。但有些企业由于经营困难，向政府劳动部门备案后，可以比 12%低，比如 10%，但不能低于 8%，否则便是违法。当然各个地区的政策会有差异，笔者也遇到过有些城市只有 7%的，具体还需以当地政策为准。

（3）其他福利：这是更宽泛的人工成本的口径。包括档案管理费、招聘费、培训费、交通补贴、通信补贴、福利（午餐补贴、节日补贴、劳保补贴）等。

2.9　Excel 特殊函数举例

做工资有一些特殊的时间点，如每月的发工资日、年终奖发放日等，为了不延误各款项的发放，除了平时要做好基础工作，熟练地运用 Excel 特殊函数可以有效提高计算效率，这也是薪酬专员需要掌握的很重要的技能。

2.9.1　IF 函数的运用及技巧

计算公式为：

=IF（条件，是则结果，否则结果）。

例 1：提成 W=毛利 M×提成比例 P。其中：当销售额达成率 $Q \geqslant 100\%$ 时，P=10%；当销售额达成率 $Q<100\%$ 时，P=8%。

实际数据：毛利 M 均为 20 万元，计划销售均为 1 000 万元，预测实际销售额分别为 1 100 万元，1 000 万元，900 万元。请在 Excel 表中用 IF 函数设置提成比例 P

的自动计算,并得到提成 W 的计算结果。

具体的操作步骤如下:

① 新建 Excel 表,见表 2.23。

表 2.23 提成比例 P 的自动计算

情 况	计划销售额 (万元)	预测实际销售额 (万元)	销售额达成率 Q（%）	毛利 M (万元)	提成比例 P (%)	提成 W (万元)
1	1 000	1 100	110	20	10	2.00
2	1 000	1 000	100	20	10	2.00
3	1 000	900	90	20	8	1.60

② 设置计算公式

销售额达成率 Q=预测实际销售额/计划销售额×100%。

假定情况 1 在第 3 行,销售额达成率 Q 在 D 列,则计算公式应设置为:D3=C3/B3。下拉单元格后,自动完成 D4、D5 的公式设置。

毛利在 E 列,提成比例 P 在 F 列,提成 W 在 G 列,则提成 W=毛利 M×提成比例 P,Excel 计算公式设置为 G3=E3×F3。

此处,关键是提成比例 P,如何用 IF 条件函数进行设置。具体操作步骤如下:

a. 把计算公式:=IF（条件,是则结果,否则结果）细化如下。

F3=IF(D3>=100%,10%,8%)

该公式表达的意思是:当 Q≥100%时,提成比例 P=10%,;当 Q<100%时,提成比例 P=8%。

注 意

输入 IF 后面的语句,首先同时按“Ctrl 键+空格键”,从“全角”转换为“半角”,或按“Caps Lock” 键,否则在提成比例 P 对应的情况 1 的单元格内,会出现错误提示: #NAME?。

b. F3 下拉单元格即可得到 F4、F5 的计算公式设置。

③ 录入 3 种情况下计划销售额、预测实际销售额、毛利的数据,销售额达成率 Q 自动计算,同时 3 种情况对应的提成比例 P 自动计算为:10、10、8,见表 2.23,这正是本案例想要实现的。

例 2: 某公司规定,年终奖标准 5 000 元,入职不满 6 个月的员工发放标准减半。请用 IF 条件函数在 Excel 表中设置计算公式,并计算出年终奖。

具体操作步骤如下:

① 新建 Excel 表,见表 2.24。

表 2.24　入职是否满 6 个月的自动计算 1

序号	部门	岗位	姓名	入职月数 N （月）	是否满 6 个月	发放系数 L	年终奖标准 U （元）	年终奖 W=U×L （元）
1				12	是	1.0	5 000	5 000
2				24	是	1.0	5 000	5 000
3				6	是	1.0	5 000	5 000
4				3	否	0.5	5 000	2 500
5				5	否	0.5	5 000	2 500

　　假定，入职月数 N 在 E 列，是否满 6 个月在 F 列，发放系数 L 在 G 列，年终奖标准 U 在 H 列，年终奖 W 在 I 列。序号 1 在第 2 行。

　　② N 录入入职月数 N 的数据。

　　③ 设置计算公式

　　对"是否满 6 个月"，用 IF 条件函数设置计算公式：F2=IF(E2>=6,"是","否")，则下列自动显示为"是"、"否"。

　　G2=IF(F2="是",1,0.5)，则：序号 1 对应的发放系数 L，即 G2 自动显示：1.0。下拉 G2 单元格，即可得到 G3～G6 的计算结果。

　　录入年终奖标准 U：H2=5000，下拉 H2，即可得到 H3～H6 的计算结果。

　　设置年终奖 W：I2=H2×G2，下拉 I2，即可得到 I3～I6 的计算结果。

　　这里请注意：IF 函数，可以用 IF(F2="是",1,0.5)，其中："是"也是半角。

　　当然，本案例也可以用与例 1 类似的 IF 条件函数设置，仍假定入职月数 N 在 E 列，则 F2=IF(E2>=6,1,0.5)，见表 2.25。

表 2.25　入职满 6 个月的自动计算 2

序号	部门	岗位	姓名	入职月数 N （月）	发放系数 L	年终奖标准 U （元）	年终奖 W=U×L （元）
1				12	1.0	5 000	5 000
2				24	1.0	5 000	5 000
3				6	1.0	5 000	5 000
4				3	0.5	5 000	2 500
5				5	0.5	5 000	2 500

2.9.2　多重 IF 条件函数的运用及技巧

　　计算公式为：

　　=IF(条件，是则结果，IF（条件，是则结果，否则结果）)

例1：某公司的基本工资是按照员工级别分类的，标准如下：E级1 000元；F级1 500元；G级2 000元。要求：根据级别自动求每月员工基本工资，如果出现的级别不在上述范围内，则为0，见表2.26。

表2.26　根据级别自动确定基本工资

姓　名	级　别	基本工资（元）	姓　名	级　别	基本工资（元）
张三	G	2 000	王五	G	2 000
李四	F	1 500	赵六	E	1 000

具体的操作步骤如下：

① 录入姓名、级别。假定基本工资在Excel表的C列，张三在第2行。

② C2=IF(B2="E",1000,IF(B2="F",1500,IF(B2="G",2000,0)))

③ C2下拉，得到C3～C5。

即可自动计算出每个员工的基本工资的数据。

这在员工很多的情况下，可以有效减少计算工作量，提高效率。

例2：用多重IF条件函数对个人所得税税率、速算扣除数进行自动计算。

具体的操作步骤如下：

① 假定，情况1在第4行，适用税率P在E列，速算扣除数D在F列。

虽然个人所得税税率有7级，但为了简化计算，我们先考虑4级：

当$0<B\leq1\,500$时，P=3%，D=0，

当$1\,500<B\leq4\,500$时，P=10%，D=105，

当$4\,500<B\leq9\,000$时，P=20%，D=555，

当$B>9\,000$时，P=25%，D=1005。

② 用多重IF条件函数设置Excel计算公式：

适用税率P：

E4=IF(D4<=0,0%,IF(D4<=1500,3%,IF(D4<=4500,10%,IF(D4<9000,20%,25%))))

速算扣除数D：

F4=IF(E4<=0,0,IF(E4=3%,0,IF(E4=10%,105,IF(20%,555,1005))))

③ 提前设置月工资减去个人所得税扣除额，即 B=A-3 500 的计算公式：D4=B4-C4。

设置个人所得税E，即G4=（B4-C4）×E4-F4。

录入月工资、个人所得税扣除额的数据，即可自动计算出适用税率、速算扣除数，然后得到个人所得税，见表2.27。

表2.27 适用税率、速算扣除数的自动计算

情 况	月工资A（元）	个人所得税扣除额=3 500（元）	B=A-3 500（元）	适用税率P（%）	速算扣除数D（元）	个人所得税E=（A-3 500）*P-D（元）
1	3 000	3 500	-500	0	0	0
2	3 500	3 500	0	0	0	0
3	4 000	3 500	500	3	0	15
4	6 000	3 500	2 500	10	105	145
5	10 000	3 500	6 500	20	555	745

看到这里，新手可能会问：为何一定要用多重 IF 条件函数？不是用公式：个人所得税 E=（月工资 A-个人所得税扣除额 3 500）×适用税率 P-速算扣除数 D，就能够对某个员工的个人所得税进行计算了吗？

对单个员工，上述公式确实可以计算。但如果工资表中有几百甚至上千人，每个员工的月工资不同，适用税率和速算扣除数也不同，如果单个设置计算公式，得到适用税率和速算扣除数，那么计算操作的工作量很大。运用多重 IF 条件函数就可以有效减少这种工作量。

下面我们再看一下，有 10 人时，把 7 级税率和速算扣除数完整地用多重 IF 条件函数进行 Excel 的计算公式设置，快速得到每个人的个人所得税，见表 2.28。

适用税率的多重 IF 条件函数的公式设置：

E4=IF(D4<=0,0%,IF(D4<=1500,3%,IF(D4<=4500,10%,IF(D4<=9000,20%,IF(D4<=35000,25%,IF(D4<=55000,30%,IF(D4<=80000,35%,45%)))))))

速算扣除数的多重 IF 条件函数的公式设置：

F4=IF(E4<=0,0,IF(E4=3%,0,IF(E4=10%,105,IF(E4=20%,555,IF(E4=25%,1005,IF(E4=30%,2755,IF(E4=35%,5505,IF(E4=45%,13505,13505)))))))))

表2.28 10人时的适用税率和速算扣除数的自动计算

序号	月工资A（元）	个人所得税扣除额=3 500（元）	A-3 500（元）	适用税率P（%）	速算扣除数D（元）	个人所得税E=（A-3 500）×P-D（元）
1	3 000	3 500	-500	0	0	0
2	3 500	3 500	0	0	0	0
3	3 900	3 500	400	3	0	12
4	5 100	3 500	1 600	10	105	55
5	9 000	3 500	5 500	20	555	545
6	20 000	3 500	16 500	25	1 005	3 120
7	40 000	3 500	36 500	30	2 755	8 195
8	60 000	3 500	56 500	35	5 505	14 270
9	90 000	3 500	86 500	45	13 505	25 420
10	100 000	3 500	96 500	45	13 505	29 920

初次运用多重 IF 条件函数在 Excel 表设置计算公式时，很容易出错，要自己多练习摸索。出错的常见原因可能是：键盘没有从全角切换到半角状态；()少了或多了；条件文字转化为<, >，<=，>=，0 等分段符号时没有完全对应上。

例 3：某公司实行司龄工资制度，规定员工入职不满 1 年，司龄工资无；满 1 年不满 2 年，司龄工资 80 元/月；满 6 年及以上 480 元/月。请用多重 IF 函数在 Excel 表中进行计算公式设置，自动计算每个员工的司龄工资。

具体的操作步骤如下：

① 首先，将上述问题转化如下：

司龄 N，系数 L，月司龄工资标准 U，司龄工资 W。W=U×L。

条件：

当 N<1 时，L=0；

当 N<2 时，L=1；

当 N<3 时，L=2；

当 N<4 时，L=3；

当 N<5 时，L=4；

当 N<6 时，L=5；

当 N≥6 时，L=6。

② 新建表，见表 2.29。

假定系数 L 在 Excel 表的 D 列，序号 1 在第 3 行，则司龄工资 W 的设置：F3=D3×E3。下拉 F3，自动完成 F4～F7 的设置。

③ 系数 L 的多重 IF 条件函数计算公式设置：

D3=IF(D3<1,0,IF(D3<2,1,IF(D3<3,2,IF(D3<4,3,IF(D3<5,4,IF(D3<6,5,6))))))

序号 1～5 对应的员工，系数 L 分别为：0、1.0、2.0、5.0、6.0，司龄工资分别为：0、80、160、400、480。

表 2.29 司龄工资计算

序 号	姓 名	司龄 N（年）	系数 L	月司龄工资标准 U（元/月）	司龄工资 W=U×L（元/月）
1		0.5	0	80	0
2		1.00	1.0	80	80
3		2	2.0	80	160
4		5.5	5.0	80	400
5		7.5	6.0	80	480

2.9.3 SUMIF 条件函数的运用及技巧

计算公式为：

=SUMIF(条件区域，条件，求和区域)

例：某公司有销售部、工程部、财务部 3 个部门，每个部门有 2 名员工，每个员工的应发工资见表 2.30。现在需要薪酬专员统计：各部门的应发工资总额是多少？

表 2.30　各部门每个员工的应发工资

姓　名	部　门	应发工资（元）
张三	销售部	6 000
李四	销售部	7 000
王五	工程部	5 000
赵六	工程部	4 000
孙七	财务部	3 500
刘八	财务部	4 500

具体的操作步骤如下

① 新建表，见表 2.31。

表 2.31　SUMIF 条件函数的技巧计算

姓　名	部　门	应发工资（元）	部　门	部门应发工资总额（元）	手工计算检查
张三	销售部	6 000	销售部	13 000	13 000
李四	销售部	7 000	工程部	9 000	9 000
王五	工程部	5 000	财务部	8 000	8 000
赵六	工程部	4 000			
孙七	财务部	3 500			
刘八	财务部	4 500			

假定，应发工资在 C 列，左侧的部门在 B 列，右侧空格后的部门在 E 列，部门应发工资总额在 F 列。张三在第 2 行。

则销售部的部门应发工资总额的 SUMIF 条件函数的公式设置：

F2=SUMIF($B$2:$B$7,E2,$C$2:$C$7)

② 下拉 F2，即可得到 F3、F4、F5 的公式设置。

销售部、工程部、财务部的部门应发工资总额分别是：1 3000 元、9 000 元、8 000 元，与手工计算检查结果是一致的。

当此表涉及的人数众多时，用 SUMIF 条件函数求分部门的和，其计算效率就显而易见了。

注意

① 新手设置 SUMIF 公式，可在 Excel 表先输入：=SUMIF()，再拉求和公式变成：=SUMIF(B2：B7，C2：C7)，然后再加固行列的符号$变成：=SUMIF（$B$2：$B$7，$C$2：$C$7）。

② $符号，需要把键盘从全角切换到半角，再同时按"Shift+$"键，才会打出来。如为全角状态，出来的是符号￥；不同时按"Shift"键，出来的是符号4。

③ $B2 表示只固定 B 列，B$2 表示只固定第 2 行，$B$2 表示同时固定 B 列第 2 行。这在薪资测算时用得较多。

本例的公式还可以设置为：

F2=SUMIF($B$2:$B$5，"销售部"，$C$2:C$5)

F3=SUMIF($B$2:$B$5，"工程部"，$C$2:C$5)

F4=SUMIF($B$2:$B$5，"财务部"，$C$2:C$5)

效果是一样的，读者可以自己在 Excel 表中尝试练习。

第三章

工资发放过程中的疑难问题

日常工资发放，虽然一般都能在工资发放日之前做完相关流程并发放，但有时也会延误，出现差错也不可避免。本章主要介绍工资发放中常见的疑难问题与解决措施。

3.1　发放延误和差错是怎么造成的

通常公司会确定每个月发工资的固定日期。假设每月 10 日，HR 要保证工资正常发放，必须做好计划，用倒推的方式来确定每个节点的完成时间。参照生产工序来说，薪资发放也有几道工序，前后互相关联。比如：

工资最终在每月 10 日发放，财务需要 1 天时间和银行对接，那么 HR 需要 9 日前提交数据给财务。因领导签字估计需要 1 天，那么 HR 需要在 8 日前完成薪资报表的编制。HR 核算需要 4 个工作日，那么考勤员、各部门统计需要在 4 日前提交相关基础数据给 HR。假设中间遇上双休日或法定节假日，则相关节点的截止时间还需提前，否则就会造成工资无法如期发放。

从上述流程可发现，造成工资延误或差错的原因有以下几方面：

● 数据提供部门、人员如不能及时提供薪资核算所需的基础数据，会造成后面各个节点的推延，而最关键的节点就在 HR 这里，HR 只能尽量缩减核算的时间；而如果基础数据提供错误，比如考勤数据提供错误，就会导致员工工资核算错误。

● 工资核算最重要的环节在 HR 薪资核算人员，除了基础数据由其他人员提供外，所有的薪资报表核算流程都由 HR 完成，所以 HR 的责任大，除了根据数据核算以外，还需审核基础数据的有效性和真实性，要能够发现其中的一些差错。另外核算时需要非常仔细，核算完毕后要先进行自检，特殊问题需要重点核对。

● HR 薪资核算完毕后需提交领导审核，领导审核时一般只抓重点、抓特殊情况来审核。如果遇上比较忙、常出差的领导，则需要时刻关注其行程安排，尽量保证工资能按期或提前审核完毕，签字确认。如遇领导刚好出差在外，并且接连几天都不回的情况，则需考虑如何特殊处理。切不可此延误工资发放的时间。

● 工资审核、签字完毕后就可以提交财务发放了，因为工资由银行代发，所以还会涉及与银行的联系，一般情况由财务部门和银行进行对接，银行对工资提交的时间、公司提供的工资数据的格式、数据的准确性问题有很高的要求。此外，还有一些同名同姓的情况也会造成工资发放的失误，所以最好用工号。

3.2　薪资发放错误如何纠正

因薪资报表的编制需要基础数据及 HR 人员的核算，所以薪资发放完毕后可能出现员工反映工资错发的情况。一般核算错误有以下几方面原因：

● 工资错发。是由于核算人员或基础数据提供人员的疏忽造成的，比如考勤统计错误、计件工资统计错误、特殊补贴遗漏等，这种情况比较好处理，一般员工自己会发现问题来询问，只要核对清楚，确认无误，次月给员工多扣少补即可。

● HR 人员对政策的不理解导致核算错误。比如病假及其他各类假期的工资如何核算，加班工资如何核算，如果对政策不了解会导致此类核算错误。这种情况员工就不太容易知道，因为他们也不知道假期工资是怎么算的，除非他觉得特别异常才会来询问，否则只能靠 HR 人员自己来核查了。核查出问题后应采取措施及时补救，以免给员工或公司造成不必要的损失。

● 公司有时候招聘到同名同姓的员工，此时对工资核算和发放都会造成一定的困扰。比如同一个车间出现两个员工名字一样，车间核算计件工资或统计考勤时容易错位，财务发工资也容易将银行卡弄错导致错发。一般预防这种情况的措施可以以员工工号来识别员工，车间统计、HR 核算、财务发放各种表单时都要将姓名和工号绑定起来，姓名可能会重复，工号则肯定不会，以此来识别员工信息比较可靠。

当然也有人说可以根据身份证号码来识别，这个操作起来就比较麻烦，因为相对工号而言，身份证号码位数太多，不利于统计。

以上是笔者总结的一些常见的错误，一般对于这类问题只要认真、仔细都能避免。

3.3　体系审核时被要求整改的原因

公司都会面临各种各样的审核，主要有体系审核、供应商（相对客户而言）审核，这些统称为外部审核。公司为了避免审核出问题，公司质管部门会组织一些对审核有经验的资深人员先进行内部审核，这样可以提前进行整改，有利于外审时顺利通过。

体系审核根据体系的侧重点不同，会审核与体系内容相关的部门和内容；而客户来做的供应商审核，则会覆盖公司的各个层面。对人力资源部而言，一般涉及的审核内容主要有培训、薪资、劳动关系等，招聘、绩效考核中间也会涉及，但不是重点。下面就本文涉及的薪资模块来介绍审核时发现的一些常见问题。

● 强迫性劳动。有些公司尤其是工厂会要求员工入职时缴纳各类押金，比如钥匙押金、饭卡押金等，这是不被允许的；按照《中华人民共和国劳动合同法》规定，员工入职后 30 日之内需要签订劳动合同，而且需要将合同的其中一份返还给员工本人；公司应该按照规定给员工缴纳社会保险。

● 歧视处罚。公司应遵守同工同酬制度，否则将被认为是歧视；员工在工作中犯错，公司不得有减薪之类的处罚，公司无权扣发员工工资。

● 工作时间。考勤问题是审核的重点，因为大部分的企业都无法保证员工能严格按照《中华人民共和国劳动合同法》的规定执行上班时间，加班更是家常便饭，所以考勤是最容易出问题的。对于一些特殊行业、特殊岗位是否有政府审批的综合计算工时和不定时工时制也是审核的关键材料。总体而言，考勤一般会有以下问题需要整改：

日加班时间超时、月加班总时间超时、对于综合计算工时制员工在核算周期内总加班时间超时、加班时间的计算是否合法？

● 工资。工资核算审核时，主要的整改问题有以下几方面：最低工资，员工工资是否会有低于当地最低工资的情况出现；加班工资核算，同考勤一同审核，加班时间对应的加班工资如何计算？是否符合规定？除了社会保险、公积金、个人所得税、员工请假等法律规定的可以在工资代扣代缴的项目，公司无权扣减员工工资；员工工资是否按时发放？

3.4 因薪资发生劳动纠纷的原因

通常员工不会随意投诉，若真有类似情况出现，一般有以下原因：
● 公司未按时缴纳社会保险。
● 公司未按时发放工资，并延期多天或数月。
● 公司无故扣减工资。
● 公司未按国家规定支付加班工资。
● 公司未按国家规定给予员工法定休假权利，或不按规定扣减工资。

3.5 工资保密能否做到

实行工资保密制度是企业的普遍做法，但工资的绝对保密是很难做到的，只能做到相对保密。虽然无法避免，但对于企业来说工资还是得要求保密。

对于工资保密公司规章制度中可规定：任何员工不得公开或私下询问、讨论其他员工的薪酬。一经发现，第 1 次取消 3 个月的绩效工资，第 2 次取消年终奖资格，第 3 次直接给予解除劳动合同。这只是一种说法，具体每家企业可具体制定规则。这在员工入职培训时就应重点强调，而且讲明这也符合《中华人民共和国劳动合同法》的规定，可留下培训签名记录，以提示不要碰"红线"。

3.6 怎样计算竞业限制的薪资

《中华人民共和国劳动合同法》中规定：对负有保密义务的劳动者，用人单位可以在劳动合同或者保密协议中与劳动者约定竞业限制条款，并约定在解除或者终止劳动合同后，在竞业限制期限内按月给予劳动者经济补偿。劳动者违反竞业限制约定的，应当按照约定向用人单位支付违约金。

竞业限制的人员限于用人单位的高级管理人员、高级技术人员和其他负有保密义务的人员。竞业限制的范围、地域、期限由用人单位与劳动者约定，竞业限制的约定不得违反法律、法规的规定。在解除或者终止劳动合同后，前款规定的人员到与本单位生产或者经营同类产品、从事同类业务的有竞争关系的其他用人单位，或者自己开业生产或者经营同类产品、从事同类业务的竞业限制期限，不得超过两年。

对于竞业限制的补偿标准我国法律没有规定具体的标准，各地方性法规可自行规定。例如：《浙江省技术秘密保护办法》第十三条规定："竞业限制补偿费的标准由权利人与相关人员协商确定。没有确定的，年度补偿费按合同终止前最后一个年度该相关人员从权利人处所获得报酬总额的三分之二计算。"《江苏省劳动合同条例》第十七条规定："年经济补偿额不得低于该劳动者离开用人单位前十二个月从该用人单位获得的报酬总额的三分之一。"

注 意

"依据公平原则或用人单位免除自己的法定责任、排除劳动者权利，认定竞业限制约定无效。"该观点认为竞业限制约定未约定用人单位支付补偿金或补偿金过低，即劳动者只有竞业限制义务而未获得相应补偿的权利，违反了公平原则，从而认定该竞业限制无效。

"竞业限制约定必须在合理的前提下才生效，否则就应认定为无效。"该观点认为竞业限制约定必须具有，如企业具有可保护的商业秘密、员工是具有保密义务的人员或支付补偿金等合理前提，否则竞业限制约定应被认定为无效。

3.7 怎样支付保密协议的薪资

保密是约定的义务，无时间限制，无须支付补偿。只有竞业限制才有时间限制，不能超过两年，这个也要有补偿金，具体标准每个地方规定不同。

对负有保密义务的劳动者，用人单位可以在劳动合同或者保密协议中与劳动者约定竞业限制条款，并约定在解除或者终止劳动合同后，在竞业限制期限内按月给予劳动者经济补偿。劳动者违反竞业限制约定的，应当按照约定向用人单位支付违约金。

3.8 怎样计算专项培训协议违约的薪资

培训协议都有规定具体的培训内容、培训金额、约定的服务期限起始时间等。假如在培训期间员工违反培训协议，或员工在未完成学业或培训的情况下解除劳动合同，或培训后应取得资格证书或学历证书而未取得的，培训费用可以全部由乙方（员工）自理。

假如在约定的服务期内，员工提出解除或终止劳动合同的，可按照实际支付培训费的相应比例向甲方（用人单位）支付违约金，参考标准：每实际服务满一年递减比例＝1/约定服务年限×100%。

> 注 意
> ① 培训服务期的违约金数额不得超过用人单位提供的培训费。
> ② 用人单位要求劳动者支付培训服务期的违约金不得超过服务期尚未履行部分所应分摊的培训费。

3.9 怎么规避发生劳动纠纷而公司无法举证的情况

发生劳动纠纷时，需要单位进行举证，单位无法举证的将承担不利后果。作为HR，为公司减少法律风险、降低不必要的法律成本是十分必要的。

● 首先公司应完善规章制度，做到凡事有章可循。比如对于加班工资的规定，在规章制度中可详细规定：自愿加班有没有加班费？单凭考勤记录能否证明加班？周末参加培训是否属于加班？加班是否必须支付加班工资？等等。

● 规章制度的建立、对员工的处罚等要合理、合法，要经过民主程序，要进行全员公示。

● 公司人事档案需严格、永久保管，各类记录需严格留档。比如员工的考勤记录最好由员工本人签字确认，员工加班申请单是否有记录？员工请假记录是否有记录？员工劳动合同是否齐全？等等。所有的人事流程都需经过逐级审批，并由人力资源部负责保管。

● HR人员变动要严格做好交接工作，人事资料需仔细审查，以免出现交接过程中的资料丢失或遗漏。

3.10 怎么减少员工咨询工资问题占用薪酬专员很多精力的情况

每月工资发放后，都会遇到员工来询问工资核算的问题，因员工询问的时间不固定，不可预见，所以经常会打断HR的工作，无形中对HR的工作效率造成影响。为了减少这种间断性的打扰，薪资专员可以对员工提出的问题进行分析，然后制定对策，一般情况下，可以从以下方面着手。

● 每个月工资发完后给员工发放工资明细清单，并让员工签字确认。发放清单的目的是让员工知道自己工资的构成，每一项加、减项的数据，便于员工本人核算。

● 工资清单尽可能清晰明了，比如基本工资多少？加班工资多少？奖金多少？社会保险代扣的金额分别为多少？个人所得税多少？请假扣了多少？都分项列明，员工可以直观地看到自己工资多少，扣了什么钱，拿到手应该有多少。

● 对于一些制造型企业，普通车间工人的文化水平较低，对各项费用的理解也不清楚，为了减少他们的疑惑，可以组织相关的培训，通过培训让员工知道公司的薪资结构，教他们如何看工资明细。当然，计件工资一般在工厂的行政人事部操作，也可让生产部经理、车间主任代为解答。

通过上述方法，相信在工资没有核算错误的前提下大部分员工都可以自己通过看明细来解决疑问，当然还有一些人会不理解各类假期工资如何计算之类的问题，但即使这样来询问的人数肯定会减少许多，对薪资专员的工作也不会有太大的影响。

3.11 如何运用好职工代表大会或工会，确保合法

制度合法：有关劳动报酬、工作时间、休息休假、劳动安全卫生、保险福利、职工培训、劳动纪律等直接涉及职工切身利益的规章制度或者重大事项方案，需经过职工代表大会的讨论，由职工代表提出意见和建议，职工代表大会应当有 2/3 以上的代表出席方可召开，通过选举和表决的事项应当采用无记名投票的方式，并经全体职工代表大会代表过半数同意始得通过。同时对企业职工代表大会的代表名额也有限制，需符合规定才有效。

用人单位对员工进行处分或单方解除劳动合同，应当事先将理由通知工会。用人单位违反法律、行政法规规定或者劳动合同约定的，工会有权要求用人单位纠正。用人单位应当研究工会的意见，并将处理结果书面通知工会。

3.12 规范与不规范操作的利弊权衡

劳动合同法、社会保险法等法律法规的实施对企业来说增加了许多的用工成本，给企业造成了人工成本的压力。于是很多企业会想着如何打擦边球，会抱有侥幸心理，想着只要没人去投诉，就不会被查到。这样做对企业来说其实是存在重大风险的，其实企业也可以合理运用各种法规，在规范操作的前提下尽量运用法规来控制成本。

例如：对加班费的成本控制，企业可以做如下规定：企业首先不鼓励加班；建立加班的申报、审批、考核制度；员工加班必须由单位安排或经领导批准；非单位安排或批准的加班不视为加班（例如工会安排的不算加班）；统一规定上下班时间，考勤与加班费无关；充分运用特殊工时制；合法利用调休。

也有公司通过项目奖和费用包干的形式，打包给项目经理和工程师，可避免经常出差、驻外做工程项目导致的加班问题。

第四章

调薪处理

本章介绍平时调薪、集中调薪的处理流程及方法。与薪酬体系配套的岗位评估，将在第7章单独介绍。

4.1 平时的调薪

案例：某民营上市公司薪等和薪级的调整

一、薪等调整

1. 薪等调整需满足如下条件

职位发生调整(晋升、降职等)，调整前后职位所对应的薪等发生变化的；职位未发生调整，但经过职位评估或各类技术等级评定后，该职位对应的薪等发生变化的。

2. 各类人员薪等调整办法

（1）管理类职位

员工职位晋升/降职，按照新的职位所对应的薪等确定，纳入起薪级；当职位调整到与现任职位所对应的薪等不一致或职位评估结果调整了职位所对应的薪等时，按照新的职位所对应的薪等确定。

薪等上升按新的薪等中最接近的薪级定薪（高于原薪点）；薪等下降按新的薪等中最接近的薪级定薪（低于原薪点）。

由于上述原因调整薪资等级，由人力资源部提出，报总经理审批后，从新任职位的次月起执行。

（2）技术类职位

技术研发、现场工艺、质量管理、设备管理相关工程技术类职位，按照工程技术人员职位晋级管理办法的原则，由技术委员会每年组织评定 1~2 次，并根据评定结果确定新的薪资等级，报总经理审批后执行。

技术支持类职位根据技术支持人员评定标准，由技术委员会每年组织评定 1 次，并根据评定结果确定新的薪资等级，报总经理审批后执行。

由于上述原因调整薪资等级，从批准的职位等级调整的次月份开始执行。

（3）营销类客服职位

从客服人员升任至客服主管，由所在大区申请，人力资源部、销售中心根据客服管理人员评定标准进行评审，报总经理审批后，于次月起执行。

二、薪级调整

在职位未发生调整或者职位所对应的薪等未发生调整时，通过调整薪级对员工进行奖励或惩处，薪级调整不得突破所在薪等的 18 个薪级范围。

1. 加薪调整

（1）岗位职责变化

1）管理类职位发生职位调整，岗位职责发生变化，由人力资源部与部门经理、分管领导，以新职位描述确定的岗位职责为依据，进行评估，提出薪级调整意见，报总经理审批后于次月起执行；

2）管理类职位未发生职位调整，但工作内容发生变化，岗位职责有较大调整时，可由部门经理提出薪级调整申请，经人力资源部审核评估，报总经理审批后于次月起执行；

3）技术类职位发生职位调整，岗位职责发生变化，由部门经理提出申请，生产工厂所属管理岗位需报工厂总经理审核后，报总工程师组织相关人员进行评议，经人力资源部审核，报总经理审批后于次月起执行。

（2）年度绩效考核浮动薪级或晋升薪级

1）上年度绩效考核结果评定为 A、B 等级的员工，于下年度起晋升浮动薪资，浮动薪资执行期为一年。标准为：B 等浮动一级；A 等浮动二级；A 等且年度绩效考核得分在公司排名前 3 名的浮动 3 级；

2）员工连续两年考核结果 B 等以上（含 2B 和 1A、1B）的员工于第三年起晋升一级薪资；连续两年考核结果 A 等的员工晋升二级薪资；

3）对于连续三年考核结果未出现 D、E 等级的员工，同时未因 A、B 等级获得任何加薪的员工，从第四年度开始晋升一级薪资。

2．降薪调整

（1）员工因职位调整至低薪资等级职位时，由人力资源部与部门经理、分管领导，以新职位描述确定的岗位职责为依据，进行评估，提出薪级调整意见，报总经理审批后于次月起执行。

（2）员工由于工作失误，对公司造成重大影响或使公司经济利益受到重大损害，根据其影响度，由人力资源部与部门经理、分管领导提出降薪意见，降 1～2 个薪级，报总经理审批后于次月起执行。

（3）员工年度绩效考核结果 D、E 等级的员工下年度起予以降薪。D 等：向下浮动一级；E 等：向下浮动二级；降薪员工在第二年绩效考核中连续两个季度平均考核等级达到 B 等的，于次月起可以恢复至原薪级。连续两年降薪者予以职位调整或淘汰。职位调整后根据新的职位等级确定薪资等级。

平时调薪均需填写调薪审批表，见表4.1。

表 4.1　调薪审批表

部门		职位		加入公司时间	
工号		姓名		学历	
调薪原因：□新进员工 □职位调整 □年度调薪 □晋升 □降薪 □其他					
原部门			调整后部门		
原职位			调整后职位		

续上表

原薪资等级		调整后薪资等级	
原薪资薪点		调整后薪资薪点	
原薪资启用时间		调整后薪资启用时间	
最近绩效考核结果		薪资增加/减少比例	

职位工作年限认定：本职位　　年，相关职位　　年，共　　年

员工晋升、降薪、职位调整等情况的说明：（由部门经理或子公司领导填写）

签名/日期：

人力资源部意见：	分管领导意见：
签名/日期：	签名/日期：

总经理意见：

签名/日期：

本表由人力资源部存档。

注：具体的调薪思路将在第七章中详细讲解。

4.2　年度集中的调薪

案例1：某民营股份公司主管岗位的调薪思路

一、本次调薪要解决的问题

对现有薪酬体系进行小幅修正，适当解决历年积累的不公平因素。重点是主管岗位。在小幅修正的基础上，根据年度预算对符合本次调薪的员工实施调薪。

访谈反映的主要问题：价值排序不明确。现阶段公司更重视哪些系统和部门需要明确。历年调薪存在一些人为因素，应该运用一些机制来避免，要把岗位与人员结合起来。

二、有关原则

建议公司把所有岗位按价值链划分为一线、二线和三线。依据是公司不同阶段对各系统和部门的价值侧重不同。

目前阶段，利润是公司业绩的主要体现，利润的产生取决于收入线和成本线。越靠近这两条线的系统和部门应得到越多重视，而不是行政级别的一级部门或二级部门。

按照这个原则，营销中心、技术中心、生产工厂可以归为一线部门，营销中心的客户服务，技术中心的工艺、设备、管理等，与生产工厂对应的计划、质量、采购等可以归为二线部门，总经理办公室、人力资源部、投资部、财务部、项目办公室等可以归为三线部门。

这次的岗位评估就是要打破简单地按行政级别来区分一级部门和二级部门，总体上要使：A类主管更多以一线部门为主，二线部门为次，三线部门个别；B类主管更多以二线部门为主，一线部门和三线部门为次；C类主管更多以三线部门为主，一线和二线部门为次。

这种价值排序的原则，不是简单地按照一线的系数=1.2，二线的系数=1.1，三线的系数=1.0来折算，而是要通过年度岗位评估模型中的10个因素的重要性系数来调整。这些因素须考虑到一线、二线、三线部门岗位的方方面面。

本次不是让每个系统或部门片面地强调各自分管的岗位的重要性，而是要听取大家的声音，来建立一个适用当前价值排序和业务链情况的"共同尺度"，以衡量本次所有的主管岗位。

三、主管岗位修正的思路

1. 确定职等

为主管岗位设置3个职等：A类主管、B类主管、C类主管。

2. 确定职等的比例

方法1：先进行岗位评估。

所有岗位的评估分，取最大值和最小值，间距 $a=$（最大值-最小值）/3。最小值至（最小值+a）的分数段，对应C类范围；（最小值+a）至（最小值+2a）的分数段，对应B类范围；（最小值+2a）至最大值的分数段，对应A类范围。

方法2：A类=20%，B类=30%，C类=50%。目前主管岗位=32个，则A类=6个，B类=10个，C类=16个。

3. 确定职级

为每个职等设置三档，分别为一档、二档、三档（从低到高）。

4. 确定对应的薪点

三类主管的薪点，见表4.2。

表4.2 薪点设置

档　次	C类主管	B类主管	A类主管
一档	2.4	2.9	3.5
二档	2.6	3.1	3.7
三档	2.8	3.3	3.9

5．确定对应的标准年薪

A 类大约是 B 类的 1.2 倍，B 类大约是 C 类的 1.2 倍，见表4.3。

表 4.3   三类主管的年薪标准   单位：元

档　　次	C 类主管	B 类主管	A 类主管
一档	47 040	56 840	68 600
二档	50 960	60 760	72 520
三档	54 880	64 680	76 440

6．确定岗位归并

建议进行小型的岗位评估项目，成立岗位评估小组。确定岗位评估的模型，建议包括 10 个因素，见表4.4。

表 4.4   岗位评估模型 10 因素

代码	F1	F2	F3	F4	F5	F6	F7	F8	F9	F10
因素	知识	经验	活动范围	决策责任	工作失误后果	沟通频率、内外因素	下属人数	管理幅度	工作环境、自然环境	分析研究

7．进行试测

由人力资源部向岗位评估小组成员以邮件形式发送以下材料：岗位说明书电子版 1 套、岗位评估模型 1 份、岗位评估分数统计表。在 2 个工作日内反馈至人力资源部经理。

人力资源部进行试测数据的计算：对每个岗位计算 13 个小组成员的平均分（去掉最高分和最低分），进行排序，前 20% 进入 A 类，中间 30% 进入 B 类，最后 50% 进入 C 类。

试测结果由人力资源部进行分析，并向总经理和副总经理单独汇报。

8．正式实施岗位评估

利用半个工作日，召开岗位评估会议。

附：会议议程大致如下。

● 由相关人员对自己熟悉的岗位进行介绍。每个岗位 3 分钟。

● 小组成员阅读岗位说明书。30 分钟。

● 人力资源部经理进行指导说明。5 分钟。

● 小组成员对每个岗位进行评估。60 分钟。

● 人力资源部工作人员进行现场的数据录入和统计。小组成员休息。60 分钟。

● 小组成员对结果进行讨论。30 分钟。

● 确定 A 类、B 类、C 类主管的名单。

案例2：某民营股份公司年度全员调薪思路

一、确定调薪的人员范围

本次调薪包括：管理岗位、工程技术岗位、后勤服务岗位。

本次调薪不包括：上年 12 月 31 日后入职的人员，年薪制、计件制的人员，营销岗位、顾问（个别情况可考虑）。

二、确定调薪的原则

（1）本次调薪的总额、切块比例：由公司领导确定。

（2）由公司操作的调薪部分：根据每个岗位现有薪点对应的现金性收入和调薪幅度，由人力资源部计算、核定。

（3）由部门操作的调薪部分：根据每个岗位的历年工作绩效、服务年限、岗位职责的变动，在人力资源部确定的规则内，由部门进行具体分配，总额不得突破人力资源部核定的切块总额。

三、确定调薪的总额

（1）计算本次可支配的调薪总额 $U=W-V$。其中：年度薪资预算表提出的调薪总额 $W=100$ 万元。营销岗位、客服岗位已调薪额 $V=40$ 万元。

本次可支配的调薪总额 $U=60$ 万元。

（2）调薪总额 $U=60$ 万元，调薪人数 $N=135$ 人，平均调薪额度 $X=U/N=4\,400$ 元/人，平均调薪幅度 $L=4\,400/$上年人均薪资$\times 100\%$，该幅度应控制在 $10\%\sim 14\%$。

（3）核定比例。公司操作的调薪部分 $E=U\times 0.6$，由部门操作的调薪部分 $F=U\times 0.4$。

四、确定调薪的切块

方法一：横向切割。以各系统和一级部门为划分单位，按部门归属切割。

计算公式：部门本次调薪总额 $B=U\times M/\sum M\times L$。其中：

公司本次可支配调薪总额 $U=60$ 万元。

部门薪资基准 $M=\sum$ 本部门符合条件员工现有薪点对应的薪酬收入$=\sum$（薪点$\times 1\,000$）。

调节系数 L：根据现阶段各系统的重要性，调薪的历史数据，由公司领导确定各部门的调节系数，L 最大 1.1，最小 0.9。

方法二：纵向切割。按岗位等级切割，确定经理级、主管级、员工级的调薪幅度和比例。

（1）估算人均调薪幅度 P。可假定人均调薪幅度 $P=9\%$。

计算公式：$P=U/R\times 100\%$。其中：

$U=60$ 万元。

R=本次参加调薪的每个员工年收入 *Q* 之和。

Q 的算法 1：*Q*=薪点×薪点值 1 000。*Q* 的算法 2：*Q*=月薪计算。

（2）切出每个员工调薪增幅 *P* 的 6%，纳入由公司操作的部分 *E*。方法：月薪不变，调整绩效工资的薪点值，比如从 1 000 元调整为 1060 元。

（3）切出每个员工调薪幅度 *P* 的 3%，纳入由部门操作的部分 *F*。

五、部门操作的薪酬包

（1）由人力资源部核定，薪酬包 *F* 由三部分组成，见表 4.5。

表 4.5　由部门操作的薪酬包的组成

组　成	鼓励工作业绩的调薪	用于服务年限的调薪	用于岗位职责变化较大的调薪	部门薪资包
代　码	F1	F2	F3	F
比　例	≥80%	≤10%	≤10%	100%

（2）限制：对由 F2 和 F3 的调薪增幅不得高于 8%。

（3）业绩调薪 F1=历年考核等级积分+历年表扬次数积分+历年优秀评比积分，见表 4.6。

表 4.6　业绩调薪 F1 的积分

组　成	代　码	积分依据	积分规则
历年考核等级积分	F1A	取前两年的季度和年度考核等级	季度：A、B、C、D、E 对应 3、2、1、0、-1 分；年度：A、B、C、D、E 对应 6、4、2、0、-3 分
历年表扬次数积分	F1B	取前两年公司级的书面表扬和口头表扬	书面表扬+2 分、口头表扬+1 分、书面批评-2 分、口头批评-2 分
历年优秀评比积分	F1C	取前两年公司级年度优秀评比结果	公司之星+10 分、十佳员工+7 分、优秀管理奖+5 分、其他+2 分

（4）人数比例和调薪幅度。

对上述积分的总分进行排序，按人数比例划分为三个等级，每个等级的调薪幅度，见表 4.7。

表 4.7　积分考核排名的人数比例和调薪幅度

等　级	人数比例（%）	调薪增幅（%）
好	30	15
中	40	8
差	30	3

六、调薪测算

本次待调的两类人员，与已调的其他人员的调薪测算，见表 4.8。

表 4.8 调薪测算

人员范围	状 态	人 数（人）	原薪资总额（万元）	调薪总额（万元）	调薪占比（%）	调薪增幅（%）	人均调薪（万元）
外贸人员	已调	8	69.9	5.1	5.1	7.30	0.64
营销人员	已调	31	264.0	33	33.0	12.50	1.06
客服人员	已调	27	26.5	0.98	1.0	3.70	0.04
管理、工程技术人员	待调	126	638.5	60.02	60.0	9.40	0.48
股份总部后勤人员	待调	9	19.5	0.84	0.8	4.30	0.09
合计		201	1063.8	100	100.0	9.40	0.50

案例3：调薪沟通通知

各部门、各子公司：

年度调薪数据结果已由总经理办公会议讨论通过。为确保调薪结果能得到广大员工的认同，使调薪起到激励员工的作用，要求各部门积极开展调薪沟通，将本次调薪的精神及时传递到员工。现将有关事项通知如下：

由人力资源部在本周三前将调薪数据按部门切分，打包给各部门经理。

各部门经理应在两周内利用部门会议和个别谈话的方式，对调薪原则和调薪组成进行传达，对本次调薪幅度较大的员工应进行深度沟通，要说明公司通过调薪对其工作绩效和表现的重视和认可，引导员工以更大的热情投入到工作中去。请各部门将调薪沟通的结果做一汇总，有关材料在×月×日前报人力资源部备案。

调薪数据为保密数据，只限于各部门经理保存。应注意保密。

特此通知。

人力资源部
××年×月×日

案例4：年度调薪结果通报

各位员工：

鉴于公司近几年的调整和发展所取得的绩效，根据公司年初提出的调薪计划，为了尽可能确保调薪项目的公平性，同时有效激励有突出业绩的员工，人力资源部拟定并修改了几次方案，测算数据，经过总经理办公会议的多次讨论，经3个月左右，公司范围的调薪项目终于顺利完成。调薪是员工非常关心的大事，为使员工能了解本次调薪项目的基本情况，现将有关事项通报如下：

普调：本次调薪的主要部分是普调。普调面向上年 12 月 31 日前加入公司的员工。本次人均普调幅度为 6.5%，人均普调约 190 元/月。

个别调整：通过成立职位评估小组，对主管岗位进行了职位评估，进行了一定的调整；通过技术委员会，对工程技术人员进行了初定和晋升。

体系转换：根据 ERP 项目的需要，公司对《薪酬制度》进行了修订。根据原有的标准年薪，对老的薪点进行了转换，确定了新的薪点，略有调整。

绩效考核加薪：对符合公司绩效考核管理办法规定的加薪条件的，予以晋升薪点或浮动薪资。

发放时间：本次调薪从 1 月开始执行，上半年差额在 7 月工资中发放。

反馈：本次调薪的明细情况将汇总反馈到各部门经理处。员工如需了解进一步的信息，请向各自部门经理咨询。

每个员工会收到调薪反馈表，见表 4.9。

表 4.9　调薪反馈表

序 号	单 位	部 门	姓 名	职 位	上年薪资		年度绩效考核加薪		
					原薪点	原标准年薪（元）	晋升薪点	浮动薪资（元）	现有薪点
3				主管	2.4	47 040		150	2.4

年度绩效考核加薪			薪资体系转换					岗位评价晋升	
现有标准年薪（元）	增加金额（元）	增幅	薪 等	新薪点	标准年薪（元）	增加金额（元）	增幅	新薪点	标准年薪（元）
48 840	1 800	4%	5	3.4	47 600	560	1%	3.6	50 400

岗位评价晋升		普　调						总增加额（元）	总增幅
增加额度（元）	增幅	晋升薪点	最后薪点	批准薪点	标准年薪（元）	增加金额（元）	增幅		
2 800	6%	0.2	3.8	3.8	53 200	2 800	6%	7 960	16.9%

案例 5：某民营股份公司年度调薪项目说明

各位员工：

年度薪资调整方案已确定，现向各位员工简要说明如下：

（1）原有的年薪绩效考核调薪(含晋升薪资及浮动薪资)根据公司绩效考核制度执行。公司对原来的薪资体系进行了整合，重新制定了新的薪资制度。除了年薪制和生产工厂计件工资制外，所有员工均纳入了薪点制。

（2）根据原有的薪资标准，按就近就高原则，进行了薪点转换，即确定或调整了新的薪点。

1）原有薪点制的薪点与新的薪点间的转换关系

新薪点=老薪点×1.4。有第二位小数的，进0.1保留一位小数。原有的司龄津贴、驾驶津贴等各类津贴仍保留。

2）原薪点与薪资的转换关系

① 按原薪点值计算

月度基本工资=1 000×老薪点（Z工厂为700×老薪点）；季度绩效工资=1 200×老薪点（Z工厂为900×老薪点）；折合月工资=1 400×老薪点（Z工厂为1 000×老薪点）。

② 按新薪点值计算

标准月薪=1 000×新薪点（Z工厂为715×新薪点）。发放比例根据不同人员类别确定，见表4.10。

表4.10 薪资发放比例

月薪比例	季薪比例	适用范围
70%	30%	3职等及以上管理、各类技术人员
70%	30%	客服人员
70%基本月薪＋30%考核月薪		驾驶员
70%基本月薪＋30%考核月薪		测试工、大区内勤
90%基本月薪＋10%考核月薪		其他后勤服务人员

（3）公司通过岗位评估、工程技术职位晋升考核等方式对原有的薪资水平进行了小幅修正。

（4）普调：仅针对上述薪点制人员（除客服系列年度已做调整外），本年1月1日前加入公司的管理、技术岗位的员工。年新增管理、技术岗位只作薪点转换，不再普调。各级管理、技术人员、司机岗位普调2档，其他后勤服务人员普调1档。

（5）本次薪资调整的明细情况将汇总反馈到各部门经理处。请各位员工向各自部门经理咨询。

（6）本次薪资调整执行：6月薪资按老薪资制度发放。补发1～6月差额。拟在6月底前完成差额核算，最迟在7月初发放。

案例6：各部门的调薪沟通反馈汇总

调薪结果公布后，各部门经理与本部门员工进行调薪沟通，向HR经理进行反馈，见表4.11。

表 4.11   各部门的调薪沟通反馈汇总

部门经理	反 馈 点
1	与员工进行了沟通，大家反映还是比较好的。从正规沟通来说都没有反映出问题，不知以后会有何反映。某员工还未沟通，主要是需要考虑以后的定位然后一并谈话较好，请人力资源部也考虑其上班后的工作安排，确定定位后再去找其谈话
2	和司机说了后，他虽然没有多说什么，感觉还是有点想法的
3	收到调薪明细后，已经与工厂每个管理人员单独进行了沟通。从目前的情况看，大家都能够比较愉快地接受，主要讲了公司对工厂员工的关照和工资年上升的比例，所以效果尚好，请放心。最近又摸了一下情况，因为工厂的管理人员属于不同系统管辖，比如质检、采购、财务等，已分别与管辖领导进行了沟通，质检个别人有点波动，再次沟通后也较满意。二级经理方面都表示满意，情况大致如此，工资发下去后，如果再有想法，会努力沟通
4	本次调薪的明细情况和精神，已经通过个人谈话、邮件、电话等形式分别进行了传达和解释，本部门各员工至今未提出任何异议，均表示服从公司此次调薪安排
5	虽然公司普调是好事情，但某些岗位存在差距。本公司财务人员的收入与市场相比较高。虽普调是福利政策，但每个岗位的绩效未必突出和足够，还应考虑专业能力和日常表现。公司决策基本正确，公平性考虑比较多，绩效考核的重要性，以前不重视这两点
6	二级经理的薪资本次有点偏低，与两个主管的差距缩小。可能会对客服人员再做一次调薪，跟老总在出差时提起过
7	与某员工谈过，本人接受目前公司主管降职的处理。但希望半年后，业绩表现上去后考虑设置主管岗位
8	两个顾问找过我，回答他们顾问不纳入本次调薪。设备部近期有工程师离职，跟调薪有一定关系。他问主管，主管问部门经理，都不是很清楚。我大概告诉过经理，但没有把具体的数据告诉他。经理因忙于新厂项目，对部门的管理目前主要由主管、某工程师在代理。工艺员抱怨两点：一是机构不明确，工厂和技术中心双重管理，但又不够重视他们。二是部门内部，工艺的重要性不如设备。两个工艺员都找我说过想法

第五章

设计一套公司薪酬体系——薪点制

前面4章介绍了薪资操作。接下来，将详细讲解薪酬体系的设计，其中包括公司薪酬体系设计、分类的薪酬方案设计。

一个公司是否必须有薪酬体系才能做工资发放？现实中，中小企业、小微企业一定有工资发放，但不一定有薪酬体系。

常见的情形是通过谈工资来定薪，告诉HR按这个薪资数据做工资表。还有可能是这3种情形：老板直接谈定薪；用人部门谈，找老板定薪；招聘主管或HR经理谈，找老板定薪。

制定工资有两大规则。规则一：随行就市（对外，行业和地区）；规则二：同类岗位比较（对内）。做得粗的，拍脑袋；做得细的，由HR提供一些同类岗位的薪资数据，再定一个相对合理的数值范围。

以上这种制定工资的方式，虽然不成体系，但照样能够做成工资表，形成工资条。但时间长了，公司规模大了，弊病就产生了。由于工资无法做到真正保密，互相比较后容易产生各种不公平感，加剧内耗和抱怨。往往到了矛盾积累严重甚至发生部门冲突时，老板才会让HR或借助咨询公司，设计、优化公司薪酬体系。

5.1 如何建立公司薪酬体系（薪点制）

现在，假定你所在的公司发展到了一定程度，老板说要设计薪酬体系。或者老板有先见之明，公司规模不大，但提前先建立体系。

说到薪酬体系，你头脑里马上会想到什么呢？我想应该是一张表，由横向和纵向表格组成，也叫矩阵。

薪酬体系建立在职位体系的基础上，一般也会涉及固定部分+浮动部分（也有例外，就是固定部分），而浮动部分往往与绩效考核结果挂钩。所以薪酬体系的建立，一般总是会涉及职位、薪酬、绩效，由于这三个的英文单词的第一个英文字母都是P，故简称3P。

薪酬体系有三个原则：合法性、对内的公平性、对外的竞争性。合法性，在2008年新《中华人民共和国劳动合同法》实施前，实际操作不太重视，新《中华人民共和国劳动合同法》实施后，加上创业板、中小板推出，很多拟上市公司就不得不重视合法性了。对外的竞争性，通常与薪资调查联系在一起，主要针对行业、地区，用本公司的薪酬曲线与市场比较，看处于高、中、低哪个薪资政策范围。薪酬调查报告提及的P90、P75、P50，是指本公司的职位在本行业、本地区参加薪酬调查的样本企业中所处的位置，比如处于75%，就是P75。对内的公平性，有纵向的职位层级的比较，也有横向的不同部门（职位族）的比较。

这就引出了薪酬体系的核心：职等职级表，也有公司叫薪等薪级表，两者略有区别，主要是享受福利、补贴等时有差别。

职等职级表的背后，隐藏着该公司的薪酬曲线，也就是薪资政策。这就是表格中的数值是怎么出来的。

职等职级表常用于纵向、横向的内部比较，薪酬曲线还用于外部收入水平比较。

表格中的数值用于测算。数值是月薪，比如3000元/月，这就是最常见的职能工资制，或岗位工资制。或薪点，比如3.0（规定1分=1000元），也叫薪点制。

除此以外，还需要对薪资的结构（科目）、比例（固定和浮动，也就是基本工资、绩效工资、各类奖金、年终奖）作规定，还要对与薪资关联的福利、补贴等作规定，还要对薪资日常发放的流程作规定，对平时调薪、年度调薪等做规定。2014年起，由于政府对企业推出年金个人所得税递延新政策，有些企业在薪酬制度中应该还要增加企业年金部分。还要通过一定的合法程序，如职工代表大会等，最后形成薪酬制度。薪酬体系的最终结果是形成公司现阶段的薪酬制度。

5.2 职等职级表

表5.1职等表有12个职等、5个职位，两大序列。在此表的基础上，可根据本公

司的实际情况，比如规模、行业等，调整职等设置、职等名称叫法、职位族设置等。

表 5.1　职等表

职 等	职等名称	管理类		营销类		技术类		生产类		辅助类	
		管理序列	技术业务序列	管理序列	技术业务序列	管理序列	技术业务序列	管理序列	技术业务序列	管理序列	技术业务序列
1	总经理级										
2	常务副总级										
3	副总经理级										
4	部门经理级										
5	部门副经理级										
6	资深主管级										
7	高级主管级										
8	主管级										
9	主办级										
10	专员级										
11	助理级										
12	见习生级										

每个职等需设置职级（薪级），见表 5.2。本表有 11 个薪级，灰色部分为每职等的起薪档、中间档、最高档。在此表基础上，可以根据本公司实际设置薪级，同时需考虑人员规模。

表 5.2　薪级表

职 等	职等名称	薪 级										
		1	2	3	4	5	6	7	8	9	10	11
1	总经理级											
2	常务副总级											
3	副总经理级											
4	部门经理级											
5	部门副经理级											
6	资深主管级											
7	高级主管级											
8	主管级											
9	主办级											
10	专员级											
11	助理级											
12	见习生级											

5.3　薪酬曲线（更详细内容请扫描二维码观看视频讲解）

　　然后建一个 Excel 薪点表，假定每等 15 薪级，见表 5.3；之后录入、调试数据，观察薪酬曲线是否合适，见图 5.1。

表 5.3　薪点表

职等	职等名称	等差（元）	倍率	级差	等差（元）	1	2	3	4	5	6	7	8	9	10	11	12	13	14	15
															薪级					
1	总经理级			0.6		14.86	15.46	16.06	16.66	17.26	17.86	18.46	19.06	19.66	20.26	20.86	21.46	22.06	22.66	23.26
2	常务副总级	4.2	1.28	0.5		11.36	11.86	12.36	12.86	13.36	13.86	14.36	14.86	15.36	15.86	16.36	16.86	17.36	17.86	18.36
3	副总经理级	3.5	1.31	0.4		8.56	8.96	9.36	9.76	10.16	10.56	10.96	11.36	11.76	12.16	12.56	12.96	13.36	13.76	14.16
4	部门经理级	2.8	1.33	0.3		6.46	6.76	7.06	7.36	7.66	7.96	8.26	8.56	8.86	9.16	9.46	9.76	10.06	10.36	10.66
5	部门副经理级	2.1	1.33	0.2		5.06	5.26	5.46	5.66	5.86	6.06	6.26	6.46	6.66	6.86	7.06	7.26	7.46	7.66	7.86
6	资深主管级	1.4	1.28	0.16		3.94	4.1	4.26	4.42	4.58	4.74	4.9	5.06	5.22	5.38	5.54	5.7	5.86	6.02	6.18
7	高级主管级	1.12	1.28	0.12		3.1	3.22	3.34	3.46	3.58	3.7	3.82	3.94	4.06	4.18	4.3	4.42	4.54	4.66	4.78
8	主管级	0.84	1.27	0.1		2.4	2.5	2.6	2.7	2.8	2.9	3	3.1	3.2	3.3	3.4	3.5	3.6	3.7	3.8
9	主办级	0.7	1.29	0.08		1.84	1.92	2	2.08	2.16	2.24	2.32	2.4	2.48	2.56	2.64	2.72	2.8	2.88	2.96
10	专员级	0.56	1.30	0.06		1.42	1.48	1.54	1.6	1.66	1.72	1.78	1.84	1.9	1.96	2.02	2.08	2.14	2.2	2.26
11	助理级	0.42	1.30	0.06		1	1.06	1.12	1.18	1.24	1.3	1.36	1.42	1.48	1.54	1.6	1.66	1.72	1.78	1.84
12	见习生级	0.24	1.20	0.04		0.9	0.94	0.98	1.02	1.06	1.1	1.14	1.18	1.22	1.26	1.3	1.34	1.38	1.42	1.46

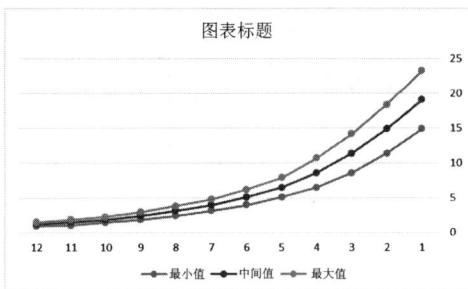

图 5.1　薪酬曲线

薪酬曲线的高度、平滑度、陡度是通过等差、级差来控制的。等差=上一职等的中间档-下一职等的中间档；级差=同一职等的上个薪级-同一职等的下个薪级；倍率=上一职等的中间档/下一职等的中间档。

表 5.3 中，11 等一级，对应系数 1.00，应最先设置。11 等二级的系数=1.0+0.06（11 等的级差），在 Excel 中右拉，就可以得到 11 等的所有薪级系数。

10 等一级的系数=1.00+0.15（对应的等差），在 Excel 中右拉，就可以得到 10 等的所有薪级系数。其他职等的操作类同。

薪点表设置完整后，在 Excel 中画折线图，就可以观察薪酬曲线是否平滑及陡度如何。这个需要多次讨论、调试，总的来说，要控制好纵向职位层级之间的差距的合理性。HR 要做的基础工作，就是要做好 Excel 表的公式设置、链接，使录入、修改数据后，曲线能够变化，以观察调试。

5.4　薪点值和测算

薪酬曲线的系数都是相对值，用以解决内部的公平性。至于薪资水平，就要对 1 分等于多少元进行测算。下面给出 1 分等于 2 000 元、2 500 元、3 000 元时的三种情况，得到每职等薪级对应的薪资数据，见表 5.4、表 5.5、表 5.6。

根据本公司现有薪资水平，结合对外部（本行业、本地区）的薪资大致对比或感受，讨论确定选取 1 分等于多少元。

扫码看视频

表 5.4　1 分等于 2 000 元的测算

职　等	职等名称	等　差	等　差（元）	倍　率	级　差	级　差（元）	薪　级			
							1	2	3	4
1	总经理级				0.6	1 200	17 000	17 120	17 240	17 360
2	常务副总级	2	4 000	1.31	0.5	1 000	13 000	13 120	13 240	13 360
3	副总经理级	1.4	2 800	1.27	0.4	800	10 200	10 320	10 440	10 560
4	部门经理级	1.1	2 200	1.28	0.3	600	8 000	8 120	8 240	8 360
5	部门副经理级	0.9	1 800	1.29	0.2	400	6 200	6 320	6 440	6 560
6	资深主管级	0.7	1 400	1.29	0.16	320	4 800	4 920	5 040	5 160

续上表

职等	职等名称	等差	等差（元）	倍率	级差	级差（元）	薪级 1	2	3	4
7	高级主管级	0.5	1 000	1.26	0.12	240	3 800	3 920	4 040	4 160
8	主管级	0.3	600	1.19	0.1	200	3 200	3 320	3 440	3 560
9	主办级	0.25	500	1.19	0.08	160	2 700	2 820	2 940	3 060
10	专员级	0.2	400	1.17	0.06	120	2 300	2 420	2 540	2 660
11	助理级	0.15	300	1.15	0.06	120	2 000	2 120	2 240	2 360
12	见习生级	0.1	200	1.11	0.04	80	1 800	1 920	2 040	2 160

薪级										
5	6	7	8	9	10	11	12	13	14	15
17 480	17 600	17 720	17 840	17 960	18 080	18 200	18 320	18 440	18 560	18 680
13 480	13 600	13 720	13 840	13 960	14 080	14 200	14 320	14 440	14 560	14 680
10 680	10 800	10 920	11 040	11 160	11 280	11 400	11 520	11 640	11 760	11 880
8 480	8 600	8 720	8 840	8 960	9 080	9 200	9 320	9 440	9 560	9 680
6 680	6 800	6 920	7 040	7 160	7 280	7 400	7 520	7 640	7 760	7 880
5 280	5 400	5 520	5 640	5 760	5 880	6 000	6 120	6 240	6 360	6 480
4 280	4 400	4 520	4 640	4 760	4 880	5 000	5 120	5 240	5 360	5 480
3 680	3 800	3 920	4 040	4 160	4 280	4 400	4 520	4 640	4 760	4 880
3 180	3 300	3 420	3 540	3 660	3 780	3 900	4 020	4 140	4 260	4 380
2 780	2 900	3 020	3 140	3 260	3 380	3 500	3 620	3 740	3 860	3 980
2 480	2 600	2 720	2 840	2 960	3 080	3 200	3 320	3 440	3 560	3 680
2 280	2 400	2 520	2 640	2 760	2 880	3 000	3 120	3 240	3 360	3 480

表5.5　1分等于2 500元的测算

职等	职等名称	等差	等差（元）	倍率	级差	级差（元）	薪级 1	2	3	4
1	总经理级				0.60	1 500	21 250	21 400	21 550	21 700
2	常务副总级	2.00	5 000	1.31	0.50	1 250	16 250	16 400	16 550	16 700
3	副总经理级	1.40	3 500	1.27	0.40	1 000	12 750	12 900	13 050	13 200
4	部门经理级	1.10	2 750	1.28	0.30	750	10 000	10 150	10 300	10 450
5	部门副经理级	0.90	2 250	1.29	0.20	500	7 750	7 900	8 050	8 200
6	资深主管级	0.70	1 750	1.29	0.16	400	6 000	6 150	6 300	6 450
7	高级主管级	0.50	1 250	1.26	0.12	300	4 750	4 900	5 050	5 200
8	主管级	0.30	750	1.19	0.10	250	4 000	4 150	4 300	4 450

职 等	职等名称	等差	等差(元)	倍率	级差	级差(元)	薪级 1	2	3	4
9	主办级	0.25	625	1.19	0.08	200	3 375	3 525	3 675	3 825
10	专员级	0.20	500	1.17	0.06	150	2 875	3 025	3 175	3 325
11	助理级	0.15	375	1.15	0.06	150	2 500	2 650	2 800	2 950
12	见习生级	0.10	250	1.11	0.04	100	2 250	2 400	2 550	2 700

薪 级										
5	6	7	8	9	10	11	12	13	14	15
21 850	22 000	22 150	22 300	22 450	22 600	22 750	22 900	23 050	23 200	23 350
16 850	17 000	17 150	17 300	17 450	17 600	17 750	17 900	18 050	18 200	18 350
13 350	13 500	13 650	13 800	13 950	14 100	14 250	14 400	14 550	14 700	14 850
10 600	10 750	10 900	11 050	11 200	11 350	11 500	11 650	11 800	11 950	12 100
8 350	8 500	8 650	8 800	8 950	9 100	9 250	9 400	9 550	9 700	9 850
6 600	6 750	6 900	7 050	7 200	7 350	7 500	7 650	7 800	7 950	8 100
5 350	5 500	5 650	5 800	5 950	6 100	6 250	6 400	6 550	6 700	6 850
4 600	4 750	4 900	5 050	5 200	5 350	5 500	5 650	5 800	5 950	6 100
3 975	4 125	4 275	4 425	4 575	4 725	4 875	5 025	5 175	5 325	5 475
3 475	3 625	3 775	3 925	4 075	4 225	4 375	4 525	4 675	4 825	4 975
3 100	3 250	3 400	3 550	3 700	3 850	4 000	4 150	4 300	4 450	4 600
2 850	3 000	3 150	3 300	3 450	3 600	3 750	3 900	4 050	4 200	4 350

表 5.6 1 分=3 000 元的测算

职 等	职等名称	等差	等差(元)	倍率	级差	级差(元)	薪级 1	2	3	4
1	总经理级				0.60	1 800	25 500	25 680	25 860	26 040
2	常务副总级	2.00	6 000	1.31	0.50	1 500	19 500	19 680	19 860	20 040
3	副总经理级	1.40	4 200	1.27	0.40	1 200	15 300	15 480	15 660	15 840
4	部门经理级	1.10	3 300	1.28	0.30	900	12 000	12 180	12 360	12 540
5	部门副经理级	0.90	2 700	1.29	0.20	600	9 300	9 480	9 660	9 840
6	资深主管级	0.70	2 100	1.29	0.16	480	7 200	7 380	7 560	7 740
7	高级主管级	0.50	1 500	1.26	0.12	360	5 700	5 880	6 060	6 240
8	主管级	0.30	900	1.19	0.10	300	4 800	4 980	5 160	5 340
9	主办级	0.25	750	1.19	0.08	240	4 050	4 230	4 410	4 590
10	专员级	0.20	600	1.17	0.06	180	3 450	3 630	3 810	3 990

续上表

职 等	职等名称	等 差	等差（元）	倍 率	级 差	级差（元）	薪级			
							1	2	3	4
11	助理级	0.15	450	1.15	0.06	180	3 000	3 180	3 360	3 540
12	见习生级	0.10	300	1.11	0.04	120	2 700	2 880	3 060	3 240

薪 级										
5	6	7	8	9	10	11	12	13	14	15
26 220	26 400	26 580	26 760	26 940	27 120	27 300	27 480	27 660	27 840	28 020
20 220	20 400	20 580	20 760	20 940	21 120	21 300	21 480	21 660	21 840	22 020
16 020	16 200	16 380	16 560	16 740	16 920	17 100	17 280	17 460	17 640	17 820
12 720	12 900	13 080	13 260	13 440	13 620	13 800	13 980	14 160	14 340	14 520
10 020	10 200	10 380	10 560	10 740	10 920	11 100	11 280	11 460	11 640	11 820
7 920	8 100	8 280	8 460	8 640	8 820	9 000	9 180	9 360	9 540	9 720
6 420	6 600	6 780	6 960	7 140	7 320	7 500	7 680	7 860	8 040	8 220
5 520	5 700	5 880	6 060	6 240	6 420	6 600	6 780	6 960	7 140	7 320
4 770	4 950	5 130	5 310	5 490	5 670	5 850	6 030	6 210	6 390	6 570
4 170	4 350	4 530	4 710	4 890	5 070	5 250	5 430	5 610	5 790	5 970
3 720	3 900	4 080	4 260	4 440	4 620	4 800	4 980	5 160	5 340	5 520
3 420	3 600	3 780	3 960	4 140	4 320	4 500	4 680	4 860	5 040	

5.5 薪资比例

接下来，需要讨论划分不同职等的薪资比例，见表 5.7。

表 5.7 薪资比例

职等	职等名称	比例		职等	职等名称	比例	
		固定工资	绩效工资			固定工资	绩效工资
1	总经理级	0.6	0.4	7	高级主管级	0.8	0.2
2	常务副总级	0.6	0.4	8	主管级	0.85	0.15
3	副总经理级	0.6	0.4	9	主办级	0.85	0.15
4	部门经理级	0.75	0.25	10	专员级	0.9	0.1
5	部门副经理级	0.75	0.25	11	助理级	0.9	0.1
6	资深主管级	0.8	0.2	12	见习生级	1	0

为简化方便阅读，经讨论确定后的表在薪酬制度中改为表 5.8。

表 5.8　薪资比例

	固定工资	绩效工资		固定工资	绩效工资
职等 1～3	0.6	0.4	职等 8～9	0.85	0.15
职等 4～5	0.75	0.25	职等 10～11	0.9	0.1
职等 6～7	0.8	0.2	职等 12	1	0

5.6　薪资结构

接下来，需要设计薪资结构，也就是设计薪资组成的工资科目，见表 5.9。

表 5.9　薪资组成——工资科目的设计

序号	基础信息								基本工资	岗位工资	绩效工资	司龄工资
	部门	班组	岗位	姓名	薪点	标准月薪	绩效工资比例	缺勤天数				
1	制造部	A 车间			1.2	3 000	0.9		1 470	1 530	2 700	
					1.5	3 750	0.85		1 470	2 280	3 188	
					2.0	5 000	0.8		1 470	3 530	4 000	

加班工资				计件工资	年休假补偿	津贴补贴					其他	应发工资
平时加班	周末加班	法定节假日加班	小计			高温补贴	午餐补贴	夜班补贴	驻外补贴	小计		

社会保险						公积金	五险一金小计	个人所得税	工会费	实发工资
养老	医疗	工伤	生育	失业	小计					

注意

个人所得税建议放在五险一金之后。因为个人所得税计算需要在应发工资减去五险一金代扣代缴之后，再扣除个人所得税扣除数 3 500 元。

5.7　地区差异系数

假定本公司有几个工厂、子公司，分布在不同地区，各地的薪资水平有差别，这要考虑设置地区差异系数，见表 5.10。公司薪酬体系应尽量统一，可使同样的薪点对应的薪资数据不同。

表 5.10　地区差异系数

地　区	A 厂	B 厂	C 厂	D 厂
地区系数	1	0.9	0.85	0.75

5.8　年度调薪

薪酬体系设计还需要考虑年度调薪。可参考两个调薪矩阵，见表 5.11 和表 5.12。表 5.11 内的数值是调薪增幅（比例），表 5.12 内的数值是人数比例控制。

表 5.11　调薪增幅

<table>
<tr><td></td><td colspan="6" align="center">公司绩效</td><td></td></tr>
<tr><td></td><td align="center">A</td><td align="center">B</td><td align="center">C</td><td align="center">D</td><td align="center">E</td><td></td></tr>
<tr><td>调薪增幅</td><td>90(含)～100</td><td>80(含)～90</td><td>75(含)～80</td><td>60(含)～75</td><td>60 以下</td><td>备注</td></tr>
<tr><td rowspan="5">个人绩效</td><td>A</td><td>20%</td><td>17%</td><td>15%</td><td>10%</td><td>5%</td><td>上限+5%</td></tr>
<tr><td>B</td><td>17%</td><td>14%</td><td>10%</td><td>7%</td><td>3%</td><td>上限+5%</td></tr>
<tr><td>C</td><td>12%</td><td>9%</td><td>7%</td><td>3%</td><td>0</td><td>上限+3%</td></tr>
<tr><td>D</td><td>8%</td><td>5%</td><td>3%</td><td>0</td><td>−3%</td><td>上限+1%</td></tr>
<tr><td>E</td><td>0</td><td>0</td><td>0</td><td>−2%</td><td>−5%</td><td></td></tr>
</table>

表 5.12　人数比例控制

<table>
<tr><td></td><td colspan="6" align="center">公司绩效</td><td></td></tr>
<tr><td></td><td align="center">A</td><td align="center">B</td><td align="center">C</td><td align="center">D</td><td align="center">E</td><td></td></tr>
<tr><td>人数比例
控制</td><td>90(含)～100</td><td>80(含)～90</td><td>75(含)～80</td><td>60(含)～75</td><td>60 以下</td><td>备注</td></tr>
<tr><td rowspan="5">个人绩效</td><td>A</td><td>15%</td><td>10%</td><td>5%</td><td>3%</td><td>2%</td><td></td></tr>
<tr><td>B</td><td>20%</td><td>15%</td><td>15%</td><td>10%</td><td>8%</td><td></td></tr>
<tr><td>C</td><td>60%</td><td>65%</td><td>60%</td><td>50%</td><td>45%</td><td></td></tr>
<tr><td>D</td><td>0～4%</td><td>0～8%</td><td>5%～10%</td><td>20%</td><td>25%</td><td></td></tr>
<tr><td>E</td><td>0～1%</td><td>0～2%</td><td>0～5%</td><td>17%</td><td>20%</td><td></td></tr>
</table>

年度调薪的总额，需要在年度薪资预算时事先预估。有些公司的做法，特别是工厂，通过百元产值的工资占比来进行控制，比如 12%～15%。也有公司规定，工资增长率要低于劳动生产率增长率，比如劳动生产率取人均产值，年增长 12%，则工资增长率取 8%～10%。

5.9　薪等薪级表设计案例

关于薪等薪级表的第 2 种方法（根据市场数据）请扫码观看。

最后，提供几个其他公司的薪等薪级表，供读者参考。

互联网公司的薪等薪级表设计案例。

互联网公司包括京东、BAT（阿里巴巴、百度、腾讯）、携程、美团大众。

京东技术体系薪等薪级表——管理层级，见表 5.13-1；京东技术体系薪等薪级表——技术层级，见表 5.13-2。

扫码看视频

表 5.13-1　京东技术体系薪等薪级表——管理层级

管理层级			
序列层级	职　衔	对应 T 序	薪资区间（技术）
M5	CXO		
M5	VP		
M4-3	高级总监		
M4-2	总监	T5	40 000～50 000
M4-1	副总监	T5	35 000～45 000
M3	高级经理	T4-2	30 000～40 000
M2-2	经理	T4-1	25 000～35 000
M2-1	副经理	T3-2	20 000～30 000
M1	主管	T3-1	15 000～25 000

表 5.13-2　京东技术体系薪等薪级表——技术层级

技术层级			
序列层级	职　衔	对应 M 序	薪资区间（技术）
T5-3	专家 3	总监/副总监	35 000～50 000
T5-2	专家 2	总监/副总监	35 000～50 000
T5-1	专家 1	总监/副总监	35 000～50 000
T4-2	资深 2	高级经理	30 000～40 000

续上表

技术层级			
序列层级	职衔	对应 M 序	薪资区间（技术）
T4-1	资深 1	经理	25 000～35 000
T3-2	高级 2	副经理	20 000～30 000
T3-1	高级 1	主管	15 000～25 000
T2-2	中级 2		10 000～20 000
T2-1	中级 1		5 000～15 000
T1-2	初级 2		5 000～10 000
T1-1	初级 1		0～8 000

京东薪等薪级表修订（管理、旧业务技术职级），见表 5.13-3；修订后的京东薪等薪级表修订（新业务技术职级），见表 5.13-4。

表 5.13-3　京东薪等薪级表修订（管理、旧业务技术职级）

职衔	管理序列职级		旧业务/技术职级			
	管理序列	职级	业务序列	职级	技术序列	职级
CX0	M6	M6				
VP	M5	M5-(S)VP	P6	P6	T6	T6
总监	M4	M4-3	P5	P5-3	T5	T5-3
		M4-2		P5-2		T5-2
		M4-1		P5-1		T5-1
高级经理	M3	M3	P4	P4-2	T4	T4-2
经理	M2	M2-2		P4-1		T4-1
		M2-1	P3	P3-2	T3	T3-2
主管	M1	M1		P3-1		T3-1
			P2	P2-2	T2	T2-2
				P2-1		T2-1
			P1	P1-2	T1	T1-2
				P1-1		T1-1

表 5.13-4　修订后的京东薪等薪级表修订（新业务技术职级）

旧业务/技术职级	新业务/技术职级	一般薪资
	T15	
	T14	

续上表

旧业务/技术职级	新业务/技术职级		一般薪资
	P13	T13	
T6	P12	T12	
T5-3	P11	T11	
T5-2	P10	T10	
T5-1	P9	T9	40 000+
T4-2	P8	T8	30 000+
T4-1	P7	T7	25 000+
T3-2	P6	T6	20 000+
T3-1	P5	T5	16 000+
T2-2	P4	T4	12 000+
T2-1	P3	T3	9 000+
T1-2	P2	T2	7 000+
T1-1	P1	T1	5 000+

阿里巴巴薪等薪级表，见表 5.14。

表 5.14 阿里巴巴薪等薪级表

级 别	基本定义	对应级别	薪 资	股 票
P1,P2	一般空缺，为非常低端岗位预留			
P3	助理			
P4	初级专员			
P5	高级工程师		15W～25W	
P6	资深工程师	M1 主管	20W～35W	
P7	技术专家	M2 经理	30W～50W	2400 股
P8	高级专家	M3 高级经理	45W～80W	6400 股
P9	资深专家	M4（核心）总监	80W～100W	16000 股
P10	研究员	M5 高级总监		

注：1W=1 万元/年，下同。P 序列=技术岗，M 序列=管理岗。

百度薪等薪级表，见表 5.15。

表 5.15 百度薪等薪级表

层 级	最 高	中间值	最 低	股 票
T1	14	10.6	7	
T2	18	13.6	9	

续上表

层 级	最 高	中间值	最 低	股 票
T3	26	19.4	13	
T4	36	26.6	18	
T5	45	33.1	23	30W～40W
T6	60	42.6	29	35W～55W
T7	70	57.2	39	45W～70W
T8	100	73.6	50	70W～100W
T9	130	98	66	90W～120W

腾讯薪等薪级表，见表5.16。

表 5.16　腾讯薪等薪级表

级 别		基本定义	薪资范围
T1 应届生	1.1	低端岗位	10k+
	1.2	本科生	
	1.3	研究生	
T2	2.1	博士生	10k,14W
	2.2	工程师	15k,21W
	2.3	工程师	20k,28W
T3 高级	3.1	资深工程师	23k+,32W+
	3.2	技术专家	50W～70W
	3.3	总监级	60W～70W
T4 专家		总监以上，基本没有	100W+，另有 100 万股票/期权

注：1 k=1000 元/月，1 W＝1 万元/年，下同。年标准薪资 14 薪。

携程薪等薪级表，见表5.17。

表 5.17　携程薪等薪级表

技　术（T）	备　注	年薪范围	市　场（M）	业　务（P）
T10				
T9				
T8	一个事业部只有 1～2 个 T8	特殊		
T7	部门总监级别	100W 以上		
T6	开始可以转管理	55W～100W		

续上表

技　术（T）	备　注	年薪范围	市　场（M）	业　务（P）
T5	小团队主管，开始有股票	25W～60W		
T4	研究生或 1 年以上工作经验	25W～35W		
T3				
T2				
T1				

美团大众薪等薪级表（部分），见表 5.18。

表 5.18　美团大众薪等薪级表（部分）

层　级	备　注	年薪范围
T4-1	直接汇报 CTO	特殊
T3-3	大部门总监，工作 8 年以上	80W～150W
T3-2	5～8 年，专家、经理级别，大部分人拿 60 万～80 万	55W～80W
T3-1	3～5 年，从这一级开始可以走管理	35W～60W
T2-3	1～3 年，毕业生或工作至少 1 年	20W～25W

某电信运营商省公司的薪等薪级表（见表5.19）

表5.19 某电信运营商省公司的薪等薪级表

岗位等级	管理岗位 省公司	管理岗位 市分公司	管理岗位 县(市)分公司	技术业务及辅助岗位 省公司	技术业务及辅助岗位 市分公司	技术业务及辅助岗位 县(市)分公司	A	B	C	D	E	F	G	H	I
1	总经理									8					
2	副总经理										6.4				
3	总经理助理	杭、甬分公司总经理		资深专家			6.08	5.73	5.38	5.03	4.68	4.33	3.98		
4	部门总经理	市分公司总经理（杭、甬除外）、杭、甬分公司副总经理		××专家			5.41	5.1	4.78	4.47	4.16	3.85	3.54		
5	部门副经理	市分公司副总经理（杭、甬除外）、杭、甬分公司总经理助理		××资深主管	××高级专家		4.33	4.08	3.83	3.58	3.33	3.08	2.83	2.58	
6		市分公司部门经理（杭、甬除外）、杭、甬分公司部门经理	一级县(市)分公司总经理	××高级主管	××专家		3.68	3.47	3.25	3.04	2.83	2.62	2.4	2.19	1.98
7		市分公司部门副经理（杭、甬除外）、杭、甬分公司部门副经理	二级县(市)分公司总经理	××主管	××资深主管		3.02	2.85	2.68	2.5	2.33	2.15	1.98	1.81	1.63
8			县(市)分公司副总经理	××主办	××高级主管		2.42	2.28	2.14	2	1.86	1.72	1.58	1.44	1.3
9	××主管		××主管	××助理	××主管	××主管	1.94	1.83	1.71	1.6	1.49	1.38	1.27	1.16	1.04
10	××主办		××主办		××主办	××主办	1.55	1.46	1.37	1.28	1.19	1.1	1.01	0.92	0.83
11	管理员		××助理		××助理	××助理	1.24	1.17	1.1	1.03	0.95	0.88	0.81	0.74	0.67
12				技术员、营销员			1	0.94	0.88	0.82	0.76	0.71	0.65	0.59	0.53
13						初级技术员、初级营销员									
14				司机、话务员等											
15				勤杂员等											

某民营上市公司的薪等薪级表（见表 5.20）

表5.20 某民营上市公司的薪等薪级表

薪等	等差	级差	薪级 1	2	3	4	5	6	7	8	9	10	11	12	13	14	15	16	17	18
12	8	1	19.2	20.2	21.2	22.2	23.2	24.2	25.2	26.2	27.2	28.2	29.2	30.2	31.2	32.2	33.2	34.2	35.2	36.2
11	5.6	0.7	13.6	14.3	15.0	15.7	16.4	17.1	17.8	18.5	19.2	19.9	20.6	21.3	22.0	22.7	23.4	24.1	24.8	25.5
10	4	0.5	9.6	10.1	10.6	11.1	11.6	12.1	12.6	13.1	13.6	14.1	14.6	15.1	15.6	16.1	16.6	17.1	17.6	18.1
9	2.4	0.3	7.2	7.5	7.8	8.1	8.4	8.7	9.0	9.3	9.6	9.9	10.2	10.5	10.8	11.1	11.4	11.7	12.0	12.3
8	1.6	0.2	5.6	5.8	6.0	6.2	6.4	6.6	6.8	7.0	7.2	7.4	7.6	7.8	8.0	8.2	8.4	8.6	8.8	9.0
7	0.8	0.1	4.8	4.9	5.0	5.1	5.2	5.3	5.4	5.5	5.6	5.7	5.8	5.9	6.0	6.1	6.2	6.3	6.4	6.5
6	0.8	0.1	4	4.1	4.2	4.3	4.4	4.5	4.6	4.7	4.8	4.9	5.0	5.1	5.2	5.3	5.4	5.5	5.6	5.7
5	0.8	0.1	3.2	3.3	3.4	3.5	3.6	3.7	3.8	3.9	4.0	4.1	4.2	4.3	4.4	4.5	4.6	4.7	4.8	4.9
4	0.8	0.1	2.4	2.5	2.6	2.7	2.8	2.9	3.0	3.1	3.2	3.3	3.4	3.5	3.6	3.7	3.8	3.9	4.0	4.1
3	0.8	0.1	1.6	1.7	1.8	1.9	2.0	2.1	2.2	2.3	2.4	2.5	2.6	2.7	2.8	2.9	3.0	3.1	3.2	3.3
2	0.4	0.1	1.2	1.3	1.3	1.4	1.4	1.5	1.5	1.6	1.6	1.7	1.7	1.8	1.8	1.9	1.9	2.0	2.0	2.1
1	无	0.1	0.8	0.9	0.9	1.0	1.0	1.1	1.1	1.2	1.2	1.3	1.3	1.4	1.4	1.5	1.5	1.6	1.6	1.7

薪资配套操作 1——职位分析

从招聘、考核、培训的角度去修订、维护职位说明书，一般不会去改动职位说明书的模板，而是在公司现有的模板基础上，进行上述几个方面的修改。

但是，如果公司要做薪酬体系或集中调薪，涉及薪等薪级表和职位评估，就可能发现现有的职位说明书不够完善，结构有缺失。这就需要考虑对模板，也就是对结构进行重新审视，要对缺失的部分进行补充，而不仅仅是在现有模板下，对没有说明书的职位直接新建。

比如，薪等薪级表，就需要明确每个职位的职等、职位族（职类），职位评估选取的模型各维度提及的因素，是否在现有职位说明书都体现了。比如：工作环境、出差、沟通频度、沟通复杂性等。

一句话，从薪酬体系建立和职位评估的要求倒推，可以诊断现有职位说明书是否合格。

6.1　审视职位说明书——从薪酬角度

不同企业之间，职位说明书既有通用性，也有不同，可详细、可简单。

职位说明书最常见的用途是招聘。人才网发布招聘职位信息，或猎头公司"猎头"均要求 HR 提供职位说明书。职位说明书一般要求写明：职位名称、招聘人数、汇报关系、主要职责、任职要求、薪资待遇等。

HR 的注意点应集中在：如何把该职位的主要职责列清，把任职要求（学历、专业、工作经验、相关行业、同类企业、办公软件或专业软件的掌握程度、英语水平、地域、是否婚育、沟通能力、性格、吃苦精神、抗压能力等）列清楚、同时考虑用人部门经理、分管领导的偏好、本企业的特有企业文化。

如果职位说明书兼具考核的用途，这时，HR 的注意点还应集中对职责细化，以及提炼出考核指标（权重，目标值）等。

如果职位说明书也有培训的用途，这时，HR 应注意相关证书（上岗证、外语、计算机等），即应知、应会。

比如，某公司的职位评估模型选取的维度和权重，见表 6.1。

表 6.1　职位评估模型的维度和权重

项　目	F1	F2	F3	F4	F5	F6		F7	F8	F9	F10	
因素	知识	经验	活动范围	决策责任	工作失误的后果	沟通频率	沟通内外因素	下属人数	管理幅度	工作环境	自然环境	研究分析	合 计
权重	10	10	15	15	10	5	5	5	5	5	5	100

职位说明书可能存在的缺陷：

（1）有些职位没有职位说明书，需要重新编写。

（2）现有的职位说明书模板与上述职位评估的维度，缺失部分结构，比如工作环境、自然环境没提及。

（3）现有职位说明书有些地方描述模糊，不好界定。这是因为，职位评估模型的各维度在评分前需要有区分的评分标准，见表 6.2。这就需要对职位说明书的组成部分的描述进行细化，能够用于职位评估的评分区别。

表 6.2　职位评估模型的维度（环境）与评分标准

因　素	权　重	1 分	2 分	3 分
工作环境	4	较好：简单轻度体力劳动或无难度脑力劳动	正常：经常性中度的体力劳动或一般难度、深度的脑力劳动	较差：经常性高度的体力劳动（包括可能会影响身心健康的劳动）、需要脑力高度投入并运用发挥的劳动

续上表

因 素	权 重	1分	2分	3分
自然环境	4	较好：岗位工作环境只要一般的安全措施，不需要特别的健康安全预防措施或长期户外工作	一般：岗位工作环境潜在一定程度的危险性、只要求一般的安全预防措施或简短的户外工作	恶劣：岗位工作环境存在着一定的危险性和不舒适，需要特别的安全措施

因此，在建立公司薪酬体系、进行集中性的调薪引发的职位评估时，可能需要调整职位说明书，应从结构设置是否完善、是否符合职位评估的各维度去倒推；再就是区分职位评估维度的评分标准，使评委看了职位说明书或摘要就能打分，对职位说明书进行完善、补缺、细化、修正。

6.2 职位说明书模板的选取和分析

现在以一份咨询公司给本土企业做的职位说明书模板为例进行分析。

第一部分：基础信息，见表6.3。

表6.3 基础信息

职位说明书

职位名称		制作方及日期	审核方及日期	任职者及日期
所在公司				
所在部门				
所在科室				
所在城市				
职位级别				

第二部分：汇报关系。

第三部分：职责。又分为职位设置主要目的、主要职责，见表6.4。

表6.4 职责

职位设置主要目的

主要职责

日常工作任务及职责	关键绩效指标

日常工作任务及职责	关键绩效指标

第四部分：内外关系，见表 6.5。

表 6.5　内外联系

对外及对内联系 (联系公司/部门/职位名称及联系目的)	
对外：	
对内：	

第五部分：任职条件，见表 6.6。

表 6.6　职位任职条件

专业知识
相关工作经验及年限
教育水平
专业资格
计算机/外语/其他技能
特殊要求

所以，职位说明的结构一般应包括：基础信息、汇报关系、职责（职能概括、职责细化）、任职条件等。

6.3　职位分析的常用方法：问卷+访谈

要想职位说明书模板被企业认可，需要做职位分析，常用方法为问卷+访谈。为了提高效率，个别访谈通常先采取集中培训的方式，再对回收的问卷进行初步审核筛选，针对问题，分部门分类别进行辅导。

职位分析问卷的模板，见附件1。

附件1：职位描述问卷模板

职位描述问卷

职位名称：_____　　　　所属部门/科室：_____

所在城市：_____　　　　填写日期(年/月/日)：_____

1．主要目的及职能

请用二至三句话概述设立此职位的主旨及其主要职责。

句型：根据……（限制条件）做……，以达到……目的

限制条件：法律、法规、原理、政策、战略、指导、指示、模型、方法、技术、体系、做法、程序、条件、标准……

目的：市场、盈利、有效性、质量、产量、服务、期限、安全……

_____

_____

2．日常工作任务及职责

请根据重要性，依次列出此职位在日常工作中会经常履行并被委派的工作任务及职责。

（请注意："最重要"的任务绝不等同于"最耗时"的任务。）如果可能的话，请分别指出每一职责所占工作总时间的比例。

内容提要：句型=谓语+宾语+解释性短语+目的/效果

日常工作职责及任务	考 核 指 标

3．组织内部的汇报关系

请使用相符的公司职位名称来填写以下组织架构图。包括：（1）此职位的直接上层领导；（2）此职位本身；（3）与此职位同级的职位及（4）此职位的下属，并指出每一职位的具体人数。

A.

其他上级，如存在多重汇报：

_____

_____

_____

_____

A. 上层主管级/经理级职位的名称
B. 此职位本身的职位名称

B.

C.

C.

C. 同级职位的名称

C.

D.

D.

D.

D. 直接下属职位的名称，并在方框
内填入各职位的具体人数

D.

4. 下属员工数

直接领导：　　　　　　　　管理层/技术_____　　　非管理层_____

通过下属间接领导：　　　　管理层_____　　　　　非管理层_____

通过其他员工(虚线)领导：　管理层_____　　　　　非管理层_____

5. 对外及对内联系

对外：请指出其经常与贵公司外部联系的个人或单位。请注明各联系方 (例如：供应商、财政机构、政府机关等)及其联系目的(例如：获得信息、提供帮助、协商解决问题、协调解决争端、谈判)。

联系方　　　　　　　　　　　联系目的（如可能，请说明联系频率）

_____　　　　_____

_____　　　　_____

_____　　　　_____

对内：请列举至多 5 个此职位与公司内部经常进行联系的职位。包括联系最频繁的及/或联系目的最重要的职位。请注明职位名称及联系目的，不包括直接及间接的属下。

职位名称 联系目的（如可能，请说明联系频率）

_____ _____

_____ _____

_____ _____

6. 工作经验

假设可以提供足够的培训，请说明胜任此职位必需的<u>最低</u>在职经验年限、行业经验水平及专业经验水平。

A. 经验年限

☐ 无须经验　　　☐ 1 至 3 年　　　☐ 7 至 10 年　　　☐ 15 年以上

☐ 1 年以下　　　☐ 4 至 6 年　　　☐ 11 至 15 年

B. 行业经验

相关行业（请说明）：_____

C. 专业知识（请注明程度：精通、掌握、熟悉、了解）

_____

D. 其他相关经验（如：海外经验），请说明所需年限以及行业与专业背景。

_____

_____

7. 学历

假设此职位人员具备平均水平的工作经历，请在以下选项的方格中打勾，选出胜任此职位的人员的学历要求。

☐ 高中　　☐ 本科　　☐ 其他专业培训（请指明）：_____

☐ 大专　　☐ 硕士　　_____

☐ 博士　　☐ 其他专业资格（如注册会计师，请指明）：

_____

6.4　组织培训——职位分析的各种技巧

职位分析培训，实际是围绕职位分析问卷的操作要点展开的。

描述该职位的日常工作状况，而非个别特例；描述现有职位，而非未来将设的职位，因为有时职位内容并不按预期发生变化。避免使用专有名词，因为这类名词易发生变化。避免简称及缩写，使用全称来撰写职位描述，以便使不熟悉本公司、本行业或专业术语的人都能读懂。

（1）基本信息

记录可辨明该职位的总体情况：职位全称、所在部门、所在科室、所在城市、职位级别、直接上司和/或下属（注明职位名称，而非在职者姓名）。

（2）职责概述

说明设立该职位的总体目标，用二至三句话说明该职位存在的意义，简述该职位的核心职责，并写明所受的客观限制。

> **注 意**
> ① 完成该职位的关键职责详述后再填写职责概述，可能更容易。
> ② 句型：根据……（限制条件）做……，以达到……目的。
> ③ 限制条件：法律、法规、原理、政策、战略、指导、指示、模型、方法、技术、体系、做法、程序、条件、标准……
> ④ 目的：市场、盈利、有效性、质量、产量、服务、期限、安全。

（3）主要职责

详细列举日常活动及工作任务的性质及权限范围。根据重要性，可以列举六至八项关键职责。

关键职责意指设立该职位需履行的职责；可在其他员工之间进行分派；要求高绩效；若未能完成该任务，可能对未来经营成果产生严重影响；该职责耗时显著。

> **注 意**
> （1）仅包括一般职责，而非具体工作任务。指明该职位需进行判断的数量及其复杂程度。
> （2）注明行使职责时所依据的参考源或指导材料（例如：员工手册、政策说明、他人所委派的工作任务）。
> （3）仅包括该职位的日常职责，例如：应避免"经理不在时，代行管理员工"之类的职责。可附加2～3个实例，以进一步澄清。
> （4）句式结构应为：谓语+宾语+解释性短语+目的/效果
> 谓语始终应以行动为导向。宾语是谓语所指动作的实施对象。解释性短语进一步对谓语和宾语加以说明，例如：说明方式、地点、目的及周期。如果目的一致，可合并同类项。
> 例：
> 按月从销售经理处收集并将销售信息以备忘录形式分发至各高层经理（解释性短语），保证信息的按时、完整性。
> （5）用词必须明确
> 目标动词：认可、批准、定义、决定、开发、指挥、确立、计划、编制等。

管理动词：履行、评价、达成、确保、明确、提高、加强、扩大、设置、判断、控制、维持、监督、分工、指示等。

业务动词：提议、帮助、分析、评价、预测、解释、推荐、协调、支援、确认、核对、分发、收集、发行、获得、操作、提示、推进、制作、处理、供给、提出、支付等。

"为……努力"应改为"达到……效果"

（6）参与程度：全面负责，直接负责，与……共同负责，协助。

（4）汇报关系

显示该职位的周边关系：上级、下级。

> **注　意**
>
> 较为简便的做法为先勾画总体组织构架，再分解至各职位。

（5）胜任条件

具体阐明胜任该职位所必备的资格要求，包括：专业知识、相关工作经验与年限、学历、专业资格、其他技能/特殊要求。

> **注　意**
>
> （1）工作经验、学历及知识的最低要求不必与现有任职者的水平相同。
>
> （2）注意用词的准确：精通、掌握、熟悉、了解。
>
> （3）注意用词的程度：对外语的要求听、读、说、写。

（6）批准审核

1）跟踪职位描述的最终确定，以便进行维护与更新；牵涉到制作方，审核方（直接上司、部门负责人）；确认方（在职者本人）。

2）职位描述必须及时更新。

3）职位需经常变化以适应业务需求的变化。

4）职位描述应每年或至少每两年更新一次。

6.5　实际操作过程中的注意事项

在进行集中培训后，发放实际问卷及回收时应注意以下几点：

（1）主要内容

1）工作职责合并：部门经理的职责控制在 8 项以内；一般岗位的职责控制在 6 项以内。

2）对内、对外联系的界定：以"浙江××股份有限公司"为界，股份公司内部的跨部门、跨系统联系都属于对内联系。

3）对外联系中"提供帮助"的含义与"获得信息"相对而言。联系指双向的流入、流出，按重要性，严格控制在3～4项。

4）不能空："特殊要求等"需填写"无"。

5）任职资格：填写主管认为的最低要求。

6）计算机、外语等要求：参考统一规定。

外语

英文：听、说、读、写流利

英文：能听、说、读、写流利最佳

英文：能阅读专业资料及简单的口头交流

英文：能阅读专业资料

英文：能阅读专业资料最佳

计算机

计算机：熟练使用办公自动化软件

计算机：熟练使用办公自动化软件，会使用 Photoshop 等图像处理软件

计算机：熟练使用办公自动化软件，会使用 MRPII 等数据库管理软件

计算机：熟练使用办公自动化软件，会使用 CAD 等设计软件

计算机：熟练使用办公自动化软件，会使用 CAD 等设计软件最佳

计算机：熟练使用办公自动化软件，会使用 VB 或 C++等编程软件

（2）职责及任务：按照动+宾结构归纳

1）指标种类：数量、质量、成本、时间，应综合考虑。

2）采购员的职位描述：建议合并职责 1 和 2；考虑成本指标；对职责按照重要性进行重新排序。指标选择多个指标中最重要的一个。考核指标：要明确考核指标标准，如准确率达到95%。总部将明确新的模板。

3）子公司总经理、副总经理的职位描述可参考子公司的通用模板，请任职者确认，考核指标可弱化。指导思想：合并同类项；简单，简单，再简单。

4）共性指标：被选择由咨询顾问审核的职位描述——主办会计和材料会计。请提出疑问。

6.6 审核辅导

以下重点介绍动词的使用。

没有经过培训的员工自行撰写的职位说明书，即使其主管审核也会带有一些痕迹，总的感觉就是不"规范"。不规范，并不是形式，而是没有区分度。或者说仅仅是形式。

在职责部分，最常见的就是"负责"。这个词非常笼统，而且容易偷懒，没有

对这个职位的层面、做的事情和权限等进行认真鉴别。实际上，选取动词有讲究，见图 6.1。

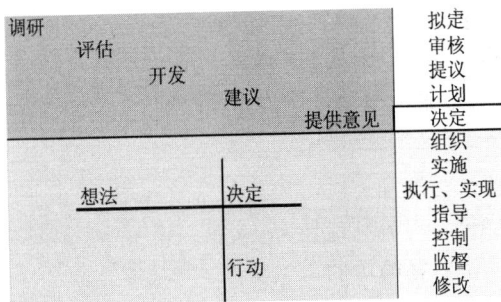

图 6.1　职位分析的动词选取

图 6.1 中左下角是整个图的缩影，动词有三类：决定、想法、行动。

决定类的动词有：决定、计划、提议、审核、拟定等。

想法类的动词有：调研、评估、开发、建议、提供意见等。

行动类的动词有：组织、实施、执行、实现、指导、控制、监督、修改等。

能用具体动词区分的，就不要用"负责"。一定要用负责，也请区分：全面负责、直接负责、与谁共同负责、参与、协助等程度。

采用动宾结构，如：拟定、审核人事月报，而不是把人事月报做好，完成人事月报的拟定。

6.7　定稿

经过几次修改后的职位说明书，由分管副总审核，人力资源部存档。

根据修订过的职位说明书，打包或摘录要点做成 Excel 表（根据职位评估各维度），就可以提交职位评估项目组的评委作为打分评审的材料了。

从薪酬体系来说，梳理职位说明书，做这么多工作，就是为了使职位评估模型的各维度能够对照起来，让评委看了职位说明书或摘要以后，能够打分。

6.8　职位分析的项目进度表

最后提供一份职位分析的项目进度表模板，见表 6.7。

表 6.7 职位分析项目进度表模板

	项目内容	时 间	顾问的职责	项目组的职责	参加人员	公司领导	备 注
项目准备	项目计划	第1周～第2周 ×月×日～×月×日	□ 指导计划制定	□ 制订项目计划 □ 确定项目组人员	□ 人力资源部成员	□ 审核项目计划	
项目准备	项目启动会议	第3周 ×月×日上午11：00	□ 项目介绍	□ 准备项目资料	□ 公司主要领导 □ 项目组成员	□ 参加会议 □ 动员讲话	
职位体系梳理	职位分析培训	第3周 ×月×日下午～×月×日	□ 准备培训资料 □ 进行演讲沟通 □ 回答相关问题	□ 培训安排 □ 参加培训 □ 操作演练	□ 项目组成员 □ 相关部门代表		
职位体系梳理	职位分析（包括问卷调查与面谈）	第4周～第6周 ×月×日～×月×日	□ 提供调查表单	□ 问卷调查 □ 面谈	□ 项目组成员		□ 需各部门配合
职位体系梳理	撰写职位描述	第5周～第7周 ×月×日～×月×日	□ 提供职位描述模板与样本	□ 撰写职位描述	□ 项目组成员		□ 需各部门配合
职位体系梳理	职位描述审核	第5周 ×月×日～×月×日	□ 审核若干职位描述	□ 撰写职位描述	□ 项目组成员	□ 审核职位描述	
职位体系梳理	职位描述定稿	第6周～第8周 ×月×日～×月×日	□ 撰写职位描述	□ 项目组成员	□ 阶段性成果审核		□ 阶段性成果为公司组织机构图、所有管理岗位职位描述、岗位 KPI 指标、部门职责描述

说 明

本章有关职位说明书模板、职位分析问卷模板、职位分析培训技巧要点、职位分析项目进度表，参考了作者参与过的某国际咨询公司给本土企业做过的顾问式咨询项目的材料，在此表示感谢。

第七章

薪资配套操作 2——岗位评估

本章是第四章调薪处理案例 1：某民营股份公司主管岗位的调薪思路的后续工作步骤。在该案例中的第七步进行试测：

由人力资源部进行分析并向总经理和副总经理单独汇报。

通过第六章的职位分析，HR 已经有了职位说明书电子版一套。需要再提供岗位评估模型 1 份、岗位评估分数统计表 1 份。

与薪资配套的职位评估（试评估）操作包括八步：岗位评估模型选取、设计岗位评估统计表、评委打分、分数处理——每个评委打分的平均分、分数处理——熟悉、陌生评委打分的分数加权处理、分数处理——得分结合权重的加权处理、确定分类依据、排序和分类。最后得到岗位评估结果报告。

根据试评估的结果，可作出评估模型和计分方法等修正，进行正式评估。

7.1 岗位评估模型选取

岗位评估模型的纵向是因素和权重，横向是评分，见灰色底纹部分。空白格子是每个因素不同评分的标准，有些很具体，有些是文字描述。实际操作中，可以参考书或网络模型，根据本公司需要做修改。

本案例参考了书上的一个模型：12 个因素，6 级评分，见表 7.1。

表 7.1　岗位评估模型

项 目	因 素	权 重	1分	2分	3分
1	知识	6	初中	高中	中技/中专
2	经验	1	1 年	2 年	3 年
3	活动范围	2	从事固定、单一或重复的工作，工作的输入和输出基本不涉及其他任何岗位	从事一般标准化的简单工作，有一定的技能要求，可能是某一项复杂流程的中间环节	从事的各项工作有一定的复杂性。有时需和一定的岗位进行联系或协调
4	决策责任	10	基本上没有决策责任和权力，一切疑难问题皆需交上级处理	在工作范围内可作一般工作的简单决策，以达成既定的工作目标或结果。但通常需要上级的参与和指导	在特定的专业知识领域及在工作职责范围内偶尔做出一些有影响的决定
5	工作失误后果	9	所造成的后果影响甚小，易于纠正，基本上不会波及其他工作	仅对少量的工作有影响，可能导致工作延误和效率降低	对部门的职能有一定的影响。一般会导致工作延误、效率降低和成本增加
6	沟通频率	3	较少：工作职责明确，基本根据标准制定工作，工作中与其他岗位人员交流较少	经常：工作中所面临的变化较多，经常与其他岗位交流	频繁：工作内容和工作效果需要多次与其他岗位交流才能完成
7	沟通内外因素	3	只在部门内部进行沟通	在公司内部多个部门间进行沟通	同时需与公司内部、外部顾客或供应商沟通
8	下属人数	5	1~5 人	6~20 人	21~50 人
9	管理幅度	7	1	2	3
10	工作环境	4	较好：简单轻度体力劳动或无难度脑力劳动	正常：经常性中度的体力劳动或一般难度、深度的脑力劳动	较差：经常性高度的体力劳动（包括可能会影响身心健康的劳动）、需要脑力高度投入并运用发挥的劳动
11	自然环境	4	较好：岗位工作环境只要一般的安全措施，不需要特别的健康安全预防措施或长期户外工作	一般：岗位工作环境潜在着一定程度的危险性，只要求一般的安全预防措施或简短的户外工作	恶劣：岗位工作环境存在着一定的危险性和不舒适，需要特别的安全措施
12	研究分析	8	按程序制度解决：无须或较少需要判断，发生意外务必请示	按政策规定解决：要根据有关环境条件的要求和限制进行简单判断。确定工作步骤和过程	需要寻求新的解决方法：要通过深入调研和思考，在涉及复杂概念的工作分析中，做出有效的判断和必要的创新，即在现有政策规定之外寻找更合理的解决方法

项目	因素	权重	4分	5分	6分
1	知识	6	大专	大本	硕士或以上
2	经验	1	4年	5年	6年
3	活动范围	2	工作涉及多方面的问题并具有相当的复杂性。需要经常和不同的部门和岗位进行沟通、协调	从事跨越多种职能的工作。把管理及发展的概念以具体行动贯彻到实际工作中	所从事的多种职能有广泛的不同。负责监控、管理不同的部门。职责相当复杂，具有开创性、战略性和决策性
4	决策责任	10	遵循既定职责权限范围，在一般被认可的工作范围内可做重要决定，但一般需要通报上级	遵循既定的管理原则，在多个领域内做出广泛而重大影响的决策。在决定前有时需要征询公司其他高层管理者的意见，但个人仍须负全责	在既定战略目标的范围内独立做出重大决策。所做决策在中长期内对公司的未来发展及经营有广泛的影响
5	工作失误后果	9	通常会影响到多个部门的工作，对公司总体目标可能也有一定的影响	影响部门内部和不同部门之间的业务结果或利润。对公司业务或声誉可能有严重影响，需要公司管理层采取行动纠正错误	对公司主要部门，以及当前和未来的状况产生严重的影响，包括严重影响公司的声誉及总体经营业绩
6	沟通频率	3	—	—	—
7	沟通内外因素	3	—	—	—
8	下属人数	5	51~100人	101~200人	201人以上
9	管理幅度	7	4	5	6
10	工作环境	4	—	—	—
11	自然环境	4	—	—	—
12	研究分析	8	需要进行预测判断解决：要通过全盘分析和思考，在涉及大量复杂概念和相关因素的中心组合与协调工作中，做出正确的判断和较大的创新	需要进行风险性决策解决：需要通过较为艰巨的研究和探索，在解决重大实际问题中，做出有价值的判断和重大的创新	需要把握全局，平衡各种创新与改善活动对未来造成的影响，从中进行取舍

分析：

（1）12个因素分别是：F1=知识、F2=经验、F3=活动范围、F4=决策责任、F5=工作失误后果、F6=沟通频率、F7=沟通内外因素、F8=下属人数、F9=管理幅度、F10=工作环境、F11=自然环境、F12=研究分析。

（2）初始权重合计62分，其基本思路是：假定F2经验的权重是1分，其他因素与它比较，重要性相当于几分。对初始权重62分可转换为合计100分，得到对应的各因素的转换权重，比较直观。再修正转换权重，取5、0结尾的整数，见表7.2。

表7.2　权重转换和修正

因　素	F1 知识	F2 经验	F3 活动 范围	F4 决策 责任	F5 工作 失误 后果	F6 沟通 频率	F7 沟通 内外 因素	F8 下属 人数	F9 管理 幅度	F10 工作 环境	F11 自然 环境	F12 研究 分析	合 计
初始权重	6	1	2	10	9	3	3	5	7	4	4	8	62
转换权重	9.7	1.6	3.2	16.1	14.5	4.8	4.8	8.1	11.3	6.5	6.5	12.9	100
修正权重 取整	10	5	5	15	15	5	5	10	5	5	10		100

注　意

这里涉及2个Excel技巧：

（1）从表7.1选取纵向的权重栏的数目，复制后，到另一个空格，右击鼠标，选"选择性粘贴"——转置，即可得到表7.2的横向数据，命名为"初始权重"。

（2）假定初始权重在2行，F1在B列，合计在N列，则转换权重-F1的Excel计算公式设置：B3=B2/$N2×100，右拉公式，即可得到各因素的转换权重的Excel计算公式设置。或用：B3=B2/62，右拉公式。

（3）评分分段：F6沟通、F9环境定了3段，1～3分，其他因素的评分1～6分。根据公司实际情况，此处，可修改为1～6分。

（4）评分标准：有些是具体明确的数字、学历等，有些是文字描述的区分，有主观和模糊，也有灵活性。

本案例在这个模型的基础上，结合公司实际，也就是公司讨论后认为因素不必要如此多，有些可以合并，有些需新增。

因此，最后确定了7个因素：F1=知识及工作经验（10分）、F2=决策责任及影响（20分）、F3=沟通频率及难度（15分）、F4=管理层次及人数（10分）、F5=工作环境（10分）、F6=专业技能（20分）、F7=招聘难度（15分，新增），见表7.3。

表7.3　修改后的岗位评估模型

	F1 知识及工作经验	F2 决策责任及影响	F3 沟通频率及难度	F4 管理层次及人数	F5 工作环境	F6 专业技能	F7 招聘难度	合计
因素								
权重	10	20	15	10	10	20	15	100

7.2　设计岗位评估统计表

职位评估的评委，需要拿到3种材料才能打分：职位说明书1套，岗位评估模型1份，岗位评估打分表1份。

职位说明书提供的方式有：全套复印件，电子版打包，或整理为Excel表的摘要（根据职位评估模型各维度因素选取），见表7.4。

表7.4　职位说明书摘要整理表

序号	部门	编制	岗位名称	学历要求	工作经验要求	决策责任及影响	管理下属层级	直接下属人数	工作环境	沟通频率及难度		专业技能要求	招聘难度参考描述	备注
										对外	对内			
1														
2														

接着，结合岗位的基础信息和职位评估模型，制定岗位评估打分表，见表7.5。

表7.5　岗位评估打分统计表

						F1	F2	F3	F4	F5	F6	F7	
基本信息					因素	知识及工作经验	决策责任及影响	沟通频率及难度	管理层次及人数	工作环境	专业技能	招聘难度	合计
序号	单位	部门	岗位名称	姓名	权重	10	20	15	10	10	20	15	100
1					—								
2					—								

有了职位说明书摘要（或电子版、复印件一套）、职位评估模型（需要培训讲解）和打分统计表，评委就可以打分了。在表7.5的右侧空白处填写1～6分。

7.3　评委打分

某个评委经过考虑后，提交了打分表，见表7.6。

表7.6　某评委的打分表

						F1	F2	F3	F4	F5	F6	F7	
基本信息					因素	知识及工作经验	决策责任及影响	沟通频率及难度	管理层次及人数	工作环境	专业技能	招聘难度	合计
序号	单位	部门	岗位名称	姓名	权重	10	20	15	10	10	20	15	100
1	股份公司		行政主管		—	6	2	4	3	1	2	1	19

续上表

					F1	F2	F3	F4	F5	F6	F7	
	基本信息				因素	知识及工作经验	决策责任及影响	沟通频率及难度	管理层次及人数	工作环境	专业技能	招聘难度	合计
序号	单位	部门	岗位名称	姓名	权重	10	20	15	10	10	20	15	100
2	股份公司		接待主管		—	3	1	4	1	1	1	1	12
3	股份公司		信息主管		—	6	3	2	2	1	6	2	22
4	股份公司		高级项目经理		—	4	3	4	1	1	2	2	17
5	股份公司		投资项目主管		—	6	2	5	1	1	3	3	21
6	股份公司		人事薪酬主管		—	6	1	1	1	1	6	2	18
7	股份公司		绩效招聘主管		—	6	1	1	1	1	4	2	16
8	股份公司		培训主管		—	6	2	3	1	1	3	2	18
9	股份公司		成本及内审经理		—	4	3	2	1	1	6	5	22
10	股份公司		主办会计		—	4	3	3	1	1	6	5	23
11	L工厂		L工厂财务经理		—	4	4	5	2	1	6	5	27
12	股份公司		主管		3	1	1	1	1	1	1	1	9
13	股份公司		主任助理		—	6	2	3	1	1	3	3	19
14	股份公司		计划主管		3	1	2	4	1	1	3	5	19
15	股份公司		采购主管		—	4	2	3	1	1	3	3	18
16	股份公司		采购主管		—	4	2	3	1	1	3	3	18
17	股份公司		市场主管		—	6	2	3	1	1	5	6	24

续上表

						F1	F2	F3	F4	F5	F6	F7	
		基本信息			因素	知识及工作经验	决策责任及影响	沟通频率及难度	管理层次及人数	工作环境	专业技能	招聘难度	合计
序号	单位	部门	岗位名称	姓名	权重	10	20	15	10	10	20	15	100
18	股份公司		客服主管		—	4	3	5	1	1	6	6	26
19	股份公司		高级客户经理		—	6	2	5	1	1	3	3	21
20	股份公司		综合信息主管		—	4	2	2	1	1	2	2	14
21	股份公司		仓库主管		—	4	2	3	3	2	4	5	21
22	股份公司		生产调度		—	4	4	4	1	2	5	6	26
23	L 工厂		人事主管		—	4	1	1	1	1	6	2	16
24	L 工厂		车间主任		—	4	3	2	4	5	4	6	28
25	L 工厂		车间主任		—	4	3	2	4	5	6	4	28
26	L 工厂		车间主任		—	4	3	4	4	5	6	2	28
27	L 工厂		车间主任		—	4	2	4	4	4	5		23
28	L 工厂		车间主任		—	2	4	2	4	4	6	4	26
29	Z 工厂		Z 工厂财务经理		—	2	3	5	2	1	6	6	25
30	Z 工厂		采购主管		—	4	2	4	1	1	3	3	18
31	Z 工厂		车间主任		—	4	3	2	4	5	6	6	30
32	Z 工厂		车间主任		—	3	3	2	4	5	6		29

7.4 分数处理——每个职位评委打分的平均分

在同一个 Excel 表内，另建子表（每个因素的评委打分汇总），命名为"F1"或"经验"，其他类推。

现以"F1=知识及工作经验"子表为例，见表 7.7。

表 7.7 每个职位评委打分的平均分——F1 知识及工作经验

序号	岗位名称	姓名	评委1	评委2	评委3	评委4	评委5	评委6	评委7	评委8	评委9	评委10	评委11	评委12	评委13	MAX	MIN	平均值
1	行政主管		无	6	6	无	3	6	3	3	6	3	6	6	6	6	3	4.91
2	接待主管		无	2	4	无	3	4	2	3	2	2	4	3	2	4	2	2.82
3	信息主管		无	6	6	无	6	6	5	5	6	5	6	6	6	6	5	5.73
4	高级项目经理		无	4	6	无	3	4	4	5	4	4	4	4	4	6	3	4.09
5	投资项目主管		无	6	6	无	4	6	4	5	6	4	4	6	6	6	4	5.36
6	人事薪酬主管		无	6	6	无	3	6	3	3	6	3	6	6	6	6	3	4.91
7	绩效招聘主管		无	6	6	无	3	6	3	5	6	3	6	6	6	6	3	4.91
8	培训主管		无	5	6	无	3	6	4	3	6	4	4	6	6	6	3	4.82
9	成本及内审经理		无	5	4	无	6	4	3	6	4	3	4	4	4	6	3	4.27
10	主办会计		无	5	4	无	4	4	3	5	4	3	4	4	4	5	3	4.00
11	L工厂财务经理		无	5	4	无	4	4	3	6	4	3	4	4	4	6	3	4.09
12	主管		无	2	3	无	2	4	4	2	2	4	3	3	2	4	2	2.73
13	主任助理		无	6	4	无	5	5	3	4	6	4	5	6	6	6	3	4.91
14	计划主管		无	4	4	无	4	4	3	4	2	4	2	3	2	4	2	3.09
15	采购主管		无	4	4	无	4	4	3	4	4	3	4	4	4	6	3	4.00
16	采购主管		无	4	6	无	4	4	3	4	4	3	4	4	4	6	3	3.91
17	市场主管		无	6	6	无	6	6	5	5	6	5	6	6	6	6	3	5.45
18	客服主管		无	5	4	无	6	4	3	6	4	4	4	4	4	6	3	4.09
19	高级客户经理		无	5	6	无	6	6	3	6	6	3	6	6	6	6	3	5.18
20	综合信息主管		无	4	4	无	4	4	3	4	4	3	4	4	4	4	3	3.82

续表

序号	岗位名称	姓名	评委1	评委2	评委3	评委4	评委5	评委6	评委7	评委8	评委9	评委10	评委11	评委12	评委13	MAX	MIN	平均值
21	仓库主管	无	无	2	4	无	2	2	2	4	2	2	3	2	2	4	2	2.45
22	生产调度	无	无	4	4	无	4	5	3	4	4	3	4	4	4	5	3	3.91
23	人事主管	无	无	4	6	无	4	4	3	4	4	3	4	4	4	6	3	4.00
24	车间主任	无	无	4	4	无	4	4	3	4	无	2	4	4	4	4	2	3.73
25	车间主任	无	无	2	3	无	2	2	2	4	2	2	3	2	2	4	2	2.36
26	车间主任	无	无	2	3	无	2	2	2	4	2	2	3	2	2	4	2	2.36
27	车间主任	无	无	2	3	无	3	3	2	4	2	2	4	4	2	4	2	2.82
28	车间主任	无	无	2	3	无	2	2	2	4	2	2	3	2	2	4	2	2.36
29	乙工厂财务经理	无	无	2	3	无	3	3	2	6	2	2	4	2	2	6	2	2.82
30	采购主管	无	无	4	4	无	4	4	3	4	4	3	4	4	4	4	3	3.82
31	车间主任	无	无	4	5	无	4	4	2	4	4	2	4	4	4	5	2	3.73
32	车间主任	无	无	2	4	无	3	3	2	4	2	2	4	3	2	4	2	2.82

分析：

（1）灰色底纹部分，表示该评委对该职位不熟悉，空白部分表示该评委对该职位相对熟悉。

（2）"无"代表该评委没有打分。13 个评委，实际 11 人参加打分。

（3）右侧三栏：MAX、MIN 和平均值分别代表取该职位 13 个评委打分的最大值、最小值、平均分（保留 2 位小数）。

注意

最大值、最小值是为了后续的去掉最高分，去掉最低分做准备。

7.5 分数处理——熟悉、陌生评委的分数加权处理

根据表 7.7，计算出对每个职位熟悉、陌生的评委的平均分（保留 1 位小数），进行加权计算。得分=熟悉评委平均分×0.6+陌生评委平均分×0.4，见表 7.8、表 7.9。

Excel 公式设置：

假定序号 1 在 A 列，知识及工作经验在 1 行，则知识及工作经验的得分——序号 1：D4=B4×0.6+C4×0.4，下拉即可得到序号 2～32 的公式和数据。其他因素、合计的得分操作类似。

表 7.8 熟悉、陌生的评委打分

序号	知识及工作经验 10			决策责任及影响 20			沟通频率及难度 15			管理层次及人数 10			工作环境 10			专业技能 20			招聘难度 15		
	熟悉	陌生	得分	熟悉	陌生	得分	熟悉	陌生	得分	熟悉	陌生	得分	熟悉	陌生	得分	熟悉	陌生	得分	熟悉	陌生	得分
1	4.7	6.0	5.2	2.6	3.0	2.8	4.0	3.9	4.0	3.3	3.7	3.5	2.1	2.6	2.3	2.4	3.0	2.6	2.2	2.7	2.4
2	2.6	3.3	2.9	1.9	2.1	2.0	4.0	3.9	4.0	1.1	1.2	1.1	1.9	2.4	2.1	2.0	2.6	2.2	2.1	2.4	2.2
3	5.8	5.7	5.8	2.9	3.2	3.0	4.2	4.7	4.4	2.1	2.4	2.2	2.7	3.6	3.1	4.1	4.2	4.1	4.4	4.7	4.6
4	4.0	4.1	4.0	2.8	3.4	3.0	3.4	4.0	3.6	1.0	1.2	1.1	1.9	2.7	2.2	2.7	3.6	3.1	2.6	3.1	2.8
5	5.5	5.2	5.4	2.9	3.2	3.0	4.1	4.1	4.1	1.0	1.2	1.1	2.7	3.6	3.1	3.7	3.7	3.7	3.7	3.8	3.7
6	4.7	6.0	5.2	2.1	2.4	2.2	3.1	3.7	3.3	1.0	1.2	1.1	2.2	3.2	2.6	3.4	3.4	3.4	3.0	3.2	3.1
7	4.7	6.0	5.2	2.4	2.8	2.6	3.6	4.0	3.8	1.0	1.2	1.1	2.2	3.2	2.6	3.2	3.4	3.3	3.2	3.2	3.2
8	4.7	6.0	5.2	2.4	2.6	2.5	3.8	4.1	3.9	1.0	1.2	1.1	2.4	2.4	2.4	3.1	3.4	3.2	2.9	3.1	3.0
9	4.8	4.0	4.5	2.9	3.2	3.0	3.1	3.2	3.1	2.3	3.6	2.8	3.6	3.6	3.6	3.6	3.6	3.6	3.6	3.6	3.6
10	4.0	4.1	4.0	2.3	2.4	2.3	2.9	2.9	2.9	1.0	1.2	1.0	3.4	3.4	3.4	3.2	3.2	3.2	3.2	3.2	3.2
11	4.3	3.8	4.1	2.9	3.2	3.0	3.8	3.8	3.8	1.9	2.6	2.2	2.4	2.7	2.5	3.9	3.9	3.9	3.6	3.7	3.6
12	2.7	2.8	2.7	1.7	2.2	1.9	2.4	2.9	2.6	1.0	1.2	1.1	1.8	2.4	2.0	1.9	2.7	2.2	1.8	2.2	2.0

续上表

序号	知识及工作经验 10			决策责任及影响 20			沟通频率及难度 15			管理层次及人数 10			工作环境 10			专业技能 20			招聘难度 15		
	熟悉	陌生	得分	熟悉	陌生	得分	熟悉	陌生	得分	熟悉	陌生	得分	熟悉	陌生	得分	熟悉	陌生	得分	熟悉	陌生	得分
13	5.5	4.8	5.2	2.2	2.8	2.4	3.3	3.2	3.3	1.1	1.4	1.2	1.9	2.4	2.1	2.9	3.0	2.9	2.4	2.7	2.5
14	3.2	2.5	2.9	3.1	3.3	3.2	4.7	4.6	4.7	1.1	1.7	1.3	2.7	3.1	2.9	3.1	3.3	3.2	3.6	3.7	3.6
15	4.0	4.0	4.0	2.7	3.2	2.9	4.6	4.6	4.6	1.0	1.4	1.2	2.3	2.9	2.5	3.4	3.1	3.2	3.6	3.6	3.4
16	3.8	4.0	3.9	2.4	2.9	2.6	4.4	4.3	4.4	1.0	1.2	1.1	2.1	2.9	2.4	2.9	3.0	2.9	3.1	3.3	3.2
17	5.0	6.0	5.4	3.1	3.7	3.3	4.0	4.2	4.1	1.0	1.4	1.2	2.7	3.3	2.9	3.8	3.9	3.8	4.0	4.1	4.0
18	4.1	4.0	4.1	3.1	3.7	3.3	4.9	5.0	4.9	1.2	1.7	1.4	3.0	3.7	3.3	3.7	4.0	3.8	4.3	4.6	4.4
19	5.0	5.4	5.2	2.6	3.1	2.8	4.9	4.7	4.8	1.0	1.4	1.2	2.7	3.2	2.9	3.3	3.8	3.5	3.4	4.0	3.6
20	3.7	4.0	3.8	1.9	2.2	2.0	3.4	3.7	3.5	1.0	1.2	1.1	1.9	2.4	2.1	2.6	3.0	2.8	2.4	2.6	2.5
21	2.7	2.0	2.4	2.2	2.8	2.4	3.3	3.6	3.4	2.8	3.4	3.0	2.6	3.0	2.6	3.0	3.3	3.1	3.3	3.2	3.3
22	3.9	3.9	3.9	4.2	4.3	4.2	4.8	4.7	4.8	2.6	2.8	2.7	3.8	4.2	4.0	4.3	4.3	4.3	4.4	4.4	4.4
23	4.1	3.7	3.9	2.1	2.4	2.3	2.9	3.0	2.9	1.0	1.5	1.2	2.1	2.7	2.3	2.7	3.0	2.9	2.6	3.0	2.8
24	3.7	3.8	3.7	3.2	3.7	3.4	3.6	4.0	3.8	4.3	4.6	4.4	4.8	4.9	4.8	3.4	3.9	3.6	4.4	4.8	4.6
25	2.7	2.0	2.4	3.2	3.9	3.5	3.6	3.9	3.7	4.8	5.1	4.9	4.7	4.8	4.7	3.7	3.8	3.7	4.4	4.7	4.5
26	2.6	2.0	2.4	3.2	3.4	3.3	3.4	3.9	3.7	4.3	4.6	4.4	4.7	4.8	4.7	3.5	3.8	3.7	4.4	4.7	4.5
27	3.0	2.6	2.8	3.1	3.7	3.4	3.3	3.9	3.7	4.0	4.2	4.1	4.4	4.5	4.5	3.3	3.7	3.5	3.8	4.3	4.0
28	2.6	2.0	2.4	3.3	3.3	3.3	3.4	3.8	3.6	4.0	4.0	4.0	4.2	4.4	4.3	3.9	3.9	3.9	4.1	4.3	4.2
29	3.0	2.7	2.9	3.1	3.1	3.1	3.3	3.4	3.3	1.9	2.4	2.1	2.3	2.6	2.4	3.4	3.6	3.5	3.6	3.6	3.6
30	3.8	3.8	3.8	2.2	2.6	2.4	3.8	3.8	3.8	1.1	1.2	1.1	2.2	2.6	2.4	2.9	3.1	3.0	2.8	2.9	2.8
31	3.9	3.5	3.7	3.2	4.0	3.4	3.4	3.9	3.6	3.8	4.0	3.9	4.6	4.8	4.7	3.6	3.8	3.7	4.2	4.6	4.4
32	3.0	2.5	2.8	3.2	3.4	3.3	3.3	3.9	3.5	4.2	4.6	4.4	4.6	4.8	4.7	3.6	3.9	3.7	4.2	4.6	4.4

表7.9 熟悉、陌生的评委打分合计

序号	合计 100			序号	合计 100		
	熟悉	陌生	得分		熟悉	陌生	得分
1	21.3	24.9	22.7	5	23.3	24.2	23.7
2	15.6	17.9	16.5	6	19.2	22.1	20.4
3	26.5	28.6	27.3	7	20.0	23.0	21.2
4	18.4	22.1	19.9	8	19.8	22.7	21.0

序 号	合 计			序 号	合 计		
	100				100		
	熟 悉	陌 生	得 分		熟 悉	陌 生	得 分
9	20.7	21.6	21.1	21	19.6	21.1	20.2
10	18.7	19.9	19.2	22	28.0	28.7	28.3
11	22.7	23.7	23.1	23	17.8	18.9	18.2
12	13.3	16.4	14.5	24	27.4	29.7	28.3
13	19.3	20.3	19.7	25	27.1	27.7	27.3
14	21.5	22.2	21.8	26	26.5	27.2	26.8
15	20.7	23.1	21.7	27	25.2	26.8	25.8
16	19.7	21.6	20.5	28	25.5	25.7	25.6
17	23.6	26.4	24.7	29	20.5	21.6	20.9
18	24.3	26.7	25.3	30	18.8	20.0	19.3
19	22.9	25.6	24.0	31	26.7	28.0	27.2
20	16.9	19.1	17.8	32	26.1	27.7	26.7

7.6　分数处理——得分结合权重的加权处理

计算公式：加权分=得分×权重。

上述表7.8在Excel表中命名为熟悉陌生评委加权。在同一个Excel表内另建子表，命名为加权分，见表7.10。

表 7.10　加权统计

序 号	岗位名称	因 素	F1	F2	F3	F4	F5	F6	F7	合计
		权 重	10	20	15	10	10	20	15	100
		打 分	得 分	得 分	得 分	得 分	得 分	得 分	得 分	得 分
1	行政主管		52.2	55.2	59.4	34.6	23.0	52.8	36.0	313
2	接待主管		28.8	39.6	59.4	11.4	21.0	44.8	33.3	238
3	信息主管		57.6	60.4	66.0	22.2	32.4	82.8	68.4	390
4	高级项目经理		40.4	60.8	54.6	10.8	22.2	61.2	42.0	292
5	投资项目主管		53.8	60.4	61.5	10.8	26.4	74.0	56.1	343
6	人事薪酬主管		52.2	44.4	50.1	10.8	20.2	68.0	46.2	292
7	绩效招聘主管		52.2	51.2	56.4	10.8	21.6	64.8	47.7	305
8	培训主管		52.2	48.4	58.2	10.8	21.6	64.4	44.7	300

续上表

序号	岗位名称	因素	F1	F2	F3	F4	F5	F6	F7	合计
		权重	10	20	15	10	10	20	15	100
		打分	得分	得分	得分	得分	得分	得分	得分	得分
9	成本及内审经理		44.8	50.4	45.3	12.8	23.6	72.0	57.0	306
10	主办会计		40.4	46.8	43.5	11.6	21.6	66.8	48.6	279
11	L工厂财务经理		41.0	60.4	57.0	21.8	25.2	76.8	54.6	337
12	主管		27.4	38.0	39.0	10.8	20.4	44.4	29.4	209
13	主任助理		52.2	48.8	48.9	12.2	21.0	58.8	37.8	280
14	计划主管		29.2	63.6	69.9	13.4	28.6	63.6	54.6	323
15	采购主管		40.0	58.0	69.0	11.6	24.8	62.0	51.3	317
16	采购主管		38.8	52.0	65.4	10.8	24.2	58.8	47.7	298
17	市场主管		54.0	66.8	61.2	10.8	29.4	76.8	60.6	360
18	客服主管		40.6	66.8	74.1	14.0	32.8	76.4	66.3	371
19	高级客户经理		51.6	56.0	72.3	11.6	29.0	70.0	54.6	345
20	综合信息主管		38.2	40.4	52.8	10.8	21.0	55.2	37.2	256
21	仓库主管		24.2	48.8	50.4	29.6	26.4	62.4	48.9	291
22	生产调度		39.4	84.8	71.4	26.8	39.6	86.0	66.0	414
23	人事主管		39.4	45.6	44.1	11.6	22.2	58.8	41.4	263
24	车间主任		37.4	68.0	56.4	44.2	48.4	72.0	68.4	395
25	车间主任		24.2	65.6	55.8	49.2	47.4	74.8	67.8	385
26	车间主任		23.6	65.6	55.8	44.2	47.4	74.8	67.8	379
27	车间主任		28.4	64.4	55.8	40.8	45.2	69.2	60.0	364
28	车间主任		23.6	66.0	53.4	40.0	42.8	78.0	62.7	367
29	Z工厂财务经理		28.8	62.4	50.1	21.0	24.2	69.6	54.0	310
30	采购主管		38.0	47.2	57.0	11.4	23.6	59.6	42.6	279
31	车间主任		37.4	65.6	54.0	38.8	46.8	73.6	65.4	382
32	车间主任		28.0	65.6	53.1	43.6	46.8	74.4	65.4	377

注 意

为便于查看，读者可在视图选"窗口冻结"，建议选定格子：序号1对应的F1。其他子表也如此操作。

Excel 公式设置：

D4=熟悉陌生评委加权!D4×加权分!D$2

注 意

这里的 Excel 技巧，包括：

跨子表链接，熟悉陌生评委加权!D4 是子表"熟悉陌生评委加权"的 D4，即分数 5.2。

固定符号，加权分!D$2 是子表"加权分"的 D2，并固定了该行。也就是：加权分=原始分×权重。

右拉公式，即可得到其他因素的加权分；再下拉公式得到全部人员的加权分。

7.7 确定分类依据

表 7.10 的合计得分，最大值=414，最小值=209，差距=205，差距/3=68，见表 7.11。

据此划分三类主管，C 类主管分数区间：209～277，B 类主管分数区间：278～345，A 类主管分数区间：346～414，见表 7.12。

表 7.11 差距/3 的分段计算

最大值	最小值	差 距	差距/3
414	209	205	68

表 7.12 三类主管的分数范围

	下 限	上 限
A 类主管	346	414
B 类主管	278	345
C 类主管	209	277

7.8 排序和分类

对表 7.9 进行排序（按合计得分从高到低），并增加排名，按表 7.11 的分类标准，划分出每个职位的类别归属，见表 7.13。

表 7.13 排序和分类

序 号	岗位名称	因 素	F1	F2	F3	F4	F5	F6	F7	合 计	排 名	类 别
		权 重	10	20	15	10	10	20	15	100		
		打 分	得 分	得 分	得 分	得 分	得 分	得 分	得 分	得 分		
32	车间主任		28	65.6	53.1	43.6	46.8	74.4	65.4	414	1	A
31	车间主任		37.4	65.6	54	38.8	46.8	73.6	65.4	395	2	A
30	采购主管		38	47.2	57	11.4	23.6	59.6	42.6	390	3	A
29	Z 工厂财务经理		28.8	62.4	50.1	21	24.2	69.6	54	385	4	A
28	车间主任		23.6	66	53.4	40	42.8	78	62.7	382	5	A
27	车间主任		28.4	64.4	55.8	40.8	45.2	69.2	60	379	6	A

续上表

序号	岗位名称	因素	F1	F2	F3	F4	F5	F6	F7	合计	排名	类别
		权重	10	20	15	10	10	20	15	100		
		打分	得分	得分	得分	得分	得分	得分	得分	得分		
26	车间主任		23.6	65.6	55.8	44.2	47.4	74.8	67.8	377	7	A
25	车间主任		24.2	65.6	55.8	49.2	47.4	74.8	67.8	371	8	A
24	车间主任		37.4	68	56.4	44.2	48.4	72	68.4	367	9	A
23	人事主管		39.4	45.6	44.1	11.6	22.2	58.8	41.4	364	10	A
22	生产调度		39.4	84.8	71.4	26.8	39.6	86	66	360	11	A
21	仓库主管		24.2	48.8	50.4	29.6	26.4	62.4	48.9	345	12	B
20	综合信息主管		38.2	40.4	52.8	10.8	21	55.2	37.2	343	13	B
19	高级客户经理		51.6	56	72.3	11.6	29	70	54.6	337	14	B
18	客服主管		40.6	66.8	74.1	14	32.8	76.4	66.3	323	15	B
17	市场主管		54	66.8	61.2	10.8	29.4	76.8	60.6	317	16	B
1	行政主管		52.2	55.2	59.4	34.6	23	52.8	36	313	17	B
16	采购主管		38.8	52	65.4	10.8	24.2	58.8	47.7	310	18	B
15	采购主管		40	58	69	11.6	24.8	62	51.3	306	19	B
14	计划主管		29.2	63.6	69.9	13.4	28.6	63.6	54.6	305	20	B
13	主任助理		52.2	48.8	48.9	12.2	21	58.8	37.8	300	21	B
12	主管		27.4	38	39	10.8	20.4	44.4	29.4	298	22	B
11	L 工厂财务经理		41	60.4	57	21.8	25.2	76.8	54.6	292	23	B
10	主办会计		40.4	46.8	43.5	11.6	21.6	66.8	48.6	292	24	B
9	成本及内审经理		44.8	50.4	45.3	12.8	23.6	72	57	291	25	B
8	培训主管		52.2	48.4	58.2	10.8	21.6	64.4	44.7	280	26	B
7	绩效招聘主管		52.2	51.2	56.4	10.8	21.6	64.8	47.7	279	27	B
6	人事薪酬主管		52.2	44.4	50.1	10.8	20.2	68	46.2	279	28	B
5	投资项目主管		53.8	60.4	61.5	10.8	26.4	74	56.1	263	29	C
4	高级项目经理		40.4	60.8	54.6	10.8	22.2	61.2	42	256	30	C
3	信息主管		57.6	60.4	66	22.2	32.4	82.8	68.4	238	31	C
2	接待主管		28.8	39.6	59.4	11.4	21	44.8	33.3	209	32	C

7.9 岗位评估结果报告——主管岗位

公司领导：

经过一周左右的评委打分，至本周二共收集到 11 个评委的打分（缺 2 个评委）。按上次会议的意见，得分 X=熟悉本岗位的评委的打分的平均分×0.6+不熟悉本岗位的评委的打分的平均分×0.4。本次评估最高分=414，最低分=209，差距=205。

对合计得分进行排序，209～277 为 C 类主管，278～344 为 B 类主管，345～414 为 A 类主管。本次参加评估的主管岗位共 32 个，A 类=12 个，B 类=16 个，C 类=4 个。

7.9.1 A 类主管

表 7.14 A 类主管

岗位名称	合计得分	排　名	类　别	岗位名称	合计得分	排　名	类　别
车间主任	414	1	A	车间主任	377	7	A
车间主任	395	2	A	车间主任	371	8	A
采购主管	390	3	A	车间主任	367	9	A
Z 工厂财务经理	385	4	A	人事主管	364	10	A
车间主任	382	5	A	生产调度	360	11	A
车间主任	379	6	A	仓库主管	345	12	A

7.9.2 B 类主管

表 7.15 B 类主管

岗位名称	合计得分	排　名	类　别	岗位名称	合计得分	排　名	类　别
综合信息主管	343	13	B	主任助理	300	21	B
高级客户经理	337	14	B	主管	298	22	B
客服主管	323	15	B	L 工厂财务经理	292	23	B
市场主管	317	16	B	主办会计	292	24	B
行政主管	313	17	B	成本及内审经理	291	25	B
采购主管	310	18	B	培训主管	280	26	B
采购主管	306	19	B	绩效招聘主管	279	27	B
计划主管	305	20	B	人事薪酬主管	279	28	B

7.9.3 C 类主管

表 7.16 C 类主管

岗位名称	合计得分	排 名	类 别	岗位名称	合计得分	排 名	类 别
投资项目主管	263	29	C	信息主管	238	31	C
高级项目经理	256	30	C	接待主管	209	32	C

人力资源部

7.10 测试结果与调薪方案的修正

试测结果反映了总体的趋势，但是存在某些岗位被忽视的问题，例如投资项目主管岗位未能进入 A 类。

根据具体情况，提出如下两点建议。

（1）需要调整 12 个因素的权重

首先由总经理、常务副总对业务链上的研发、销售、生产、采购和其他部门等作出价值判断。其次听取评估小组成员的意见，让大家针对每个因素的权重作出自己的判断，汇总得到平均分作为权重，然后由领导确定某因素的最终权重。

（2）在正式评估时

要突出对参与评估的岗位的介绍环节，要增加大家对岗位应有和目前实际操作的熟悉程度，为确保程序的公平性，建议引入如下操作：

1）由该系统的领导自己介绍，可带 1 名助理补充。

2）其他小组成员可针对性地发言。

3）该系统领导再次表明观点。这种做法使小组成员能在短时间熟悉岗位。但是每个小组成员最终的打分根据自己的判断，不受别人影响。

4）按照 12 个因素的规则来操作。去掉最高分和最低分以避免人为因素；甚至可以去掉 2 个最高分和 2 个最低分。

5）如果主管岗位基本成功，一般员工也可采用上述办法。

岗位评估的会议很重要。会议前的准备就是要修正好岗位评估模型的 12 个因素的权重，听取大家的意见并吸收。会议的议程也很重要，可能需要 1 天时间：上午做练习，下午正式评估。

说明

在试评估时，根据差距/3 划分三类主管，A 类主管太多。最后公司采取了 A 类占 20%，B 类占 30%，C 类占 50%（按合计得分从高到低排序）的方式。这也说明试评估的必要性。该方法从理论上行得通，但不同的公司可能有不同的要求，请根据实际情况进行分类。

　　在试评估的基础上，需要对职位评估模型的调整和培训讲解（因素选取、权重分配、评分分级、评分标准界定）、评委对职位说明书摘要的熟悉程度（评委认真看职位说明书，互相介绍职位特点）和打分风格的统一进行优化，之后就可以进入正式评估了。当然，对个别职位的调整审批也是修正手段之一。

第八章

薪酬制度的撰写与案例

薪酬制度，实际是薪酬福利体系的文字、表单、流程的文档。其中包括津贴补贴、社会保险公积金、薪资的模式以及其他福利等都包含在内；本书以岗位工资制（薪点制）为主，其他如计件工资、年薪制、销售提成等只是提及，不具体展开讲解。

薪酬体系设计的三原则——对外的竞争性、对内的公平性、合法性，均应在制度中体现出来。第一次撰写、修订时，可能会忽视前面提及的原则，照搬照抄其他单位，与本公司制度的条款有矛盾或无对照关系。

通常对计件工资、年薪制、销售奖金提成、股权期权、项目奖、年终奖等会另行制定规则，称为薪酬方案，也叫实施细则、规定、操作说明。薪酬方案、福利方案、特殊政策，都是薪资操作发放的依据。当然依据还包括政府劳动部门颁发的法规政策。

薪酬制度一般适用全体（但会说明哪些人员另行制定），而薪酬方案只适用部分特定人员。

要注意薪酬制度与各类薪酬方案之间的衔接，各类薪酬方案应服从于整体的薪酬制度。对薪酬制度中的附则要有相关说明。

本章提供了某房地产集团配套子公司的案例。

8.1 薪酬制度的撰写技巧

薪酬制度的文件名，不同公司的叫法不同，如薪酬管理办法、薪酬制度等，也有的分试行、暂行和修订办法。

薪酬制度也需经过思路、初稿、讨论稿到定稿的过程。

薪酬制度的结构一般从以下方面考虑。

总则（目的、原则、适用范围）、薪酬体系（类别，如岗位工资制、年薪制、计件工资、销售提成、项目奖等）、每类薪资办法的介绍（薪资组成、薪资比例、薪点值、薪点基准、计算公式、固定工资、绩效工资、年终奖等的计算）、薪资确定与调整（初定、加薪、降薪、审批权限）、津贴补贴、福利、薪资支付发放（发薪日、薪资操作流程、社会保险、公积金、个人所得税的代扣代缴、离职、试用期、实习、转正）、工资总额控制、年度调薪（薪资预算）、薪资保密、附则（解释权，实施日期，以前文件的废止，工会、职代会通过）。文案部分不同的公司会有所区别。

附件，也叫附表。一般放在文案后，如不同职位的薪资标准表、定薪调薪审批表等。

薪资标准表，可以大致确定划分，也可以与职位评估结合套入（公司小，人员不多，不需要做职位评估；公司规模大，人员较多，内部公平性欠缺，引发矛盾到一定程度时，就需要做职位评估，即设计薪酬体系的薪等薪级表和确定数据），薪资水平的测算（公司小，一般根据老板的直觉确定，之后通过谈判工资形成自己公司特有的一套薪资数据的自然体系；公司大到一定规模，部分岗位离职率高，招聘时薪资谈不拢导致不能到位，就要考虑做薪资调查）。测算数据不必放入薪酬制度文件，但在讨论的过程中需要用到。

实际操作的工资表（薪资科目）、工资条，一般不会在薪酬制度中明确，但 HR 实际会做 Excel 表，依据就是薪酬制度。

薪酬制度是公司的大制度，行文一般采取如下分层描述的结构。

第一种：章、条、一、1. 国企常见，比较严谨。

第二种：一、（一）、1、（1）。民企常见。

第三种：1、1.1、1.1.1、1.1.1.1。IT 公司常见。

8.2 《中华人民共和国劳动合同法》对薪酬制度的要求

2008 年新《中华人民共和国劳动合同法》实施后，劳资纠纷需要企业举证。薪资问题很容易导致劳资纠纷。包括：加班工资、最低工资、社会保险欠缴（或不足额缴）、公积金欠缴（或不足额缴）、工资支付不及时、年休假、各类假期、扣罚、试用期工资、竞业限制、离职补偿、赔偿、培训违约金、劳务派遣的同工同酬问题等。与薪资相关的工作时间也需要 HR 予以关注。

HR 还要注意薪资发放的资料存档、签字等。

8.3　薪酬制度的变化

总体上，公司的薪酬体系就是前面介绍的。但是，不同的公司有所区别。比如，集团公司（控股集团）、产业集团、公司、事业部、分公司、子公司、项目公司等，不同层面的薪酬制度，职位体系的层级划分和职位族（岗位类别）不同。单一公司，基本就是以纵向的职等（薪等）、横向的职位族做成的矩阵表。而集团公司，可能需要对不同级别（级别根据公司的规模大小，经营贡献等划分）采取重叠交叉的方式。比如，国企、电信（移动、电信、联通）、烟草、石化等组织，组织架构庞大，包括集团、上市公司，省公司、地市分公司、县区分公司（经营部）等层级，就要考虑这种重叠。而民企规模达到一定程度，集团公司下面有多个事业部或产业集团，下面再有子公司、分公司、工厂，也要考虑重叠。

国企的薪酬制度比较严谨，民企的薪酬制度相对灵活。

有些津贴补贴等项目，从复杂到简单化、归并；有些取消了，如独生子女费等。

一些新的薪酬科目出现并强化，如股权期权。

一些薪酬项目会从无到有，并扩大范围。如企业年金。

一些薪酬项目每年会变化，如最低工资。

一些薪酬项目可以规避，如个人所得税合理规避。

案例：某房地产集团配套子公司薪资福利制度

一、适用范围

本方案适用公司非计件、综合计时制员工。生产部生产作业员工和工程部施工作业员工实行综合计件、综合计时薪资办法。

二、薪酬体系

（一）公司管辅人员分成 3 个职系：管辅职系、业务职系和工程建设职系。薪酬体系采取三种类别：

与企业年度经营业绩相关的或与特定管理目标、企业经营目标相关的年薪制；与年度绩效、季度绩效相关的结构工资制；与销售和工程业绩相关的项目工资制。实行计件/综合计时制的生产作业员工不列入职系范畴。

（二）享受年薪制的员工，其工作特征是以年度为周期对经营管理业绩进行评估并发放相应的薪酬。这部分员工包括与董事会或直接领导签订目标责任并接受相应考核的管理职系的员工，包括总经理等。

（三）实行结构工资制的员工是公司内除实行年薪制和生产计件/综合计时员工以

外的管辅人员。

（四）业务人员可实行提成工资制，也可参照项目工资制执行。项目施工及管理实行项目工资制。

（五）针对特殊人员，可以不纳入现有薪酬体系，列为薪酬特区人员，但需经公司总经理批准并报董事会备案，或由总经理提议，报董事会批准。

三、年薪制

（一）年薪制的适用范围

年薪制适用于公司总经理等高级管理人员，与董事会或直接主管签订目标责任的管理者和其他约定适用年薪制的员工。

（二）年薪制的工资结构

1．计算公式

年薪制总收入=核定年薪+津补贴

核定年薪=月发工资×12+年度考核工资

2．核定年薪标准每年初由董事会或总经理拟定，根据岗位需求、任职人员综合条件与实行年薪制人员签订年度目标责任，并约定年薪及年薪考核、支付方式等。

3．年薪制中的津补贴

实行年薪制的员工，可以享有餐费、一般福利、通信补贴、车辆补贴等津补贴。

4．年薪制中，应包含年度绩效工资，扣除年度绩效工资后的部分按月发放。

四、结构工资制

（一）适用范围

结构工资制针对管辅职系中的管理和辅助人员。

（二）结构工资员工收入的组成：

（三）固定工资

1．固定工资包括岗位工资、司龄工资；津补贴包括餐费、一般福利、通信补贴、车辆补贴、职称/职业资格工资。

2．计算公式

固定工资=岗位工资+司龄工资

3．工龄工资

体现员工的工作经验和服务年限对于企业的贡献，在公司内部的工龄工资标准为30元/年，工龄工资标准，见表8.1。

表8.1　工龄工资标准

工龄区间	$X<1$ 年	$1≤X<16$ 年	$X≥16$ 年
工龄工资	0	$X×30$ 元/月	450 元/月

4．岗位工资

按照岗位评价的结果确定，体现岗位的内在价值和员工技能因素。

（四）绩效工资

1．年度绩效工资、季度绩效考核与薪资的关系：绩效考核包括季度绩效考核和年度绩效考核。

2．季度绩效考核与员工结构工资中的薪点值挂钩，公司每季度对"工期、质量、数量、成本和安全生产文明施工"等五项指标，在相关部门对所有项目进行统计、核准和分析的基础上，进行绩效考评。

3．考评结果直接在次季度月计发结构工资时，按不同的考评结果区间与薪点值挂钩。

4．绩效工资发放比例根据公司业绩完成情况确定，在年终完成全年目标时补发差额，见表8.2。

表8.2　绩效工资发放比例

股份公司业绩完成情况	绩效工资发放比例
<60%	20%
60%(含)～80%	60%
80%(含)～90%	85%
90%(含)～100%	100%

5．如某季度无法对所有项目的五项指标进行考评，则月度发放的结构工资按照基数的标准进行预发，年终一并进行考核后计发年终绩效工资，并补或减月度已经计发的结构工资。

6．公司是以项目为主线的经营体系，因此项目绩效体现公司的经营业绩。项目中的关键绩效指标包括"工期、质量、数量、成本和安全生产文明施工"等五项指标，体现各岗位员工的努力程度、技能和管理水平，岗位绩效与公司经营业绩紧密联系在一起。公司经营业绩的好坏，要与每个岗位的付出和所得挂钩。

7．年度绩效工资根据公司年度业绩完成结果和员工岗位年度考核结果计发，其基数参照薪等与职位对应表（见附表1）。

8．计算公式：年度绩效工资=年度绩效工资基数×（公司年度业绩完成结果分×50%+员工岗位年度考核结果分×50%）。年度绩效工资下年初发放。

9．公司年度业绩完成结果考核分=销售收入目标达成分+利润率目标达成分±安全生产文明施工指标达成分。

（五）津补贴

1．津补贴 =餐费+一般福利+ 通信补贴 + 车辆补贴 + 职称/职业资格工资+外勤补贴

2．餐费是公司为每一位员工发放的一种就餐补贴。一般福利是指员工在各个重

大节日期间获得的公司为其发放的过节费和其他实物形式的收入，以及公司参照国家有关规定计发的季节性津贴等。

3．通信补贴、车辆补贴：见公司相关规定。

4．职称和职业资格证书补贴的标准，见表8.3、表8.4：

表8.3　职称补贴标准

单位：元/月

职称等级	高级职称	中级职称	助理职称	员级职称
职称工资	300	200	100	50

表8.4　特殊工种职业资格补贴标准

单位：元/月

职业资格	高级技师	技师	高级	中级	初级
职业工资	300	200	100	50	

5．项目施工及管理人员常驻外地的外勤补贴，作为本公司津补贴的一个特殊形式。

公司按照每月自然天数10元/天的标准，并以考勤相关记录为准进行计发，既作为公司常驻外地的项目施工和管理人员的补贴，也体现项目部人员实际上没有公休日的工作环境和勤业精神（节假日需预先经主管部门核准后，发放补贴）。

（六）岗位工资

1．岗位工资是整个工资体系的基础，从员工的岗位价值和技能因素方面体现员工的贡献。员工的岗位工资主要取决于当前的岗位性质。

2．在工作分析与职位评价的基础上，以评估的结果作为分配依据，根据工作分析与职位评价确定薪点，同时采取一岗多薪，按技能分档的方式确定工资等级。

3．岗位工资的用途

岗位工资是确定员工收入中其他部分的基础，作为以下项目的计算基数。

（1）加班费的计算基数：按国家有关规定实行其他工资制度的单位，以职工上月正常上班实得工资的70%为计发基数，但不得低于所在城市最低工资标准，特殊岗位可以小时工资为标准计发加班工资。

（2）假期和缺勤工资计算基数

外派受训人员工资计算基数；实行综合计时工资的、超过法定工作时间的视为延长工作时间，以150%为标准计发工资。

4．确定岗位工资的原则：以岗定薪，薪随岗变，实现薪酬与岗位价值挂钩；以岗位价值为主、技能因素为辅，岗位与技能相结合；针对不同的职系设置晋级通道，鼓励不同专业人员专精所长；参考企业实际收入状况厘定薪酬水平，实现平稳过渡。

5．工资等级的确定

工资分级列等。根据岗位评价的结果形成岗位等级分布图，把各岗位分级列等。按照岗位评价的结果，在最低分9分和最高分189分之间共划分出29级。其中41分以下每隔4分为一级；41～101分每隔6分为一级；101以上每隔8分为一级。

6．确定初始等级

按照岗位评价的分数将各个岗位对应到相应职系、相应等级。

7．岗位工资的计算公式

（1）岗位工资 ＝ 点值 × 工资薪点。

（2）点值需要根据工资的整体工资水平来确定，可以根据公司的经营效益随时进行调整。目前暂定为50元/点。

五、项目工资制

（一）项目工资制适用范围。

项目工资制适用于项目施工及管理的员工。

（二）项目工资制的工资结构。

项目工资制收入 ＝ 月结构工资收入 ＋ 年度绩效工资 ＋ 津补贴

（三）实行项目工资制的员工按上述有关条款，其薪等分别套入结构工资。

1．年终绩效工资基数的80%部分计发：

（1）由工程管理部将所有项目的绩效工资基数的80%部分汇总，与每个项目季度或年度"工期"的考核指标挂钩考核。

（2）除特殊情况外，其总额按所有项目的算术平均分计发年终绩效工资。

（3）工期的考核分×质量考核系数 2＝ 项目经理年度绩效工资最终计发的奖金80%，发放的时间为年终时物业验收完毕，如遇项目没有最终验收，则自验结束计发30%，业主结束验收计发30%。

2．年终绩效工资基数的20%部分

按每个项目的数量（以2万平方米为基数，不同的项目可有不同的系数）、成本和安全生产文明施工考核结果计发。

六、工资调整

（一）公司工资调整原则是整体调整与个别调整结合。

（二）公司工资整体调整形式是改变薪点点值，调整周期与调整幅度根据公司效益与公司发展情况决定。

（三）个别调整根据员工个人年底考核结果和职称、学历、岗位、职位、工作内容变动决定。操作细则各企业根据实际另行约定。

（四）工资确定/调整表，见附表2。

七、工资特区

（一）设立工资特区的目的。

设立工资特区，使工资政策重点向对企业有较大贡献、市场上稀缺的人力资源倾斜，目的是为激励和吸引优秀人才，使企业与外部人才市场接轨，提高企业对关键人才的吸引力，增强公司在人才市场上的竞争力。

（二）设立工资特区的原则。

1．谈判原则

特区工资以市场价格为基础，由双方谈判确定。

2．保密原则

为保障特区员工顺利工作，对工资特区人员及其工资严格保密，员工之间禁止相互打探。

3．限额原则

特区人员数目实行动态管理，依据企业经济效益水平及发展情况限制总数，宁缺毋滥。

4．工资特区人才的招聘

特区人才的选拔以外部招聘为主。其条件为名优院校毕业生、企业人力资源规划中急需或者必需的人才、行业内人才市场竞争激烈的稀缺人才。

5．工资特区人才的淘汰

针对工资特区内的人才，年底根据合同进行年度考核。有以下情况者自动退出人才特区：

考核总分低于预定标准；人才供求关系变化，不再是市场稀缺人才。

八、薪酬计算与支付

（一）薪酬具体支付方式。

直接将薪资全部汇入员工的银行账户，直接采取发放现金的形式，也可两者结合采用。

（二）代扣代缴。

1．员工薪酬为税前工资，按国家有关规定，公司将从员工岗位工资部分中代扣代缴个人所得税、养老保险、失业保险、医疗保险和住房公积金。

2．除去按照公司有关规定扣减的薪酬、其他国家或公司规定的款项等个人应承担缴纳的部分，剩余部分发放给员工。

（三）薪酬发放。

1．员工的岗位工资实行月工资制，于次月的 15 日发放，上月的考勤作为当月工资发放的依据。

2．新进员工的工资从次月开始发放，上月的工资按实际工作天数计算。

3．工资支付日如遇到法定假日或双休日时，提前发放；若遇连续假期时，在销假上班后第一个工作日发放。

4．因不可抗拒原因无法按期支付工资时，须于支薪日前通知公司所有员工，并公告变更后的支薪日期。

（四）试用期及聘用人员工资。

1．从社会招聘的新进员工一般实行最长不超过 3 个月的试用期。

2．应届毕业生实行 1 年见习期，如有实习期则扣除相应的时间。其中前 6 个月为试用期。试用期岗位工资实行起薪制及职位对应的薪等最低级，并按 80%计发；试用期满经考核合格后进入相应等级。

3．临时工工资根据其技能，结合公司实际情况确定并计发，不享受津贴、社会保险等待遇。

（五）离职处理。

1．员工解除劳动合同或申请离职时，工资结算依据当月出勤日数乘以日岗位工资比例计算。

2．在年终绩效工资发放之日已解除劳动合同关系的人员不享受年终绩效工资或奖金。

（六）加班工资。

1．公司原则上要求加班预先审批，加班时间应先以调休单形式处理，季度未使用完的调休单，经部门主管审核后报上级领导审批，按加班工资计发。

2．加班工资计发基准 =岗位工资。

（七）试用期工资。

除实行计件/综合计时制作业员工以外，管辅人员岗位的试用期原则上不超过 3 个月。经个人申请或用人部门申请，经考评或考核后，可提前转正。试用期工资按岗位工资的 80%计发。

（八）实习期工资。

实习期的工资标准见表 8.5。

表 8.5　实习工资标准

单位：元/月

序　号	学历划分	标　准	序　号	学历划分	标　准
1	硕士生	1 500	3	大专生	800
2	本科生	1 000	4	技校生	600

（九）岗位异动。

员工因工作岗位发生变动，岗位工资调整具体办法如下。

1．当员工是由级别高的岗位调动到级别低的岗位时，其岗位工资应立即、直接调整为新岗位工资级别。

2．当员工由级别低的岗位调动到级别高的岗位时，原则上须经过 1 个月适岗期，适岗期期内按原岗位工资标准执行；适岗期满后，经适岗性分析，采用新岗位的工资级档。

九、保密规定

1. 本制度涉及的薪资数据为公司机密，任何员工不得以各种方式和途径探听他人薪资金额，不得在公开场合谈论与薪资待遇相关的问题，如发现员工有此行为，将按公司纪律处分，情节严重的立即解聘。

2. 薪资数据管理实行受限共享原则，直接主管可以掌握直接下属的薪资状况。综合部负责拟定公司内部因工作需要接触薪资数据的员工名单和权限范围，经总经理批准后执行，并由综合部负责日常薪资保密管理工作。

十、附则

（一）本办法由综合部负责解释。

（二）本办法自发文之日起施行。

××有限公司

20××年×月×日

附表 1：薪等与职位对应表

附表 1 薪等与职位对应表

单位：元

等　级	薪　点	薪点值	年收入	月岗位工资	月发合计	年度绩效工资	月度：年终
1	16	800	9 600	800	9 600		除计件/综合计时工资外的辅助工种和完成特指任务的员工
2	17	850	10 200	850	10 200		
3	19	950	11 400	950	11 400		
4	21	1 050	12 600	1 050	12 600		
5	24	1 200	14 400	1 200	14 400		
6	28	1 400	16 800	1 120	13 440	3 360	8:2 一般职能事务、助理工程师、项目施工员、技师
7	33	1 650	19 800	1 320	15 840	3 960	
8	38	1 900	22 800	1 520	18 240	4 560	
9	44	2 200	26 400	1 760	21 120	5 280	
10	51	2 550	30 600	2 040	24 480	6 120	
11	58	2 900	34 800	2 320	27 840	6 960	
12	67	3 350	40 200	2 680	32 160	8 040	
13	76	3 800	45 600	3 040	36 480	9 120	
14	85	4 250	51 000	3 400	40 800	10 200	
15	96	4 800	57 600	3 840	46 080	11 520	

续上表

等 级	薪 点	薪点值	年收入	月岗位工资	月发合计	年度绩效工资	月度：年终
16	106	5 300	63 600	3 180	38 160	25 440	
17	118	5 900	70 800	3 540	42 480	28 320	6:4
18	131	6 550	78 600	3 930	47 160	31 440	项目经理、工程师、部门
19	144	7 200	86 400	4 320	51 840	34 560	副经理、高级技师
20	158	7 900	94 800	4 740	56 880	37 920	
21	172	8 600	103 200	5 160	61 920	41 280	
22	188	9 400	112 800	5 640	67 680	45 120	6:4
23	204	10 200	122 400	6 120	73 440	48 960	部门经理、高级项目经
24	220	11 000	132 000	6 600	79 200	52 800	理、高级工程师
25	238	11 900	142 800	7 140	85 680	57 120	
26	256	12 800	153 600	6 400	76 800	76 800	
27	275	13 750	165 000	6 875	82 500	82 500	5:5
28	294	14 700	176 400	7 350	88 200	88 200	主任工程师、总监、副总
29	315	15 750	189 000	7 875	94 500	94 500	
30	336	16 800	201 600	8 400	100 800	100 800	

附表2：薪资确定/调整表

附表2　薪资确定/调整表

部门		岗位		入司时间	
工号		姓名		本岗位工作时间	
司龄工资		职称/职业资格工资		填写人/时间	
调薪原因：□ 新进员工　□ 年度调薪　□ 晋升　□ 降薪　□ 岗位调整　□ 其他					
现在部门：			调整后部门：		
现在岗位：			调整后岗位：		
现在薪等：			调整后薪等：		
现在工资额：					
上次调薪时间：			工资增加/减少额：		
近两年绩效考核结果：			年薪基数		
员工晋升、降薪、岗位调整等情况的说明：（由主管部门填写）					

续上表

部门经理签字/日期	综合部经理签字/日期	分管领导签字/日期	总经理签字/日期
备注：			

第九章

分类薪酬方案设计的思路

如第五章开头介绍的，有些中小企业没有完善的正式薪酬体系，但照样通过谈判工资进行工资发放。但是，公司业务和人员规模发展到一定程度，建立合适的薪酬体系是迟早的事。

第五至八章，围绕着公司薪酬体系的建立展开。从薪酬体系——薪点制，配套的职位分析、职位评估，最后形成薪酬制度。

下面转入分类薪酬方案设计。这与薪酬体系设计有很大区别。

薪酬体系的设计和操作是 HR 的工作范围。但除了通用的薪酬体系，公司也有各种薪酬方案部分掌握在老总、副总、各部门经理手中，HR 只是将最终方案补充进工资科目中。也有的 HR 能力比较强，能够自主设计、操盘。在控股集团总部、公司总部、销售公司、工厂、工程公司等不同位置的 HR，对各类薪酬方案可能只掌握自己分管的类型，对其他类型不一定精通。

各种薪酬方案，包括年薪制、销售奖金提成、计件工资、项目奖、津贴补贴、股权期权、工资总额与业绩挂钩、年终奖、特殊薪酬方案（企业年金）、福利项目等。

薪酬方案的设计，与薪酬体系设计的思路不同。本章总体讲解如何进行分类的薪酬方案设计。具体案例在后续章节详细介绍。

9.1　年薪制方案设计

薪点制是通过月收入考虑年收入，而年薪制是从年收入入手。为何要这么做？其中一个理由是，相对低薪资的职位人群，3 000 元/月、3 500 元/月、4 000 元/月……比较好听；相对高薪资的职位人群，15 万元/年、20 万元/年、30 万元/年，比较好听。

薪点制，基本工资是固定的，绩效工资与基本工资有明确的比例关系，考核的部分只限于绩效工资（平时、年终），总体来看，固定收入占比大，浮动收入占比相对小。

年薪制，年薪虽然高，但要切块，固定收入占比相对低。绩效奖金可能被划分为季度平时的，也有年终的风险奖金，上下浮动的幅度大。也有的整个年薪要与业绩挂钩，浮动幅度更大。过去的承包制的年薪，要交押金（风险抵押金）。

风险抵押金，在 20 世纪八九十年代的民企比较常见，2000 年以后相对较少。创业板、中小板起来后，风投公司、基金公司与拟上市公司大股东签订的对赌协议，或大股东与持股高管签订的持股协议中，都有高风险、高激励的特点。风险抵押金是要职业经理人拿出真金白银；对赌协议是对股份（未来能够带来大笔收益）与持续几年的经营业绩达标挂钩。

一、年薪制方案设计的要点

（1）适用职位范围。

（2）矩阵表：几个等级的职等和职位族（中高层、销售）。

（3）年收入的水平高低确定：表中的数据。

（4）年薪的组成（结构）和比例：基本，平时奖金，年终风险。

（5）换算到月工资。

（6）如何考核：是将整体年薪与业绩挂钩；还是将绩效奖金、风险年薪与业绩挂钩；基本年薪是否会被扣罚，是考核整个部门（分公司），还是个人和部门的结合，业绩为主，还是业绩+能力态度的考评的结合？

（7）业绩超额时超额奖励如何发放。

（8）高年薪的合理避税。

2014 年起政府推行企业年金的个人所得税递延新政策，年薪制可以与企业年金综合考虑。毕竟，如果高管不缺钱，年薪高，从少缴个人所得税和补充养老保险的退休工资来考虑，有操作的空间。

总的来说，年薪制方案，虽然是薪酬方案，但从操作完整来看，一定与绩效考核紧密相关，只是考核方案部分作为薪酬方案的组成和附件。

二、适用人群

年薪制方案一般以中高层销售人员为主。

9.2 奖金提成制方案设计

销售一般拿提成，也有拿奖金的，所以统称为销售奖金提成方案。

提成的计算依据销售业绩和提成比例，业绩好坏与浮动收入有直接的关系，也有分段的提成比例。

奖金是一个系数范围，业绩好坏与浮动收入是在一个基数的上下限浮动，浮动相对小。

提成是员工先做出业绩，根据合同额、销售额、毛利、净利等计算，一般要等回款到账才能支付，甚至有回款率的设定要求作为条件。

正式发布的销售奖金提成方案，都是告诉你：什么业务，多少业绩，提成比例是多少。提成比例是倒推出来的。在发布前，一定有多次的初稿、讨论稿、测算。

幕后设计的主角，是怎么考虑的呢？

（1）大致确定你的年收入水平。与行业、地区比较，确定本公司的定位，假定20万元。

（2）划分比例。如：固定:浮动=4:6。

（3）浮动部分拆分为奖金+提成。如：浮动收入=12万元，则考核奖金=4万元、提成=8万元。

（4）销售配额的概算。要完成1 000万元，需要多少人比较合理。如：某办事处10人，公司老板或副总认为必须达成人均100万元的合同额。

（5）倒推出提成比例。如：提成=8万元，对应合同额=100万元，提成比例P为多少？$P=8/100=8\%$。

（6）提成依据选取。合同额对公司来说不一定是最好的提成依据，因为有风险，要风险共担。怎么办？换成销售额（已经开票或发货）、毛利、净利。假定100万元的合同额，测算出销售额90万元、毛利30万元、净利15万元，则提成比例见表9.1。

表9.1 提成比例

目标提成（万元）	提成依据	依据金额（万元）	提成比例
8	合同额	100	8.0%
8	销售额	90	8.9%
8	毛利	30	26.7%
8	净利	15	53.3%

（7）提成比例是否需要分段？

例如：达到目标，提成比例=8%。这时还要考虑：超过目标提成比例为多少，低于目标，提成比例为多少，见表9.2。

（8）保底和封顶。提成方案应包括：是否有底薪，最高多少封顶。如：低于目标的多少比例，提成比例为0%？高于目标的多少比例提成比例要封顶？

（9）确定提成的计算公式。例如：提成=销售额×提成比例。

（10）提成支付。根据回款到账作为条件，按比例支付或达到90%再支付，并确定多少个月内支付。

表9.2　分段提成比例

实际达成率	分段提成比例
目标的150%	10%
目标的120%	9%
目标的100%	8%
目标的80%	7%
目标的70%	6%
目标的50%	0%

提成的设计思路，就是图9.1的变通。工程量是工程公司的产值，也可以是销售额、万元产值、毛利等。

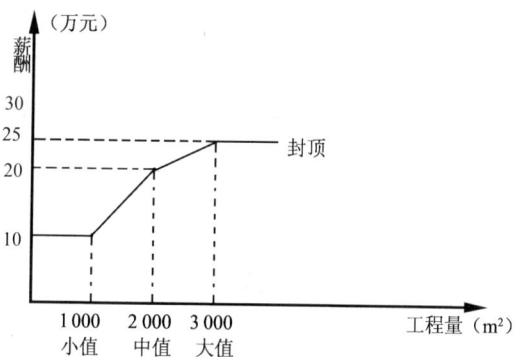

图9.1　提成设计图

当然，在经济不景气、业绩不好的年份，可能还有阶梯式的提成，见图9.2。

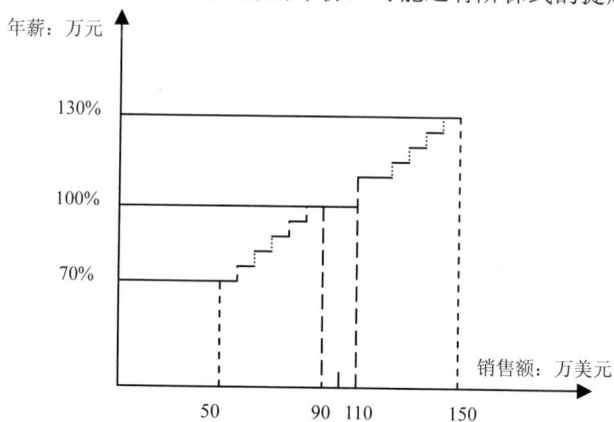

图9.2　阶梯式提成图

举例来说，销售额每增加满 100 万美元，提成比例增加 1%，而销售额增加不满 100 万美元，提成比例不变。

下面介绍奖金的设计思路。两个要点：确定奖金基数和绩效指标。绩效指标更多的是选取与销售相关的。奖金设计图如图 9.3 所示。奖金=奖金基数×系数。系数是根据考核分/100 或换算为等级。

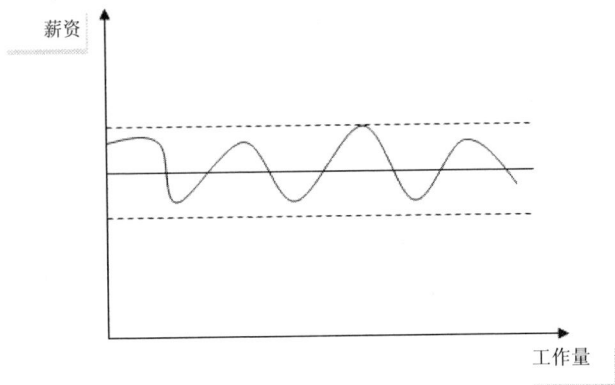

图 9.3　奖金设计图

根据什么确定提成是个人业绩？是团队业绩、公司业绩，还是组合业绩？

销售线除了销售人员，也有客服人员、商务、技术支持，这些人是拿绩效工资，还是与提成相关？与本团队自己对应，还是从销售部门的提成中再切块呢？

案例：某 QQ 群在线访谈选——张明辉谈薪资与考核方案设计

销售人员的薪酬体系如何设计？如何谈薪？应注意什么？

分析：

几年前，一个老领导引荐，我到上海做了个兼职的咨询项目，是一个工程公司的办事处销售团队的考核与薪酬问题。《人力资源总监绩效管理笔记》第 7 章办事处的考核，就是这个案例。

首先，推荐大家看一本书：西克海利著《销售团队薪酬设计》。我看了这个书才对销售人员的考核有了比较深的认识。

以前，我只知道销售提成，这类方案一般人力资源部不参与，都是营销副总自己管的。

西克海利的书，讲到台前与幕后的区别。台前，就是方案制定发布后，销售人员看到提成比例；幕后，是 HR、顾问、公司领导如何制订方案、测算的内在的逻辑。

　　一般谈到薪酬体系是个曲线，是由各职等（薪等）的薪点中间值连起来形成的，或是 3 条曲线：下限、中间值、上限。

　　销售薪酬方案是在 X 轴与 Y 轴的图上实现的。X 轴代表工作量，如销售额、工程量。Y 轴代表薪资包，如年薪、奖金。

　　先说通用的。先画一条水平线，代表底薪；接着画斜线，代表提成比例，比如 3%。如果销售额到了目标的 150%，要问斜率要加大吗，或者不变，或者降低？一般是加大，比如 5%，折线就高了。再到了销售额的 200%，或更多，考虑封顶，就是一条水平线，与图 9.1 类似。

　　这个图是最基本的，可以变通：不要底薪、不要封顶、斜率一样、比斜率下降，见图 9.4。

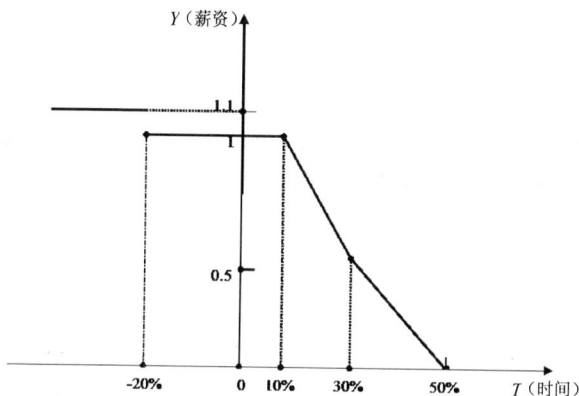

图 9.4　提成设计的变通图

　　这个基本图、变通图的道理逻辑是什么呢？就是三个变量：工作量、人数、薪资包的关系。另外三个变量：人均工作量、人均薪资、薪资占业务量的比例。

　　老总、副总首先要考虑这个问题。如：销售额 1 000 万元，人均销售额 100 万元，需要 10 个人。这种情况下，本行业薪资多少，比如 8 万元。则 8×10=80 万元，薪资占比=80/1 000×100%=8%。

　　假定这个薪资合理，那么 8 万元年薪怎么支付？从老板立场，最好不要给底薪，多劳多得，纯提成，无底薪+8%提成。

　　员工会觉得风险太大，最好是高底薪+低提成，甚至高底薪+奖金。

　　所以一般要综合老板和员工的立场进行折衷。可以考虑：固定占 60%，浮动占 40%。这时候，可能就变成：固定月工资 = 8×0.6/12=4 000（元/月），浮动收入=8×0.4=3.2（万元），3.2×10 =32（万元），提成比例=32/1 000=3.2%。

　　一般来说，工作量就是销售额。可是，销售额=价格×产值，有时价格高，产值没上去。可能在某阶段，老板需要量来分摊费用。这时公司会说，提成的依据是产值，销售量、工程量之类与价格无关。我曾负责过一个项目，就是 1 平方米的工程量提成 10 元。

还有，光看产值够了吗？某阶段，老板又想要高毛利，这时量+毛利都要考虑，怎么办呢？

西克海利的书告诉我们：矩阵。画个表，纵向：产值，横向：毛利。比如纵横各3格，共3×3=9（格）。

第2格+第2格，是产值的目标值、毛利的目标值达到的情况，取系数1.0。最差的情况，产值最低值、毛利低值，取系数=0。其他类推。

系数可以与总年薪挂钩，基本月薪叫预发，实际情况可能要补扣。

系数还可以与绩效奖金浮动挂钩。这时，销售业绩再差与基本月薪无关。

此外，例如销售人员的8万元年薪要分级别。资深销售经理、高级销售经理、销售经理、销售工程师，分别为20万元、15万元、8万元、5万元。

固定收入与浮动收入的比例也要分，收入高的浮动比例大，反之则反。

HR在Excel测算后，与大区经理、办事处主任讨论、协商，确定方案文件并发布。获得××公司××年度的销售考核提成方案。

问题：业务部门的助理，按公司考核人员分类，为单独一类，KPI中一项为季度单据处理量，实际考核中发现，助理类人员如在业务繁忙的部门，单据处理相对较多，相应得分项较高，结果出现助理类人员获得较高绩效奖金的人员总是那几个人，其余部门的人员总感觉不公平，认为是部门业务量不多导致。如采用不同KPI标准，实际操作又出现其他问题。

分析：

这个问题我有感触，因为我做过。我在《人力资源总监绩效管理笔记》第9章外贸部门的考核，做法类似。

当时外贸业务有一部、二部、三部，承包考核。公司给外贸×部的经理配备几个各自的助理，包括跟单员、工艺员。

×部全年销售业绩好，部门经理年底给奖金红包多，固定工资差不多，科室没有不透风的墙，其他部门的工艺员、单证员也知道了，抱怨：不公平啊，不是我不想干活，是我们部门经理没有足够的订单，没给我足够的活啊，这年没法过啦。

老板就问：张经理，你说怎么办？

我当时脑子一转，冒了个思路：领导，这忙闲不均，是个人均工作量问题，人均薪资问题，是承包制引起的。

我们调整了各部门的组织架构，销售还是一部、二部、三部，工艺员、跟单员从各部剥离，只设工艺组、单证组。销售各部的单子，统一由组长分配给某个工艺员、单证员，要相对合理。

我们只要看所有的工作量、所有的助理人员、薪资包，得到人均工作量、人均薪资、薪资占业务产值的比例。内部的分配工作量，让组长去分配，销售部经理审核。

老板点头采纳了这个建议。

这样一来，工作方式就变化了，流程、架构也变了，所有的都要变。

第一步，根据一部、二部、三部的年销售额，测算大致的订单工作量大小。因为单子有大小：同样是 1 000 万元的销售额，可能是 1 000 万元的大单，也可能是 10 个 100 万元的小单，工艺组、单证组的工作量不同。

第二步，确定工艺组长、熟练工艺员、新手工艺员的奖金基准：6 万元、5 万元、3 万元。

第三步，对单证组长、熟练单证员、新手单证员，也类似确定奖金基准。

第四步，控制奖金包占产值的比例与往年一样。

第五步，组长做 Excel 台账、记录。

第六步，HR 辅助做考核表。计算公式为：考核分=KPI ×70%+态度×30%。KPI 包括：订单数、差错次数、完成及时率、差错造成的经济损失。态度包括：每半年，让所有业务员对每个单证员、工艺员评满意度，统计客户投诉。

第七步，考核分与单证员、工艺员的奖金挂钩。

挂钩方式：与团队挂钩，与个人直接挂钩。计算公式：奖金=考核分/100×奖金基准。或考核分转化为考核等级、奖罚系数，奖金=奖励系数×奖金基准。

注意点：注意方案要及时调整。

情况 1：过了两年，情况变了，比如 CPI 涨了，项目奖金包也要调整。

情况 2：时间长了，这方法又失效了，要重新修订，关注新的问题点。这种现象，我提炼为：管理失效。这是不可避免的。要想管理有效，就要调整。

9.3 计件制方案设计

计件工资在生产工厂最常见。但也有电信运营商的维护岗位，物流行业的快递员等实行计件制。

计件工资的方案设计，一般很少请咨询公司做，多数是公司自己做，而且人力资源部一般不直接管，由分管工厂的生产副总与行政人事部作为主管。

9.3.1 计件工资的方案

有很多工资科目，从基本工资开始，有计件工资、加班工资、各种补贴、社会保险等，还有各种福利、请假、扣罚等。

几个常见的科目和薪酬术语：最低工资（日工资、小时工资）、加班工资（平时超时、周末加班、法定节假日加班工资的计算基数、倍数，如 1.5 倍、2 倍、3 倍）、夜班补贴、环境补贴、餐贴、水电费。标准金额比较小，如 5 元/次、3 元/餐、50 元/月。

有些公司对工资科目不考虑工龄工资、公积金。

有些是羊毛从羊身上出的，如年终奖是把平时的计件工资挪到年底来发。

有些是招工必须写的：包吃包住、招工带人给介绍费。

处罚类的：迟到、上班抽烟、不带口罩、违反 5S 检查等扣 5 元/次。

社会保险类：有些是 5 险，有些是 3 险（养老、医疗、工伤）；缴纳人群也不一定是全员，缴纳基数和比例能低就低。

而一线员工也很奇怪，早些年，你给他缴纳，他不要。一般都是离职马上去取出来。因为他工资太低了，要生活开支，给老家寄钱，不够花。我们必须要理解。个人所得税基本很少扣，基数太低了：月应发工资-代扣代缴的社会保险公积金后，一般达不到个人所得税扣除数 3 500 元。

计算出差错，哪怕出入 50 元，计件工人也要找 HR 问清楚。工资基数低，50 元的变动比例也很敏感。

而计件的单价，不同行业有特定的说法：元/kVAh（电池厂的、千伏安时）、元/线头（自动控制柜的接线）、元/套（阀门装配）、元/户、元/线路（电信的维护、安装）、元/条（家纺厂的被子）、元/包（羽绒厂的羽毛加工）。

9.3.2　计件工资的计算公式：单价、产量

计件工资=单价×合格产量。这是核心。

广义的计件工资，在公司测算时包含了所有的收入，这时的单价也是广义的总单价。发布文件或实施，单价被切块，比如80%作为单价，对应计件工资；20%用于其他小科目，如补贴等。

单价常常成为矛盾源头。这时，就需要做工时、定额，需要深入到不同的工序。所以计件工资的方案，不能只针对职位，还要针对工序。

要考虑某工厂有多少车间、班组、工序每个工序配置的人员数，每个工人一天能干多少活，最后确定给他多少工资。如给他 3 000 元/月。工作时间怎么定，也有关系。

每月休息 2 天，还是每周工作 6 天，还是大小周，还是 5 天工作制？

是每天工作 8 小时，还是延时，如果到 12 个小时？是否可以轮班？

这些考虑，制定出来的计件工资方案，对于工人的劳动强度，机器 24 小时不能停，日工资、月工资、年收入等就有关系。

劳动密集型的企业经营，靠人多。老板从每个工人身上多拿 1 000 元，假如有 5 000人，就是 500 万元。多发一些科目，或标准提高，因为人基数大，可能至少几十万元，甚至上百万元，所以老板很抠门。

单价与产量的关系，还可能涉及超额。超额的单价可以提高，如：单价×1.1 倍。这时，计件工资=单价×定额产量+单价×1.1×超额产量。可以有多种变通的做法。

9.3.3　计件工资的考核

对工厂管理来说，防火防盗、现场环境、质量，都是必须的。所以计件工资=单价×产量，还要加减，一般是扣。实际上，计件工资=单价×产量-扣罚。

成本也要考虑损耗定额。

质量也要考虑，可以处罚，也可以用质量系数。这时，计算工资=单价×产量×质量系数。

老板最爱采取计件工资，但计件工资最简单也最容易偷懒，带来很多低效率的问题——老工人不愿意提高效率，怕单价降低，这就是泰勒在科学管理提出的"磨洋工"现象。

日资企业不太实行计件工资，法资企业也很少。台资、港资、韩资、大陆的实行计件工资多。

9.4　项目制方案设计

以前我工作的制造业公司也有研发中心。起先，只接触"ABCD"这种适合管理人员的考核办法，不掌握研发的考核。后来要真的管了，发现不少问题，就开始琢磨，发现项目奖的方案设计有几个要点。

9.4.1　项目立项

在年度计划与预算中会有技术项目，一般是技术部门自己提，有时项目很多，曾见到过 100 个项目数。结果到年底，实施情况不理想：及时完成的项目占 50%，没完成的项目占 30%，取消的项目占 20%。

《人力资源总监绩效管理笔记》第 12 章，就是这个案例。技术部门提出了许多项目，但通过拜访公司领导、销售部门，2 天下来，来自公司高层、销售部门提出的项目需求只有 13 个；还有 3 个项目是技术部门自己想都没想到的。

这是确定当年的研发项目是否符合公司需要和市场导向的。

9.4.2　项目阶段的划分

项目阶段一般有小试、批试、量产。奖金包按比例划分：小试阶段占 50%、批试阶段占 30%、量产阶段占 20%。

9.4.3 项目分类

项目有大小，工作量、难度、经济效益不同。例如把项目分 ABC 三类，A 类项目奖金 10 万元，B 类项目奖金 6 万元，C 类项目奖金 2 万元。但怎么确定呢？一般是通用+变通的结合。

通用是指设定 5 个评定指标：经济效益大小、技术难度等，按 100 分权重分配。

变通指项目分类：长期的研究、应用导向的开发、工艺技术开发、质量开发，调整这 4 项的权重。

评定指标和权重确定后就有了评定表，下面可以进入打分环节。

评委团由总经理、副总、各大部门经理及 HR 组成，需分配权重。

对前面提出的经济效益等指标，建议不要采用简单 5 分制，而是界定清楚：预计销售额 1 000 万元，评 10 分；800 万～100 万元，评 8 分……让大家在客观数据的基础上，上下略有浮动打分。

9.4.4 启动会

为了推行这个项目分类，需要开个会进行培训、说明，求同存异。

9.4.5 实际进展

项目的考核涉及进度、质量、成本等各阶段考核。我那时先考了进度，1 年后质量+进度。

进度的绩效指标可选取项目延误率、延误天数。

延误率=按规定时限完成的项目数/所有项目数×100%

延误天数=∑（实际工期-标准工期）/项目数

标准工期事先要求研发部门确定，并做好 Excel 表的链接，便于统计取数。

9.4.6 与奖励挂钩

将技术人员的年终奖励（实际相对固定）分出一部分，与公司额外给的合并，等于让他参加"对赌"。基本思路是赌 1 陪 5。就是自己拿出了 1，拿到可以是 5，多了 4。这个是偷偷摸底过的，了解 tameness 的心理预期。

9.4.7 实施效果

13 个项目，在项目实施后，完成 11 个，完成率提高了 85%。大家收入高了，但公司不是无故支付，是他们额外创造了价值，大蛋糕中分出来的。公司得了大头：成本节约了、销售量增加了、研发速度快了。市场部门满意：投诉少了、售后成本少了。

我想：不告诉公司可以得到多少，只说技术要加工资，老板是不会同意的。

科学管理的泰罗就是靠把大蛋糕做大，资本家分大头，工人得小头，来缓解资本主义的矛盾。

附：笔者研发项目奖设计时的几个框架图，如图 9.5～图 9.9 和表 9.3 所示。

1. 三个模块，三个关系

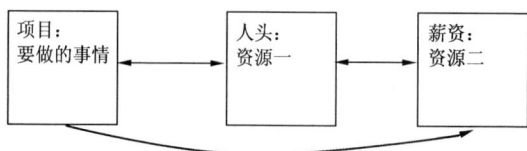

图 9.5 工作量-人头-薪资的关系

2. 从 V1.0 到 V2.0

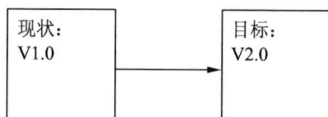

图 9.6 现状到目标

3. 三管齐下

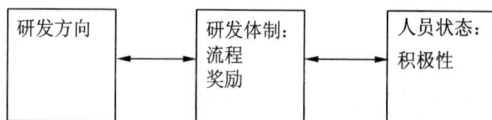

图 9.7 方向-体制-积极性的关系

4. 整体规划，分步实施

图 9.8 分步

5．切块激励

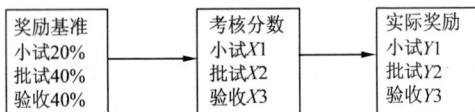

图 9.9　切块

表 9.3　奖励测算表

项目进度延误比率	模拟数据	分　数	奖金基准（元）	实际奖金（元）
提前 20%以上	22%	1.1	10 000	11 000
提前 20%	20%	1	10 000	10 000
提前 20%以内，延误 10%以内	7%	1	10 000	10 000
延误 10%	10%	1	10 000	10 000
延误 10%～30%	13%	0.925	10 000	9 250
延误 30%	30%	0.5	10 000	5 009
延误 30%～50%	31%	0.475	10 000	4750
延误 50%	50%	0	10 000	0
延误 50%以上	64%	0	10 000	0
计算公式				说明
X1=1-（实际数-下限）/（上限-下限）* (1-0.5)				每超过 1%，扣 2.5%
X2=0.5-（实际数-下限）/（上限-下限）*0.5-0				每超过 1%，扣 2.5%

9.5　年终奖制方案设计*

9.5.1　对员工适用性的考虑

年终奖方案必须具有可操作。HR 应明确其制定的是全员适用的统一方案，还是针对不同人群设计出的子方案。例如：某公司规定该年度的年终奖可以发放给正式员工与当月离职的员工，但是不发放给工作未满六个月的员工、实习员工和派遣员工。

---

* 本节选自《人力资源》杂志 2014 年 1 期"发放年终奖的门道儿"。

9.5.2　对发放时间的考虑

年终奖一般在春节前发放。如果个别年份的春节赶在 1 月（如 2014 年），企业来不及为 HR 提供相关数据时，也可以考虑在春节前预发 80% 的奖金，假期结束后再次结算，并进行多退少补。如果企业需要考虑资金周转和对人员流动的控制，也可选择在其他时段灵活发放年终奖。

9.5.3　对方案可行性的考虑

年终奖方案的可行性，主要从如下几点考虑。

（1）公司的支付能力

一般需要分别考虑和比较当年和去年的年终奖总额、总人工成本（平时工资总额+年终奖）、人工成本占产值或销售额的占比等数值，以估算公司当年支付年终奖的能力。

（2）人均年终奖的额度

当年公司的人均年终奖额度一般不会比去年的人均奖金额度低。如果今年公司的效益比较差，导致人均年终奖额度下降，HR 则要考虑将下降幅度控制在员工可接受的范围内。

（3）部门之间的奖金额度比较

在年终奖方案的制定中，HR 需要考虑各部门和各职级的年终奖额度在总额中的占比是否合理，同时也要考虑部门之间的人均年终奖水平差距是否合理，并考虑向某些重要岗位做出适当倾斜。

年终奖发放形式五花八门，总结下来大致有如下选择。

（1）按月工资的倍数发放

按月工资倍数计算年终奖时涉及基数和系数。

计算公式为：年终奖标准=发放基数×系数

年终奖的发放基数可以是月工资或月基本工资，一般将 1~3 个月的基本工资作为基数，发放系数需要视当年的公司效益和市场行情而定。此处的基数和系数都需要 HR 事先确定年终奖总额、人均年终奖数额等几个关键数据的合理性。年终奖总额的测算需要与往年公司规定的数额进行比较，一般以总额的持平或增加作为当年的测算原则。总之，HR 对数据的精确分析，对公司的效益、行情以及支付能力等信息的掌握，是其合理制定年终奖方案的基础。

（2）补发约定的年薪差额

民企在引进人才时，如果出现与应聘者约定的年收入高于内部其他员工年收入的情况，HR 应采取年薪差额的措施。如：某企业与刚入职的部门经理约定年收入为 12

万元，平时的月工资应和公司原有的部门经理一样，按税前 6000 元/月发放，剩余 4.8 万元的年薪差额作为年终奖在年底发放。

（3）销售人员的奖金提成结算

一般来说，销售人员的年终奖需要以其在年初签订的各种考核方案为依据，由 HR 在年底时进行集中结算。

计算公式为：提成=基数×提成比例

奖金提成的计算涉及基数和提成比例。基数一般为合同额和销售额（开票额、发货额）；如以毛利作为基数，则需要在销售额中剔除基准价；如将净利作为基数，则需要在销售额中剔除基准价和其他费用及人工成本。此种方法的计算过程比较复杂，需要 HR 与销售、商务、财务等各个部门进行及时沟通，并向上级领导汇报和核定疑难数据的剔除、拆分、合并方法。

（4）发放红包

有的公司并未制定比较规范的年终奖发放标准，年终奖是老板直接或授权部门主管发放的红包，奖金数额一般视员工的岗位职级而定。企业发放的红包一般从企业的税后利润中提取，是经过公司财务处理的税后奖金。

例如：浙江某民营公司在招聘部门经理时与应聘者约定，其年终奖主要由 2 个月的月工资、2 万元的总经理奖励和 2 万元的董事会奖励组成。月工资在春节前发放；如果公司效益较差，该年的总经理奖励和董事会奖励则分次发放；公司效益好转时会合并在一起，在春节前与月工资、年终奖一同发放。

（5）股权的分红

上市公司、未上市的股份制公司的年终奖还包括股权分红。分红与红包的最大区别就是分红事先有分配规则，可进行明确计算。

股权分红的计算公式为：

分红总额=每股分红金额×总股数

个人分红=每股分红金额×对应股数×（1-税率）

例如：某上市公司董事会讨论决定，当年分红的规则定为税前 0.1 元/股。公司总股份 5 000 万股，分红总额=0.1×5 000=500（万元）。某部门经理所持原始股为 20 万股，应扣税 10%，其税后到账的分红=0.1×20×（100%-10%）=1.8（万元）。

（6）不发年终奖

一些公司并未设置年终奖，每月发给员工的工资即为年收入；有的公司因为效益不好，经研究后决定今年不发年终奖。在一些极端情况下，如员工或子公司发生严重安全事故、质量事故、违规事件等时，也可能会被取消当年的年终奖发放资格。这对 HR 来说是最省心的情况，但容易令员工产生不满情绪，需要公司领导层慎重考虑是否选择此种方法。

除此之外，还有针对计件工人、技术工程师等个性化的年终奖发放方式，本书不再赘述。

年终奖与考核的相关关系一般由公司来定。最简单的一种根据考核计算年终奖的方法是对员工出勤进行折算。计算公式为：年终奖=年终奖标准×实际月数/12，年终奖=年终奖标准-缺勤天数×年终奖对应的日标准。

针对相对复杂的考核体系，HR 应根据企业本年初时制定的考核方案，通过对月度、季度数据的积累和采集，测算出考核年终奖的额度。主要有以下几种测算类型。

（1）以个人业绩为基础

考核年终奖=年终奖基数×奖励系数 P

例如：某公司年度的考核，将各部门业绩考核结果分为三个等级：A 为优秀，B 为较好，C 为一般。员工业绩考核结果分为五个等级：A 为优秀，B 为良好，C 为合格，D 为需改进，E 为需淘汰，如表 9.4 所示，表内相应的数据即为奖励系数。员工的业绩越好，获得的奖金就越多。

表 9.4　某公司部门考核与个人考核奖励系数矩阵

部门考核等级

奖励系数 P	A	B	C
A	1.5	1.2	1.1
B	1.2	1.1	1
C	1.1	1.0	0.9
D	1	0.8	0.5
E	0.8	0.5	0

个人考核等级

（2）以个人和公司的业绩为基础

考核年终奖=年终奖基数×奖励系数 P ×公司业绩奖励系数 Q

员工的年终奖额度，除了受个人和部门业绩因素影响之外，还会受公司业绩影响。在这种考核方式下，奖励系数 P 的操作同上，公司设计的业绩奖励系数 Q 参见表 9.5。通过 $P×Q$ 的计算，公司业绩越好，分发给员工的奖金就越多。

表 9.5　某公司业绩考核等级与奖励系数 Q 对照表

公司业绩考核等级	A	B	C
公司业绩奖励系数 Q	1.1	1.0	0.9

在使用上述两种年终奖计算的过程中，HR 应事先控制好奖励系数和测算比例，使奖金总额的加权系数在 1.00 左右（0.98～1.02 为最佳）。

例如：某公司规定，员工考核等级的奖励系数和测算比例如表 9.3 所示。计算每列的加权系数 M=比例 L ×奖励系数 P，得到合计的加权系数为 1.02，见表 9.6。

表9.6　某公司奖金加权系数测算表

项　目	A	B	C	D	E	合　计
比例 L	10%	20%	55%	10%	5%	100%
奖励系数 P	1.5	1.2	1	0.8	0	450%
加权系数 M	15%	24%	55%	8%	0%	102%

这意味着该方案设计的奖励系数的高低和对应的比例是事先设定基数总额的102%，在比较合理的范围内。如果加权系数超过基数总额正负范围的5%，则要考虑重新调整比例和系数，以避免考核年终奖总额超出预算。

（3）引入奖金竞赛机制，通过相互比较确定奖励系数

如果企业希望奖金的发放带有一定的竞争性质，则可以引入奖金竞赛机制，对分公司之间、部门之间或部门员工之间的考核分数进行比较，并使用相对系数确定奖励系数，以分配年终奖总额。

计算公式为：考核的年终奖=年终奖总额×奖励系数 P

在这个公式里，奖励系数 P 有两种计算方法：

1）P=考核分/Σ考核分。这种计算方法存在一定的弊端，即员工的年终奖基数有高低，如果简单用除法计算，可能会造成奖金的分配不公。

2）P=（考核分×系数）/Σ（考核分×系数）。可以是部门的考核分和系数，或员工的考核分和系数，系数指不同部门的年终奖基数包或员工的年终奖基数。

这种算法能够确保奖金总额不超出预算。同时，虽然计算方法比较复杂，但由于对员工之间不同的年终奖基数经过加权处理，能够显示出较好的公平性。

最后，提醒 HR 在对年终奖的工资表造册时，最好将年终奖科目修改为"年终奖（含加班工资，年休假补偿等）"，并让员工在年终奖工资条上签字，表明其与公司的本年度工资（含年终奖等）已全部结清。这种做法可以有效避免在与员工发生工资问题纠纷时，公司由于缺乏相关证据而陷于被动的情况出现。

同时，为了确保 HR 在春节前的1～2个月做完所有年终奖方案的设计、讨论、审批、考核数据的提供、审核、造工资册、银行打卡等工作，建议 HR 自行列出项目进度表和清单，并进行定期自检和复查，以便控制奖金方案实行的进度，防止出现差错。

9.6　项目补贴设计

在薪资组成中，津贴补贴是一个科目，因此津贴补贴的设计也是分类薪酬方案的一种。

津贴、补贴类似，但也有区别。从某种程度说，补贴是因为某种艰苦的不利因素，用钱去弥补；津贴是因为职位高、特殊人才，额外用钱去给予奖励。实际操作中，津贴、补贴常交替、混合使用。

常见的津贴补贴，可能包括：交通费、通信费、午餐（误餐）补贴、高温费、司龄津贴、驻外补贴（国内、海外）、出差补贴、地区补贴、技能津贴等。

做津贴补贴方案设计，大致从以下几点入手：

（1）适用范围：适用哪些人群。

（2）划分档次：统一的标准，或根据职务层级分几档，或根据职等分多档。

（3）确定标准：根据本地区，本行业，本企业的情况，制定分类标准，或根据试行后的情况，测算调整修订。

（4）支付方式：有些津贴补贴是工资性收入的一部分，进工资表；有些是费用的一部分，走财务的报销流程。

（5）测算：根据不同档次的标准，适用的人数，测算出总额，对总盘子，与上年数据进行对比，供领导判断。

（6）发文：征求意见后，下发文件。第一次制定的，最好叫试行办法，或暂行办法。以后修改后的，可以叫修订办法。

9.7 股权期权

股权期权是用未来的现金流做当下的交换，不用企业现在就拿出真金白银。对于缺资金的拟上市公司，是个不错的办法。

股权在不同类型的公司性质不同。不打算上市的企业，股权实际是用于分红的干股；拟上市公司，股权实际是原始股，比如 1 元/股，以后上市 20 元/股；上市公司，股权实际是差价，比如 10 元/股，上市后的某时间点，股价 15 元/股，差价 =5 元/股。

期权跟股权不同：上市以后，已经到了 20 元/股，若涨到了 25 元/股，你才有这个超额的收益。要是企业上市后经营业绩滑坡，基本就是个"饼"，空的。

股权的设计要考虑盘子的大小。股权内部的比例，有一些因素去做分配。股权的获得和退出有条件，一般和服务几年有关，也与公司业绩有关。

股权期权很流行，但也是双刃剑。拿到的、套现的，一夜暴富；没有的，心里不平衡、抱怨，磨洋工或走人。

9.8 工资总额与业绩挂钩设计

集团公司对子公司、分公司，有些企业会采取工资总额控制的方式，也有的股份公司对部门采取工资总额控制。

工资总额只是一个统称，实际可能是人工成本总额、薪资总额，或者更小范围的奖金总额，比如计件工资总额、销售奖金提成总额、绩效工资总额等。

国企一般会把领导班子从子公司、分公司的人工成本中单独剥离，单独对各子公司的领导班子成员进行工资总额控制。民企可能采取上述剥离，也可能含在一起。

做工资总额控制方案，可以从以下几点入手：

（1）工资总额基数：可以将上年的工资总额作为基数，或者是计划销售收入的一定比例，或百元产值之类的，或几个指标的组合。

（2）考核奖励系数：有些是将子公司的 KPI 考核综合分数/100，或将综合考核分转化为考核等级，再对应奖励系数。也有的是单一指标或 2~3 个组合指标的达成率，如以销售额、毛利率、净利润的达成率作为系数。工资总额总是与绩效指标联系浮动，所以也叫工效挂钩。

（3）奖罚额：在上述计算的基础上，有些还要考虑一些专项的奖励处罚。国企常见的有安全事故、经济案件等，实行扣分、扣钱，或一票否决，民企也对安全事故、客户索赔等有扣罚。

（4）预提：在以人工成本、薪资总额的控制中，有些是对平时的月度工资、季度奖金等预发，采取大致的比例为 80%，到年底结算。有些是对平时的工资总额预提一定比例，如 15%，作为年终奖总额。还要考虑今年实际工资总额特别多，是否全部发了，是否需要留一部分到来年，万一下一年实际工资总额不够，可以丰补歉。

（5）年终结算：有些是全年度的基数浮动，扣减平时愈发，作为年终发放。有些是年终部分提前约定了比例，对年终的基数进行考核浮动。还要考虑跨年度的预留或提前借款。

（6）二次分配：一般实行分级管理，总公司总额控制后子公司内部作分配方案，只需审批、报备，把权力留给子公司总经理。

9.9 企业年金

2014 年政府推出了企业年金个人所得税递延新政策，这对引导、鼓励企业、事业单位推行企业年金、职业年金有促进作用。有条件企业的 HR，可能要考虑设计企业年金方案。

企业年金的设计，从以下方面考虑。

（1）确定哪些人员符合参加条件

企业年金是企业自愿、员工自愿。企业推行企业年金，是在企业经营有条件的情况下希望有激励性。可考虑服务年限、绩效考核等。这部分企业的操作空间较大。

（2）确定资金的筹集

企业年金要遵从国家的法规，企业和员工共同缴费。这就要确定缴费基数、缴费比例。总的来说，企业年金的上限是上年企业的工资总额的 1/12=8.33%，相当于工资总额的一个月工资。

先确定个人比例，比如 5%，这部分记为 A1，A1 以后归个人。

再确定单位缴费部分，记为 A2，A2 是可以变化的，对于不同级别、服务年限、业绩好坏的员工，有不同的倍数。企业的操作空间也较大。A1+A2=A，是员工账户的缴费。

（3）确定员工个人账户

账户的资金，有缴费 A，还有投资收益 B。B=缴费×投资收益率，按复利计算。

（4）待遇支付

到员工退休时领取：一次性领取、分年领取，对扣多少个人所得税影响大。

HR 要熟悉 2014 年新推出的个人所得税递延政策。

（5）终止缴费的规定

（6）给员工做好解释、引导

因为是自愿的要解释清楚好在哪里，不好在哪里。

（7）工会、职工代表大会审核通过，确保合法。

（8）企业参加条件：社会保险、公积金等合法；经营业绩好。

总的来说，国企、规模较大的民企，效益好的均可以考虑；效益差、压力经营大的民企要慎重，最多选择部分中高层列入参加计划，分步走。拿到手的税后工资低的普通员工，基于现实阶段的经济压力，可不考虑加入。

关于"企业年金"的详解见本书第十七章。

9.10　职能部门的考核奖金

问题：如何避免各部门考评人员宽严尺度不一现象？通常对二级、三级部门的考评，一般由各自所属的一级部门负责，考核既有定量指标，也有定性指标，各部门负责人（考评人）出于某种目的或考虑，对被考核人的考核尺度宽严、松紧不一，即便定量指标，也会有一套说辞，导致部门间考评结果的不公平，如甲部门得"B"的人可能比乙部门得"A"的人综合表现还优秀。如何克服和避免这种现象？

分析：

我们公司的考核是整体考核体系时用 ABCD 排序。三种打"补丁"是事后修正，提高公司层面看到的各部门员工排队的合理性。

打补丁的方法一：

国企是很注意公平性的，使用权重来平衡。考核分=部门正职×0.5+分管副职×0.3+其他副职×0.2。

打补丁的方法二：

叫打分风格的矫正。A 部门经理，打分很严，5 个员工，他打分是：66、68、70、72、74；B 部门经理，打分很松，5 个员工，他打分是：76、78 、80、82、84。

他们也许不是故意的，但事实是：A 部门的员工平均分为 70 ，B 部门的员工平均分为 80。如果这些部门的员工打分不加处理，汇总到公司，可以想象：A 部门亏了，B 部门划算了。怎么办？

在 Excel 表把各部门经理（模拟 3 个）给下属员工的考核分取平均分，如：70、72、80，再算一个总的平均分 74。

这时，用 74 做分子，70、72、80 做分母，算出矫正系数 1.06、1.03、0.93。

矫正分数=矫正系数×员工分数，再总体排队，就相对合理了。

打补丁的方法三：

部门分数的限制。本来，公司总经理说 1～5 分，告诉所有部门经理是什么标准。部门经理没有自己的风格问题和私利的考虑，是会一样地去 1～5 打分的。但部门经理会有意无意地去维护本部门员工利益。

这时，建议将总经理、部门经理对本部门员工打分的平均分，作为总经理给该部门的考核分。如：总经理给 3 部门评分，分数 68、70、80。A 部门有 5 人，A 部门经理就算随便评分，他受到限制：本部门员工评分的平均分为 68。理由是：你水平业绩不够，你的价值尺度就短。

为了避免部门经理牺牲某个员工，给极端低分把别人抬上去，我们规定：最高分不超过平均分的 105%。经过如此处理，再汇总、排队，基本合理了。

打补丁的三种方法讲完了，回头再说公平性只是次要的，关键还是效率问题。

我们暂时忽略组织架构，直接看业务流程。

客服部门连接客户端。假设客户有移动、电信、联通、网通等，他们满意吗？他们需要我们的售后服务人员做啥，做到什么程度会满意。做不好是否会投诉？

让部门经理间的争论，引到外部客户上去：客户的期望值是什么？

期望值需要转化、提炼。这时，QQTCS 模型出来了。

第一个 Q 代表数量，第二个 Q 代表质量，T 代表时间，C 代表成本，S 代表满意度。这时，需要取舍。

取舍就是考虑：QQTCS 都要，还是只要 1 个或 2 个？理由是什么？让部门经理争论、讨论、确定。目前只要考时间、质量，并分配权重。

那么时间怎么考核，KPI 怎么定义呢？

可以是：抢修及时率或延误率，及时率=按规定时间完成的单子/所有当月的单子×100%。

这时还要有个工作标准。如本公司标准：2000 千米， 3 天到达；1000 千米，2 天达到；50 千米，1 天 24 小时达到。

假定实际值为 1 天 6 小时，你要看对应的那个标准工作时间。及时到达的记 1，延误记 0，做出 Excel 表，下面设计一个合计，比如得到及时数 8 次，总共 10 次，及时率=80%，其他类推。

再与他的奖金挂钩：奖金=直接分数/100 分×奖金包，或奖金=奖罚系数×奖金包。

这几个 KPI 满足了外部客户的期望值，本公司得到了好处，减少了损失，提高了速度和满意，当然可以考虑给员工一点好处。

这时我们就避开了内部管理的陷阱，不是绕不开直线经理、售后服务、办事处、总部客户中心的经理如何打分合理公平的问题，是直接关注了外部客户解决了这些问题。

这种关注效率的导向，比公平性要重要。

第十章

年薪制方案操作实例

本章介绍如何设计特定的分类薪酬方案。主要介绍年薪制方案的案例。案例2、3风险抵押金的做法，在20世纪八九十年代民企的承包制中比较常见。但2000年以后，风险抵押金少见，被创业板、中小板、拟上市公司的大股东与风投公司、基金公司，大股东与持股高管（职业经理人）的股权（原始股）"对赌"协议、期权与约定的未来几年的经营效益挂钩的"对赌"协议取代。相比之下，案例1的年薪制的风险相对较小，而案例2、3的风险较大。

案例1：某民营上市公司年薪制方案

××股份有限公司年薪制实施办法

第一章　总则

第一条　目的：为有效激励高级管理人员和营销人员的积极性，使薪酬与年度的工作绩效紧密挂钩，同时为具体的薪酬管理提供规则和依据，特拟定本办法。

第二条　适用范围：适用于公司高级管理人员、销售部和外贸部各级营销人员、子公司各级营销人员。

第二章　薪等和薪级的设置

第三条　薪等

一、年薪制设置10个薪等，1为最低薪等，10为最高薪等。详见附件1：《薪等职位对应表——年薪制》。

二、公司根据工作性质，将适用年薪制的人员分为两个职位类别：高级管理人员、营销人员。年薪制的每个职位都有对应的最低薪等。

三、职位初次套入薪等，由人力资源部综合评定报总经理审批后执行。公司根据需要，由人力资源部定期或不定期组织职位评估，并调整每个职位对应的薪等。

四、《薪等职位对应表——年薪制》由人力资源部负责进行动态维护，以确定和调整新增职位或职责有重大变化职位的薪等。

第四条　薪级

一、每个薪等设置18个薪级，1为最低薪级，18为最高薪级。上一薪等的薪级1相当于下一薪等的薪级9，重叠度为50%。详见附件2：《年薪矩阵表》。

二、薪等之间存在等差。最小的等差为4万元，最大的等差为16万元。薪等1~4等差为4万元；薪等5~8等差为8万元；薪等9与薪等10等差为16万元。

三、薪等内存在级差。最小的级差为0.5万元，最大的级差为2万元。薪等1~4级差为0.5万元；薪等5~8级差为1万元；薪等9与薪等10级差为2万元。

四、每个薪等和薪级对应一个标准年薪。最低年薪是2万元（对应薪等1薪级1），最高年薪是100万元（对应薪等10薪级18）。

第三章　薪等和薪级的应用

第五条　薪等和薪级的确定

一、薪等确定

1. 现有职位，直接在《薪等职位对应表——年薪制》中找到对应的薪等。

2. 由于公司业务发展，新增的职位（包括由于职位合并、拆分等原因造成的新增职位），需由人力资源部组织进行评估，在《薪等职位对应表——年薪制》中确定薪等，报总经理审批后执行。

3．起薪薪等

高级管理人员：薪等4为最低薪等，详细参见《薪等职位对应表——年薪制》。

营销人员：薪等1为最低薪等，详细参见《薪等职位对应表——年薪制》。

二、薪级确定

1．薪级的确定

（1）高级管理人员

新进人员：原则上起薪级为该职位对应薪等的薪级1。根据任职者的实际工作能力和市场上人力资源行情，可适当上浮，浮动范围最高不超过3个薪级。

（2）营销人员

新进人员：职位对应薪等1的，原则上起薪级为该职位对应薪等的薪级3；职位对应薪等2和薪等3的，原则上起薪级为该职位对应薪等的薪级1。根据任职者的实际工作能力和市场上人力资源行情，可适当上浮，浮动范围最高不超过4个薪级。

其中外贸业务助理起薪级为1等3级；外贸客户经理起薪级为1等7级；销售部客户经理的起薪级为1等3级。

2．薪级评定依据

高级管理人员薪等4及以上对应职位薪级的评定依据，由总经理综合评定；总经理对应职位的薪级评定依据，由董事长综合评定。

营销职位的薪等4及以上人员对应职位薪级的评定依据为：销售额、回款情况、销售毛利率、区域市场范围、市场容量及难易度系数等因素，由销售部、外贸部、子公司和人力资源部综合评定，报公司总经理审批确定。

营销职位薪等1～3对应职位薪级的评定依据为：销售额、客户重要性、市场难易度、工作业绩和能力等因素，由销售部、外贸部、子公司和人力资源部综合评定，报公司总经理审批确定。

第六条　薪等和薪级的调整

一、薪等调整

由人力资源部根据公司发展和职位工作内容的变化，同时考虑社会总体薪资水平，提出薪等上下调整的建议，报公司总经理审批。调整的幅度原则上控制在上下一个薪等内。

二、薪级调整

1．高级管理人员

（1）起薪级调整：经总经理综合评定后，由人力资源部对该职位的起薪级作出调整意见，并通报相关人员和部门。

（2）晋升和降薪调整：根据公司《绩效管理制度》及其他相关规定，由总经理评定,对其进行晋升或降薪的调整。

2．营销人员

（1）起薪级调整：由销售部/外贸部/子公司提出起薪级调整的申请，经人力资源部审核，报公司总经理审批后调整。

（2）晋升和降薪调整：根据公司《绩效管理制度》及其他相关规定，由销售部/外贸部/子公司提出员工薪级调整的申请，经人力资源部审核，报公司总经理审批后调整。

第四章　薪酬构成和比例

第七条　薪酬构成

薪酬由基本年薪、绩效奖励、风险奖励三部分构成，即为标准年薪。基本年薪是固定收入，与任职职位有关。绩效奖励和风险奖励是浮动收入，与绩效有关。

高级管理人员与经营目标责任书的考核有关；与股份公司绩效、营销中心、生产工厂绩效、分管部门绩效有关。

营销人员与其完成的业务绩效有关。详细参见营销人员绩效考核管理相关配套细则。

第八条　兼岗津贴

公司要求部分客户经理兼任客户服务职责。为此，特设置兼岗津贴，标准为 200元/月。

第九条　薪酬比例（高级管理人员、营销人员等）

一、高级管理人员

基本年薪占 50%，绩效奖励占 25%，风险奖励占 25%。

二、营销人员

营销人员年薪组成，见表 10.1。

表 10.1　营销人员年薪组成

薪　等	人员类别	基本年薪	绩效奖励	风险奖励
4 及以上	大区经理（行业市场总监）、大客户部经理、外贸部经理及副经理	40%	20%	40%
2～3	高级客户经理	60%		40%
1	客户经理、业务助理	70%		30%

第五章　薪酬计算与发放

第十条　薪酬计算（高级管理人员、销售部、客户经理、业务助理等）

（一）高级管理人员

1．基本年薪计算

月度基本工资=标准年薪×基本年薪比例/12。

2．绩效奖励计算

月度绩效奖励=标准年薪×绩效奖励比例/12×奖励系数，见表10.2。

表10.2　绩效奖励的系数

序　号	上季度绩效考核分数	奖励系数
1	90～100	1.2
2	80～89	1.1
3	70～79	1.0
4	60～69	0.9
5	0～59	0.5

3．风险奖励计算

风险奖励=标准年薪×风险奖励比例×奖励系数，见表10.3。

表10.3　风险奖励的系数

序　号	年度绩效考核分数	奖励系数
1	90～100	1.2
2	80～89	1.1
3	70～79	1.0
4	60～69	0.9
5	0～59	0.5

4．风险奖励支付

公司根据审计的年度会计决算报告及各项指标的实际完成情况，按年初目标设定时的约定计算风险奖励收入，于次年第一季度报公司董事会同意后兑现。对于季度绩效考核中扣除的绩效奖励，对年终考核完成全年目标的补发季度绩效奖励差额。

（二）营销人员

1．适用薪等4（大区经理、大客户部经理、外贸部经理及副经理、子公司销售部经理）

（1）基本年薪计算

月度基本工资=标准年薪×基本年薪比例/12×调节系数，见表10.4。

表10.4　营销人员销售量完成率与调节系数

序　号	销售量完成率	调节系数
1	80%以上	1.0
2	小于80%，第1次	0.8
3	小于80%，连续第2次	0.6

（2）绩效奖励计算

月度绩效奖励=标准年薪×绩效奖励比例/12×上季度绩效考核分数/70

注 意

该公司对考核分数以70分作为满意分，所以分母取70，下同。

（3）风险奖励计算

风险奖励=标准年薪×年度绩效考核分数/70-全年已发放的年薪

2．适用薪等1～3（销售部/子公司各级客户经理）

（1）基本年薪计算：

月度基本工资=标准年薪×基本年薪比例/12

（2）风险奖励计算：

风险奖励=标准年薪×年度绩效考核分数/70-全年已发放的年薪

3．适用薪等1～3（外贸部各级客户经理）

（1）基本年薪计算：

月度基本工资＝标准年薪×基本年薪比例/12×上季度绩效考核分数/70

（2）风险奖励计算：

风险奖励=标准年薪×年度绩效考核分数/70-全年已发放的年薪

4．适用薪等1（外贸部业务助理）：

（1）基本年薪计算：

月度基本工资＝标准年薪×基本年薪比例/12

（2）风险奖励计算：

风险奖励=标准年薪×风险奖励比例×年度绩效考核分数/70

第十一条　试用期工资计算（新进试用、转岗试用）

（一）新进试用

1．高级管理人员

试用期内基本年薪100%发放，无绩效奖励及风险奖励。

2．社会招聘的营销人员

薪等1～3的，试用期间基本年薪按85%的标准核算，无风险奖励；薪等4及以上的，基本年薪按100%的标准核算，无绩效奖励及风险奖励。

（二）转岗试用

员工晋升岗位等级到薪等4以上（含4等），在晋升考核期内，基本年薪按100%的标准核算，绩效奖励按90%的标准核算。

薪等1～3内各薪等间转岗考核期内，基本年薪及绩效奖励均按100%的标准核算。

第十二条　薪资发放

基本年薪和绩效奖励按月度发放,风险奖励按年度发放。发放时间根据《薪资制度》规定执行。

第六章　附则

第十三条　本办法依据《薪酬制度》制定,其他未尽事宜按《薪酬制度》执行。

第十四条　本办法由人力资源部负责解释,并可根据需要,制定补充规定或实施细则,经批准后实施。

第十五条　本办法从 20XX 年 1 月 1 日起实施。

附件 1:《薪等职位对应表——年薪制》

附件 1　薪等职位对应表——年薪制

代 码	薪 等	职位归并	
		高层管理人员	营销人员
10	10		
09	9		
08	8		
07	7	总经理	
06	6		
05	5	常务副总、总工程师	
04	4	销售部总监、外贸部总监、总经理助理、副总工程师、工厂总经理、财务总监、技术中心主任	外贸部经理、大客户部经理、大区经理、外贸部副经理、子公司销售部经理
03	3		
02	2		高级客户经理
01	1		客户经理、业务助理

附件 2:《年薪矩阵表》

附件 2　年薪矩阵表

薪 等	等 差	级 差	薪 级								
			1	2	3	4	5	6	7	8	9
10	16.0	2.0	66.0	68.0	70.0	72.0	74.0	76.0	78.0	80.0	82.0
9	16.0	2.0	50.0	52.0	54.0	56.0	58.0	60.0	62.0	64.0	66.0
8	8.0	1.0	42.0	43.0	44.0	45.0	46.0	47.0	48.0	49.0	50.0
7	8.0	1.0	34.0	35.0	36.0	37.0	38.0	39.0	40.0	41.0	42.0

薪 等	等 差	级 差	薪 级								
			1	2	3	4	5	6	7	8	9
6	8.0	1.0	26.0	27.0	28.0	29.0	30.0	31.0	32.0	33.0	34.0
5	8.0	1.0	18.0	19.0	20.0	21.0	22.0	23.0	24.0	25.0	26.0
4	4.0	0.5	14.0	14.5	15.0	15.5	16.0	16.5	17.0	17.5	18.0
3	4.0	0.5	10.0	10.5	11.0	11.5	12.0	12.5	13.0	13.5	14.0
2	4.0	0.5	6.0	6.5	7.0	7.5	8.0	8.5	9.0	9.5	10.0
1	无	0.5	2.0	2.5	3.0	3.5	4.0	4.5	5.0	5.5	6.0

薪 等	等 差	级 差	薪 级								
			10	11	12	13	14	15	16	17	18
10	16.0	2.0	84.0	86.0	88.0	90.0	92.0	94.0	96.0	98.0	100.0
9	16.0	2.0	68.0	70.0	72.0	74.0	76.0	78.0	80.0	82.0	84.0
8	8.0	1.0	51.0	52.0	53.0	54.0	55.0	56.0	57.0	58.0	59.0
7	8.0	1.0	43.0	44.0	45.0	46.0	47.0	48.0	49.0	50.0	51.0
6	8.0	1.0	35.0	36.0	37.0	38.0	39.0	40.0	41.0	42.0	43.0
5	8.0	1.0	27.0	28.0	29.0	30.0	31.0	32.0	33.0	34.0	35.0
4	4.0	0.5	18.5	19.0	19.5	20.0	20.5	21.0	21.5	22.0	22.5
3	4.0	0.5	14.5	15.0	15.5	16.0	16.5	17.0	17.5	18.0	18.5
2	4.0	0.5	10.5	11.0	11.5	12.0	12.5	13.0	13.5	14.0	14.5
1	无	0.5	6.5	7.0	7.5	8.0	8.5	9.0	9.5	10.0	10.5

案例2：某民营集团子公司经营班子年薪制方案

一、年薪制的定义

以年度为单位，依据公司的经营规模和经营业绩，确定并支付基本年薪、效益年薪和奖励的一种分配方式。

二、实施年薪制的原则

年薪与公司的规模和经营业绩挂钩；年薪考核计发办法、支付方式与公司员工的收入分配方式相分离；效益年薪、奖励（包括股权）先考核后兑现。

三、年薪制的实施范围

各子公司的董事长、总经理；各子公司除董事长、总经理外的领导班子成员按主要年薪的70%计发。

四、年薪的构成及核定办法

1. 年薪由基本年薪、效益年薪和奖励三部分构成。

2. 基本年薪

指以当年度本公司员工年度平均工资为基数确定的年度基本收入。其标准为：基本年薪=3×本公司员工年度平均工资。

3. 销售公司的效益年薪

依据实际生产经营管理业绩，以利润率为主要考核指标，以基本年薪为基数确定的年度效益收入。即：

（1）当利润完成率≥1时，效益年薪=4×本公司员工的平均工资×利润完成率。

（2）当0≤利润完成率<1时，效益年薪为零。

（3）当利润完成率<0时，其效益年薪为零，同时予以赔补。赔补额为：每亏损一定金额，按主要基本年薪的一定比例予以赔补，按主要基本年薪的×%予以赔补，赔补额从风险抵押金和基本年薪中抵扣，直至扣完为止。

4. 其他子公司的效益年薪

除销售公司外的其他子公司，其效益年薪依据经营者实际生产经营管理业绩，以企业资产保值率为考核指标，以基本年薪为基数，按一定办法计核经营者年度效益收入。

（1）当企业资产保值增值时，其效益年薪按如下公式计算：

效益年薪=4×本企业职工平均工资×（保值增值率的实际完成数-1）÷（核定的保值增值率基数-1）。

（2）当企业资产减值时，其效益年薪为零，同时由经营者予以赔补。赔补额为：每减值1%，按经营者基本年薪的25%予以赔补（赔补额=企业资产减值率×100×基本年薪×25%），赔补款从经营者的风险抵押金和基本年薪中抵扣，直至扣完为止。

企业资产保值增值指标只考核企业经营性资产的保值增值情况。

在以利润率、企业资产保值增值率为考核指标对经营者进行考核的同时，还必须辅之以集团公司核定的各项计划指标作为辅助考核指标。辅助考核指标作为经营者效益年薪收入的制约指标，如经营者未完成辅助考核指标的，则按每项5%的比例相应扣减经营者的年薪收入。

基本年薪与效益年薪合计所得，最高不超过本公司员工平均工资的7倍。

如公司生产经营业绩较好、超额完成核定的各项计划指标，主要效益年薪与基本年薪合计超过7倍的，其超过部分由总经理给予奖励，最高不超过本公司员工平均工资的3倍。

5. 风险抵押金

需缴纳一定的风险抵押金，子公司总经理的标准为5万元，领导班子其他成员为3.5万元。风险抵押金以现金或有价证券、房产业缴纳、抵押（但现金部分不低于50%），在任期满或变动岗位时，经审计终结后返还。

6．年薪的考核与支付

集团公司根据审计的年度会计决算报告及各项指标的实际完成情况，连同按本办法计算年薪收入，于次年第一季度报公司董事会同意后兑现。

基本年薪由公司每月按基本年薪的80%分别以现金形式预付，年终结算。

效益年薪和奖励，经考核审批后按批准额的80%由公司一次性以现金形式支付，其余20%转为风险抵押金或股权，等期满审计终结后一并结算。

7．年薪的管理

实行年薪制的子公司不得在本公司领取年薪以外的其他任何工资性收入。

在取得基本年薪、效益年薪和奖励后，应依法缴纳个人所得税。

案例3：某民营集团销售公司班子成员年薪制方案

一、年薪制的定义

以年度为单位，依据公司的经营规模和经营业绩，确定并支付基本年薪、效益年薪和奖励的一种分配方式。

二、实施年薪制的原则

年薪与公司的规模和经营业绩挂钩；年薪考核计发办法、支付方式与公司的收入分配方式相分离；效益年薪、奖励（包括股权）先考核后兑现。

三、年薪的构成及核定办法

1．年薪由基本年薪、效益年薪和奖励三部分构成。

2．基本年薪

以当年度本公司员工年平均工资为基数确定的年度基本收入，即基本年薪=2×本公司员工的平均工资。

3．效益年薪

以实际经营管理业绩，以利润率为主要考核指标，以基本年薪为基数确定年度效益收入。即：

（1）当利润完成率≥1时，其效益年薪=4×本公司员工的平均工资×利润完成率。

（2）当0≤利润完成率<1时，其效益年薪为零。

（3）当利润完成率<0时，其效益年薪为零，同时由主要予以赔补。赔补额为：每亏损×万元，按主要岗位年薪的×%予以赔补，赔补额从风险抵押金和基本年薪中抵扣，直至扣完为止。

基本年薪与效益年薪合计所得最高不超过本公司员工平均工资的7倍。

如公司经营业绩较好，超额完成销售额、回款额、利润率等指标，其超过部分，由总经理给予奖励，最高不超过本公司员工平均工资的 3 倍。

4．风险抵押金

需缴纳一定的风险抵押金，标准为 5 万元，可以以现金或有价证券、房产业缴纳、抵押（但现金部分不低于 50%），在任期满或变动岗位时，经审计终结后返还。

5．年薪的考核与支付

集团公司根据审计的年度会计决算报告及各项指标的实际完成情况，连同按本办法计算的年薪收入，于次年第一季度报公司董事会同意后兑现。

基本年薪由公司每月按基本年薪的 80%分别以现金形式预付，年终结算。

效益年薪和奖励，经考核审批后按批准额的 80%由公司一次性以现金形式支付，其余 20%转为风险抵押金或股权，期满审计终结后一并结算。

6．年薪的管理

不得在本公司领取年薪以外的其他任何工资性收入。

在取得基本年薪、效益年薪和奖励后，应依法缴纳个人所得税，在发放年薪时代扣代缴。

×× 集团有限公司

×× 年 × 月 × 日

第十一章

销售奖金提成制方案操作实例

本章介绍了 4 个案例。案例 1，是针对独立核算的销售公司，采取用投资回报率作为考核依据核定子公司的工资总额的方式。案例 2，是奖金+提成的组合方式，绩效奖金与合同额挂钩，提成与净利润贡献额挂钩。案例 3，是跨年连续业务，以合同能源管理为例，对提成计算涉及的奖励系数 L，按合同约定的年均分成比例、分成年限、每年分成变动、电价、代理商是否参与分成等多个变量进行模拟分析和测算。案例 4，是销售奖金的方案，而不是提成。

案例1：投资回报率ROI——独立核算销售公司的奖金考核方案

某民营股份公司（拟上市公司）收购子公司甲，独立核算。子公司甲实质是销售公司，代理某世界500强企业S的产品业务。股份公司对子公司甲采取投资回报率ROI为主的考核，与奖金总额挂钩。

一、奖金包的计算公式

经营班子实际奖金包 Y=（返利奖金+子公司毛利-全部开支）×10%×R。其中：

（1）返利奖金：完成年度代理业务量，由S公司在财年结束后给予的返利。

（2）子公司毛利：扣除增值税（或营业税）后，缴纳企业所得税前的利润。

（3）全部开支：年度的各项成本、费用。

（4）10%：分成比例。

（5）R：投资回报率（ROI）L对应的奖励系数。

二、奖励系数 R 的计算公式

1. 当实际投资回报率 L≥目标投资回报率 L 时，R=1+（L实际值-L目标值）/L目标值。

2. 当实际投资回报率 L<目标投资回报率 L 时，R=1+［（L实际值-L目标值）/L目标值］×2。

即：奖1罚2。

三、投资回报率 L 的目标值

1. 目标投资回报率的确定

根据集团公司资金投入额 D 的规模设置不同的值，见表11.1。适用当年的目标投资回报率。

股份公司资金投入额 D=年初子公司所有者权益+子公司借款日均余额。

表 11.1　目标投资回报率

集团公司资金投入额 D（万元）	D<4 000	4 000≤D<4 500	4 500≤D<5 000	5 000≤D<6 000	D≥6 000
目标投资回报率 L（%）	7	7.5	8.5	10	11

2. 目标值的调整

次年起，根据国家宏观利率变化和公司对销售公司的业务战略可适当调节目标投资回报率，在每年的10月底前由公司直接确定，投资部下达；10月底前公司未下达新的数值，则此表续用1年。

3．投资资金封顶

单月集团公司资金投入额最高 7 000 万元封顶。对于逾期不能归还的资金，由财务部强制划拨回集团公司，并处以超 1 个月收取 2% 的罚息。

4．销售规模控制

销售额 A 指年度销售公司整体不含税销售额（剔除集团内部企业间交易形成的销售额），年销售额上限为 2 亿元。当销售额 ≥2 亿元时，原则上 Y=0。

四、奖金包提取方式

1．员工的奖金（销售奖金）

原则上控制在上年的 70%～130%，超过该范围需报总经理审批，允许销售公司每半年提取并发放 1 次，列入销售公司年费用中。

如通过费用发票冲抵方式发放，需提前报销售公司财务部、总部财务部、人力资源部备案。

2．销售公司中高层（持有公司股权的人员）

不得提前发放，在当年的 12 月，达到发放条件，允许实际奖金包 Y 预提，销售公司以费用列支发票冲抵。

奖金额度原则上控制在实际奖金包内。

3．销售公司可在本办法框架内合理制定内部考核奖励办法，报总部批准后执行。

五、违规处罚

（1）销售公司不得在当年 12 月 31 日前通过发票冲账、虚拟系统业务、现金销售不入账、明显不合理的低价销售等方式套取现金用于提前支付销售公司中高层奖金。如有违规，总部可作出处罚（包括取消当年度奖金包或扣罚适用人员的工资）。

（2）销售公司须在×年×月×日前制定销售公司奖金包的内部考核奖金分配方案，报总部批准后。每超 10 天，奖金包扣减 1 000 元，最多扣 1 万元。

（3）重大经济业务报备：销售公司需按《子公司重大经济业务审批及财务信息报送制度》规定，提前就重大经济业务报股份公司审批，每违规 1 次，奖金包扣减 1 万元。

（4）未经股份公司批准，不得对外借款，违规 1 次，奖金包扣减 2 万元，现有外部借款需于当年 5 月 31 日前清理完毕，每 100 万元借款逾期 5 日，奖金包扣减 1 万元。

（5）所有系统合同必须事先报股份公司财务部、投资部评审后方允许签订与执行，违规 1 次，奖金包扣减 2 万元。

（6）以股份公司财务部提供的数据为准。

案例2：工程技术公司销售奖金提成方案

一、岗位设置

设置六个职级，从高到低依次是大区经理、区域经理、高级销售经理、销售经理、销售工程师、销售助理（见习）。

二、目标年薪

1．各级销售人员的目标年薪，见表11.2。

表 11.2　销售人员年薪标准

职位名称	标准月薪（元）	目标年薪（元）	月薪范围（元）
大区经理	10 000	120 000	10 000～12 000
区域经理	9 000	108 000	9 000～10 000
高级销售经理	7 000	84 000	7 000～8 000
销售经理	5 000	60 000	5 000～5 500
销售工程师	4 000	48 000	4 000～4 500
销售助理	2 500	30 000	2 500～3 000

2．目标年薪一般根据目标业务量确定。为满足人才引进、实际管理中存在的各种情况，考虑设置月薪范围和合同额范围，由分管副总、人力资源部经理根据任职者的情况进行套薪微调。

三、目标业务量

1．各级销售人员的目标业务量，见表11.3。

表 11.3　销售人员的目标业务量

职位名称	合同额（万元）	个人/团队业绩	合同额范围（万元）
大区经理	450	团队	450～550
区域经理	350	团队	350～400
高级销售经理	250	个人	250～300
销售经理	150	个人	150～180
销售工程师	100	个人	100～130
销售助理	无要求	个人	

2．合同额：按不含税口径统计，即合同额/1.17。

3．大区经理、区域经理对应团队业绩：合同额按标准月薪的 450～550 倍核定。

4．高级销售经理、销售经理、销售工程师对应个人业绩：合同额按标准月薪的 250～450 倍核定。

5．销售助理（见习）不作合同额要求。

四、薪资结构

1．年收入由基本工资、绩效奖金、销售提成组成。

2．基本工资、绩效奖金构成目标年薪，与合同额挂钩，有封顶和保底。

3．销售提成与毛利挂钩，上不封顶。

4．基本工资与绩效奖金的比例，见表 11.4。

5．基本工资每月预发，绩效奖金半年考核结算，销售提成年终考核结算。

表 11.4 薪资比例

职位名称	标准月薪（元）	基本工资占比（%）	绩效工资占比（%）	基本工资（元/月）	绩效工资（元/月）
大区经理	10 000	0.75	0.25	7 500	2 500
区域经理	9 000	0.8	0.2	7 200	1 800
高级销售经理	7 000	0.85	0.15	5 950	1 050
销售经理	5 000	0.85	0.15	4 250	750
销售工程师	4 000	0.9	0.1	3 600	400
销售助理	2 500	0.9	0.1	2 250	250

五、目标年薪（与合同额挂钩）

目标年薪与合同额完成率挂钩：

1．当合同额完成率等于 30%时，实际绩效年薪=0。

2．当合同额完成率大于 30%时，实际绩效年薪=绩效年薪基准×（实际合同额/目标合同额-0.3），最高 2 倍。

3．当合同额完成率小于 30%时，实际绩效年薪=绩效年薪基准×（实际合同额/目标合同额-0.3），最低-0.3 倍，即扣减基本月薪的 30%。

4．第 7 个月时，对前 6 个月的合同额进行统计，合同额完成率低于年度目标合同额的 50%的，按上述规则调整绩效年薪。对第 7～12 个月的月薪按调整后的目标年薪折算后执行。

5．第 13 个月时，对前 12 个月的合同额进行统计，合同额完成率达到或超过年度目标合同额的，对前面扣发的薪资予以补发。

六、销售提成（按净利润提成）

考核提成方法按业务单元（大区）的净利润贡献额的 20%～40%分成比例奖励给各业务单元，个税自理。

第一步，确定提成的计算公式。

净利润提成 Y=净利润贡献额 W×提成比例 P。

第二步，确定提成比例 P。

P 随着净利润贡献完成率 X 的不同而变化，见表 11.5。

表 11.5 提成比例 P 的确定

情 况	净利润贡献完成率 X	提成比例 P
1	X=100%	30%
2	当 X 大于 100%时，P=30%+（X 实际值-100%）/5	X 每超 5%，P 增 1%，P 取 31%、32%等整数，最大为 40%
3	当 X 大于等于 50%，且小于 100%时	X 每低 5%，P 减 1%，P 取 29%、28%等整数，最小为 20%

第三步，确定净利润贡献完成率 X。

净利润贡献额=年度财务报表利润×75%+年度到款利润×0.25%。

第四步，确定年度财务报表利润。

年度财务报表利润=（毛利-营业税金及附加-业务单元实际三项费用-资金成本-坏账计提）×0.85。其中：

（1）毛利=（不含税销售额-不含税产品基准价-实施系统工程费用-特殊费用×1.2）。特殊费用指经分管副总批准同意的特殊返利，和特殊的支付第三方交易费用。产品合同，实施系统工程费用为零。

（2）营业税金及附加=毛利×0.17×12%（交增值税的业务）+营业收入×5%×（1+12%）（交营业税的业务）

（3）坏账计提=（期末不同账龄应收账款-期初不同账龄应收账款）×坏账计提比例。坏账计提比例，见表 11.6。

表 11.6 坏账计提比例

坏账时间	计提比例	坏账时间	计提比例
1 年内	5%	2～3 年	30%
1～2 年	10%	3 年以上	100%

第五步，确定年度到款利润。

年度到款利润=（年度实际到款部分对应产品的毛利-营业税金及附加-业务单元实际三项费用-资金成本）×0.85。

指标口径与年度财务报表利润的一致。

为便于核算到个人，由财务部在 OA 中按销售部—大区—销售人员三级分类设置。净利润贡献额为负值，从特殊奖励额中进行扣减。

七、职务晋级

1. 上半年合同额完成率大于全年目标的 50%，由直接上级谈话，给予鼓励，并总结经验，给予销售部内的通报表扬 1 次。

2. 全年合同额完成率大于全年目标的 100%，由部门总监/分管副总助理谈话，给予公司范围的通报表扬 1 次，一次性奖励 1 个月的标准月薪。

3．全年合同额完成率大于 150%，由分管副总谈话，给予公司范围的通报表扬，一次性给予 2 个月标准月薪的奖励。职等晋级 1 等。

4．全年合同额完成率大于 200%，由总经理谈话，给予公司范围的通报表扬 1 次，并一次性奖励 3 个月的标准月薪，次年目标年薪另增加 10%～20%。职等晋级 1 等。

5．通信费、交通费等标准按晋级后的职等标准享受。

八、降薪、调岗、淘汰

1．第 1 年，上半年合同额完成率低于全年目标的 50%，由直接上级谈话，提出改进措施。

2．第 1 年，全年合同额完成率低于全年目标的 50%，由部门总监/分管副总助理谈话，一般给予黄牌警告 1 次（但也可视作不胜任岗位要求，公司可作出降薪、调岗、甚至解除劳动合同的决定）。

3．第 2 年，上半年合同额完成率低于全年目标的 50%，由直接上级谈话，提出改进措施。

4．第 2 年，全年合同额完成率低于全年目标的 50%，由分管副总谈话，视作不胜任岗位要求，公司可以解除劳动合同。

5．降薪：薪资不低于当地最低工资。

九、专项奖励

对全年销售量完成率、回款额、平均毛利率排名前 3 位的，设立专项奖励，见表 11.7。

表 11.7　专项奖励标准

单位：元

专项销售考核竞赛指标	专项销售奖励		
	第 1 名	第 2 名	第 3 名
销售量完成率排名	16 000	6 000	3 000
回款额完成排名	8 000	4 000	2 000
平均毛利率排名	8 000	4 000	2 000

十、销售部超利奖励（团队考核）

为确保销售部的整体协同和整体经营成果，对销售部超利进行奖励（模拟利润分红）。

超利奖励总额=（实际利润-目标利润）×30%，年销售部利润目标为 100 万元。其中：80%用于对业务骨干的分红奖励；20%列入总经理奖励基金，由总经理支配，奖励有贡献的个别员工。

十一、绩效协议签订

1．每个销售人员必须书面签订绩效协议。分管副总与公司总经理签订；大区经理与分管副总签订；区域经理、其他销售人员与大区经理签订。

2．绩效协议一式 3 份：本人 1 份，销售部 1 份，人力资源部 1 份。

3．绩效协议作为劳动合同的附件。原劳动合同中约定的工资等条款，双方（员工与公司）协商一致的，以每年度签订的绩效协议和考核办法为准。

4．本办法除以文件形式下发到销售人员个人外，由销售部和人力资源部负责对全体销售人员进行政策讲解，各部门和区域也必须进行政策讲解，确保全体销售人员知晓每年度的考核政策，并列入培训计划。

十二、附则

1．本办法由销售部、人力资源部负责制定、修订和解释。

2．本办法自×年×月×日起施行。

3．本办法适用当年签订的合同。

××股份有限公司

20××年×月×日

案例 3：跨年度连续业务（合同能源管理）的销售提成方案

一般的商业模式，如产品销售、代理，都是短期的交易，以订单、合同为依据，但基本都在本年度内执行完，相对容易计算。工程项目也有跨年度的，但项目的标的在合同中已经确定。

有的商业模式是跨年度连续业务，如商业地产、商铺的收益（收租金，连续几年），电话、宽带的收益（一次性安装，但真正的收费是跨年连续的，除非终止），图书出版版税（一次性稿酬，但出现多次重印，就会出现跨年），保险、基金、理财产品、企业年金等都有连续业务的性质。

在环保、节能行业，除原有的产品、设备销售，工程项目承包实施外，也出现了合同能源管理（EPC）的模式，这种模式就是跨年度连续业务。签订一个合同，最终的收益受多个变化因素的影响，因此对销售人员的提成、代理商的分成，就不能简单地依据销售额、毛利、净利润和提成比例计算。

下面介绍节能行业的合同能源管理，以及如何制定跨年连续的提成方案。

一、提成计算公式

当期销售提成额 X＝当期有效回款 W×基准值 P×系数 L-回款延期资金成本 D。

1．当期有效回款 W

当期有效回款 W＝当期财务到账款-当期应付给代理商的代理返佣款；销售人员直

签单，当期给代理商的返佣为零。

2．基准值 P

基准值指提成比例，不同业务类型的提成比例，见表 11.8。

表 11.8 不同业务类型的提成比例

业务类型	提成比例	业务类型	提成比例	业务类型	提成比例
1 类业务合同	16%	2 类业务合同	15%	3 类业务合同	14%

提成比例包含了付现费用、交易费用、人工成本（薪资+五险一金等）。

3．系数 L

（1）系数 L 的分析

系数 L 是本方案的特点。根据公司与甲方单位签订的业务合同的核心条款提取计算公式。因为节能收益的分成受几个因素的影响：年均分成比例、分成年限、每年分成比例的递增或递减、电价、代理商是否参与分成等。

同样一份节能收益分成合同（只讨论一个因素的变化，其他因素假定不变）：

年均分成比例 80%比 70%要多；分成年限 8 年比 5 年要多；90%、85%、80%、75%、70%（1～5 年递减）比 70%、75%、80%、85%、90%（1～5 年递增）要多（原因是：早回收，风险低；考虑资金的财务成本，复利计算现值，第 5 年收款 100 万元，比第 1 年收款的 100 万元现值少）；电价按 0.55 元比 0.45 元多；代理商不分成比分成 30%多。

（2）L 的计算公式

$L=(L_1-2) \times L_2 \times$ 合同约定的基准电价/基准电价。其中：

L_1：合同期内节能量有效分成比例的总和；

L_2：合同期内节能量平均分成比例的修正系数；

L：规定下限，上限；

L_2=（第 1 年有效分成比例×1.2+第 2 年有效分成比例×1.1+第 3 年有效分成比例+第 4 年有效分成比例+…）/总年数-20%。

4．系数 L 的测算

假设一类业务合同由公司直签，没有代理商的代理返佣比例扣减，基准电价为 0.55 元。

分成比例第 1 年 85%、第 2 年 82.5%、第 3 年 80%、第 4 年 77.5%，第 5 年 75%，第 6 年 75%，节能量平均每年分成比例=79.2%。

计算后得到：L=174%，见表 11.9。取上限值 L=160%。

提成=提成系数 P×系数 L=13%×160%=20.8%。

5．回款延期资金成本 D

允许延期 1 个月；当实际回款超过（预定回款天数-30 天）时，四舍五入换算成月，按标准资金成本月息 1.5%扣减。

表 11.9 提成 L 的计算测算

年 份	第1年	第2年	第3年	第4年	第5年	第6年
每年分成比例 P	85%	82.50%	80%	77.50%	75%	75%
$L_1 = \sum P$	475%					
系数 r	1.2	1.1	1	1	1	1
加权 $= P \times r$	1.02	0.91	0.8	0.775	0.75	0.75
$L_2 = \sum r/6 - 20\%$	63.4%					
$L = (L_1 - 2) \times L_2$	174%					

极端情况:如果当月提成系数-当月资金成本利息出现负值,提成系数给予保底1%。

二、提成支付规定

1. 结算周期

财务到账的2个月内支付结算。

2. 首期支付

项目投入运行,第一个月款财务到后,公司预先一次性支付给结算 N 个月的提成。第2次结算时扣减。

3. 离职处理

当销售人员离职时,公司一次性支付 M 个月的提成(M=3~6个月),其余不再支付。

三、其他配套规定

(1)回款处理:第一年回款由销售人员负责,根据项目实际情况第二年起允许转入项目运维部集中处理,但销售人员必须协同催款。

(2)每次公司与销售人员签订备忘录,对上述提成条款进行书面约定。

(3)部门总监/经理直接签订的合同,按本办法规定执行。

部门下属销售人员签订的合同,为体现部门总监/经理的业务指导和协调管理职能,在年底进行销售人员的奖励平衡,专门提取该合同的当期销售提成额 X 的10%由部门总监/经理分配(允许全额奖励给部门总监/经理)。

(4)签订合同过程中,涉及跨部门合作的,原则上业绩拆分比例为3:7(70%归直接负责的部门,30%给配合的属地部门)。

四、支持部门的奖金提取

1. 市场部

项目实施完成后,提取第一年的当期销售提成额 X 的10%,作为对市场部技术支持人员的奖励基金,由市场部主管负责考核分配(市场部主管占 30%以上),报分管副总和人力资源部经理批准后执行。

2．运维部

运维奖金包=上月回款额平均值×提成基数×系数，其中，提成基数=0.8%，系数=1+0.1×（$N-1$）。

举例：某地有 3 个合同能源管理的项目，5 月的回款额分别是：10 万元、20 万元、15 万元，运维奖金包=（100 000+200 000+150 000）/3×0.8%×（1+0.2）=1440（元）。

案例 4：锂电池公司销售奖金方案（非提成）

一、基本框架

（一）适用范围

本办法适用锂电销售公司，包括：S 办事处、G 办事处、外贸部、军品项目部、其他岗位。

岗位包括：办事处主任、高级客户经理、客户经理、客服主管、商务助理、其他员工。

（二）考核指标和周期

1．**办事处主任/区域经理**

年度考核。考核指标包括：销售额、回款额、新客户开发、区域管理。

由营销总监与办事处主任/各区域经理签订《年度区域经理绩效考核表》。

2．**客户经理**

年度考核。考核指标包括：销售额、回款额、新客户开发、工作表现。

由办事处主任/区域经理与各岗位员工签订《营销人员年度绩效考核表》。

3．**客服主管**

绩效考核分年度、季度考核。

季度考核主要以季度工作计划完成情况为考核重点，工作计划内应覆盖：铁锂产品技术研发工作、铁锂产品市场技术交流工作、试点铁锂产品回访工作、传统产品市场服务工作、团队管理等。

年度考核得分为 4 个季度分数的平均分。

4．**客服人员**

分年度、季度考核。考核指标包括：技术交流计划完成率、市场调查计划完成率、重大投诉处理及时率、销售配合满意率、其他计划完成率、工作表现等。

5．**商务助理、其他人员**

参照管理人员考核办法。

二、考核流程

（一）客服人员季度考核流程

（1）每季度首月的 10 日前，对上季度的绩效进行考核，由营销总监与客服主管讨论本季度绩效计划。绩效考核表由客服主管与营销总监签字确认，客服类员工要完成对上季度工作绩效的填报。

（2）每季度首月的 15 日，在员工填报的基础上，由客服主管与客服人员进行面谈沟通，对员工上季度工作绩效进行评价；双方讨论本季度绩效计划，绩效考核表由客服人员与客服主管签字确认。

（二）客服人员年度考核流程

以年度述职的形式进行，结合年度目标及季度绩效考核结果进行综合评定。年度绩效考核在每年年初实施，具体时间每年根据股份公司安排另行通知，程序如下。

（1）员工述职

员工按《员工年度综合考评表》要求填写一、二部分，并根据锂电销售公司安排进行述职。

（2）绩效沟通

考核双方面谈沟通，由区域经理对员工上年度工作绩效进行评价，同时双方讨论本年度绩效计划完成情况；面谈过程中区域经理应指导、帮助员工制订绩效改进计划和培训计划，并共同完成考核表第三部分。

（3）员工考核

区域经理在沟通的基础上对员工一年来的工作绩效进行综合评价，结合 4 个季度绩效考核结果，评定员工年度考核等级。

三、绩效考核评分标准

（1）70 分制（满意标准为 70 分）的评分标准适用营销人员；70 分制的评分是通过各关键绩效指标的计分规则计算得分而来，如计算得分超过 70 分，按不高于 100 分的原则进行计分。

（2）70 分制（满意标准为 70～79 分）的评分标准适用于客服人员和商务助理。以上评分必须为整数。

（3）实行淘汰机制：对营销人员当年考核分低于 70 分的，给予 3 个月的期限，在此期间仍未达到目标绩效的，给予调岗或解除劳动合同。

四、营销人员绩效考核计算

（一）营销人员年度绩效奖励由绩效年薪、超量奖励两部分组成。

（二）绩效年薪

1. 适用内销

（1）办事处主任/区域经理

年度绩效考核分=年度业绩考核分×85%+部门考核分×15%

绩效年薪=年度绩效考核分×目标年薪-预发部分薪资

（2）客户经理

年度绩效考核分=年度业绩综合得分×80%+区域考核分×20%

绩效年薪=年度绩效考核分×目标年薪-预发部分薪资

（3）客服主管

季度绩效得分=部门考核分×15%+绩效×85%

年度绩效考核得分=季度岗位绩效平均分

（4）客服人员

季度绩效得分=绩效分×80%+客服主管考核分×20%

年度绩效得分=季度岗位绩效平均分。

2．适用外贸

（1）外贸部经理绩效年薪

年度绩效考核分=年度业绩考核分×85%+部门考核分×15%

绩效年薪=年度绩效考核分×目标年薪-预发部分薪资

（2）外贸客户经理绩效年薪

年度绩效考核分=年度业绩综合得分×80%+区域考核分×20%

绩效年薪=年度绩效考核分×目标年薪-预发部分薪资

（3）外贸销售额基本奖励=实际销售额×0.7%，由区域经理提具体内部分配方案，报锂电销售公司销售总监审核、总经理审批确定。

（三）超量奖励计算办法

（1）以办事处/区域为单位核算，如超出目标销售额，则给予超额奖励。由区域经理提交区域内部具体分配方案并报锂电分管副总审批后确定。

（2）计算公式

奖励额=（实际销售额-目标销售额）×奖励比例，奖励比例见表 11.10。

表 11.10　超量奖励的奖励比例

区　域	目标销售额（万元）	目标利润率	超额≤100 万元	超额≤300 万元	超额>300 万元
S 办事处	1 200	25%	1%	1.5%	2%
外贸部	600	25%	0.2%	0.3%	0.3%
G 省区域	400	16%	0.5%	1%	1.5%
军品项目部	300	40%	1%	2%	3%
合计	2 500	25%			

（3）超量奖励费用不含在销售费用预算中，由锂电销售公司在年底利润中支出。

五、附则

（1）年销售费用率、回款费用率、回款奖罚不列入薪资考核，具体提取比例、管理及使用详见年度《销售费用管理制度》。

（2）区域年度、季度目标，由销售部年度目标分解及实际情况进行测算确定报锂电销售公司审批后下达。员工年度、季度目标由区域/部门根据目标分解确定，报销售部批准后实施。

（3）年度、季度区域绩效计划由销售部根据年度目标与区域经理沟通制定后由商务助理负责考核跟踪落实；年度、季度员工绩效计划由区域根据区域绩效计划进行分解，确定员工绩效计划后报商务助理。

（4）区域、员工绩效计划及考核必须在考核流程规定的时间内完成，若区域经理不按时完成绩效计划制定及绩效考核评分，则当月薪资按最低保障薪资标准发放，并在下季度考核中扣除 10 分。

（5）本办法自×年 1 月 1 日起执行，由人力资源部、锂电销售公司销售部负责解释。

附件 1：《年度办事处/区域绩效考核表》

序 号	关键指标	目标值	实际值	权重	考核分	审核分	计算公式	数据来源
1	销售额			45%			实际值/目标值×70	财务部
2	回款额			40%			实际值/目标值×70	财务部
3	新客户开发			10%			按照年初设定新客户开发目标确定	销售部
4	区域管理			5%				销售部

附件 2：营销人员年度绩效考核表

序 号	关键指标	目标值	实际值	权重	考核分	审核分	计算公式	数据来源
1	销售额			45%			实际值/目标值×70	财务部
2	回款额			40%			实际值/目标值×70	财务部
3	新客户开发			10%			按照年初设定新客户开发目标确定	销售部及区域
4	工作表现			5%				区域评价

附件 2 的补充说明：关于新客户开发的评分标准。

（1）开发目标

S 区域目标为 5 家，每家合作潜力不低于 100 万元/年。G 区域目标为 5 家，每家合作潜力不低于 100 万元/年。军品开发目标为 4 家，每家合作潜力不低于 50 万元/年。外贸部目标为 5 家，每家合作潜力不低于 100 万元/年（汇率以 6.8 计算）。

（2）判断合格开发目标方式

已经完成送样检测，已经完成商务价格回款洽谈，已经开始小批量合作。在确定为目标合格开发客户后，将计入年增量考核。

（3）评分方式

X=实际开发客户数/目标开发客户数×10 分

附件3：客服主管季度绩效考核表

序 号	工作任务	工作目标	权 重	完成情况	考 核	审 核
铁锂产品相关计划			70%			
传统产品相关计划			30%			

附件4：商务内勤季度绩效考核表

序 号	工作任务	工作目标	权 重	完成情况	考 核	审 核
常规工作	订单评审及时率	20%	80%			
	费用报销及时率	20%				
	发货安排准确率	20%				
	月度销售计划完成及时率	20%				
月度重点工作			20%			
独立事件		完成工作准确率100%	每出现一次重大失误扣减1分			

第十二章

计件工资方案设计操作实例

　　本章对计件工资方案提供了 8 个案例，包括：生产部技工计件工资现状分析，家纺公司计件工资问题分析报告（人力资源部），某开发区内企业工人薪资调研报告，锂电池工厂的生产员工计件计时工资发放办法，月工时达成率与标准产出工时，电池工厂计件工资分配与考核实施细则，锂电池工厂计件工资规定，锂电池工厂计件、计时工资分配实施细则。

　　这些案例包括了计件工资的办法、实施细则、分析报告、调研报告，有诊断、有数据、有比较、有思路诊断，读者可多体会。

案例 1：生产部技工计件工资现状分析报告

人力资源部：

随着时间的推移，生产部技工收入一直是一个待解决的问题，尤其是去年四季度至今，装配一车间生产相对空闲，虽经采取每月每人补贴 200 元的措施，但还是见效甚微。员工的心态是底线工资太低，造成空闲时长期低收入状况。

春节上班伊始，装配一车间相继有 5 名技工提出离职。分析离职的原因，除个人期望值增加外，主要还是嫌个人收入太低。生产空闲时的基本工资太低，尤其在 10～12 月、1 月、2 月，由于计划生产量不均衡，导致 5 个月的个人收入始终在低位徘徊，最终导致员工的彷徨心态。

一、上年数据

上年度装配一车间实际完成总产量 130 套。其中 4 名离职人员的年度应发工资（含绩效、高温、年终奖），见表 12.1。

表 12.1 上年度装配车间员工工作量与薪资数据

已应发工资（含绩效、高温）（万元）	合计已应发（含年终奖、空闲补贴）（万元）	完成套数（套）	已应发工资（含绩效、高温）（万元）	合计已应发（含年终奖、空闲补贴）（万元）	完成套数（套）
3.67	4.16	21	3.75	4.32	23
4.25	4.95	25	3.31	3.71	17

二、拟采取的措施：合并工资、补贴，实行保底工资

从 3 月起，对技工工资进行统一归口，将已发的各类绩效补贴、专项奖励合并在一起，实行保底工资结构。保底工资 2 100 元、远郊补贴 200 元、熟练工补贴 200 元。

新员工入职 3 个月，经生产部考试合格、报人力资源部审核同意后，实行熟练补贴、司龄补贴。

新招聘员工的保底工资为：保底工资 2 100 元+远郊补贴 200 元=2 300 元。

熟练技工的保底工资为：保底工资 2 100 元+远郊补贴 200 元+熟练工补贴 200 元+司龄补贴。

三、基本工作量、超额单价

装配一车间保底工资需完成基本工作量：3 000 线头数/月。

超产在 3 001～5 500 线头/月，单价=0.25 元/套，与上年相同。超产在 5 500 线头/月以上，单价=0.30 元，与上年相同。

装配二车间保底工资考核标准为 8.62 元/小时，与上年相同。

四、减员增效目标的预估

上年有接线技工 8 人，完成 130 套。今年设定接线技工为 5 人，能够实现公司要

求的完成产量不变，生产人员减少，人均产量增加，技工收入增加的目标。相关测算数据，见表 12.2～表 12.5。

请审批。

生产部

××年×月×日

表 12.2　人均年产量比较

	年产量 （套）	技工人数 （人）	1套对应的线头数 （线头）	年线头数 （线头）	人均年线头数 （线头/人）
当年计划	130	5	3 300	429 000	85 800
上年实际	130				65 415

表 12.3　超额单价标准

情　况	月线头数区间	单　价 （元/线头）	情　况	月线头数区间	单　价 （元/线头）
1	3 001～5 500 线头	0.25	2	5 500 线头以上	0.3

表 12.4　超产计件工资

科　目	单　位	年保底产量	年超产产量	情况 1 的年产量	情况 2 的年产量
年产量	线头/年	36 000	49 800	30 000	19 800
单价	元/线头			0.25	0.3
超产计件工资	元/年		13 440	7 500	5 940

表 12.5　新方案技工的年收入、月收入测算

类　别	月基本工资 （元/月）	补贴 （元/月）	司龄工资（元/月）	月工资小计 （元/月）	月社会保险 （元/月）	年工资 （元/年）	年超产计件工资（元/年）	年收入 （元/年）	年社会保险 （元/年）	年收入2（元/年）	月收入2（元/年）
新员工	2 100	200	0	2 300	380	27 600	13 440	41 040	4 560	36 480	3 040
熟练员工	2 300	200	140	2 640	380	31 680	13 440	45 120	4 560	40 560	3 380

案例2：家纺公司计件制工资问题分析报告
（人力资源部内部咨询项目）

该家纺公司，计件工资原由生产工厂副总、各生产部负责。后来，人力资源部组

建后，介入对计件工资的调查，发现操作中存在不少问题，成立了项目组，提出计件工资改进点。这是人力资源部对某家纺公司计件工资的分析报告。

一、计件工资的材料收集

人力资源部组建项目组后，对现有计件工资作了如下的资料收集，包括：计件工资材料清单，见表12.6。车间—班组—工序的计件工资类型，见表12.7。计件工资的工资科目，见表12.8。

表 12.6　计件工资材料清单

序　号	材料名称	序　号	材料名称
1	工艺合同	5	工资清册
2	产量表	6	工资清册电子版
3	考勤表	7	工时工资清单（内部）
4	工资表	8	工价表

表 12.7　车间—班组—工序的计件工资类型

车　间	班　组	工　序	备　注	车　间	班　组	工　序	备　注
裁剪车间	1组		小组计件	缝纫车间	7组		个人计件
	2组		小组计件		8组		个人计件
	3组		小组计件	充绒车间	拍毛组		小组计件
缝纫车间	1组		个人计件		充绒组		小组计件
	2组		个人计件		包装组		小组计件
	3组		个人计件				小组计件
	4组		个人计件	直属	统计员		非计件
	5组		个人计件				非计件
	6组		个人计件				

表 12.8　计件工资的工资科目

编号	姓名	部门	计件工资	杂工天数	杂工工资	加班天数	加班工资	全勤奖	职务补贴	防尘补贴	夜餐费	午餐费	车贴	质量奖
374		裁剪	918								9	17		

医药补贴	卫生费	通宵补贴	其他	缺勤天数	缺勤工资	应发工资	代扣质量	代扣违章	代扣其他	代扣保险	实发工资	账号	账号2
3						947			20.6		927		

二、计件工资的问题

计件制工资的基本思想是"按劳分配,多劳多得"。其计算依据一般也比较简单:计件工资 $W=$ 单价 $a×$ 产量 n。计件制工资实施中的问题在哪里呢?最明显的矛盾就是:根据单价与产量计算的计件工资 $W1$ 与工人实际计件工资 $W2$ 不一致。

产生这种不一致的原因可能有三种:(1)报表上的单价与基准单价不一致;(2)报表上的产量与实际产量不一致;(3)根据单价与产量计算的计件工资被人为调整。

三、单价可能出现的问题

目前实行承包体制。公司与制造部门的利益结算关系为:每一批次产品的计件工资总额=产品入库数量×单价×1.26。

1.26 被称为倍率,其中"1"用来支付工人的计件工资,"0.26"用来支付包括组长、车间主任、分部经理在内的各级管理人员的工资等费用。

这个体制带来的问题之一,就是管理人员会产生人为提高单价的动机。这使单价在最初制定时就有可能被人为提高;或者在计算计件工资时被人为修改。当年的各工种的小时工资基准,见表 12.9。

表 12.9 各工种的小时工资基准

单位:元/时

岗　位	裁剪工	车　工	行棉工	充毛工	包装工	封口工	检验工	平　均
工价	6.00	4.80	5.00	5.50	4.50	5.00	4.50	5.04
8 小时	48	38.4	40	44	36	40	36	40
30 天	1 440	1 152	1 200	1 320	1 080	1 200	1 080	1 210
12 小时	72	57.6	60	66	54	60	54	61
30 天	2 160	1 728	1 800	1 980	1 620	1 800	1 620	1 815

四、产量可能出现的问题

公司与制造部门结算的依据是:产品入库产量。这个结算是以批次为周期进行计算的(跨月)。但是,制造部门对工人的计件工资计算是以月为周期的。实际情况就是提前支付工人计件工资。

导致的一个问题是:每一批次按月分段上报的产量之和 $Q1$ 与实际产品入库产量 $Q2$ 可能不一致。

第二个问题是:为了限制工人之间的计件工资差距,组长可能会人为降低高产量的工人的产品产量,提高低产量的工人的产品产量。

五、计件工资可能出现的问题

由于对计件工资的审核流程分散在制品总部、财务部、人力资源部、研发部等

4 个部门，没有一个部门能监控全部流程中发生的问题，这样，即使是单价、产量的审计结论是准确的，按单价与产量计算得到的计件工资仍有可能被人为提高一定比率。

这个人为调整没有经过总经理审核，是政策的盲点。

以上是对计件工资可能存在问题的理论分析。经过与相关人员一周时间的访谈，基本了解到发生的问题，并进行了归类。

解决这个问题的思路如下：成立项目组、提交问题分析报告、提交改进的流程图、提交改进的各类表格、提交指导说明、会议讨论、培训、试行。

六、问题归类

经过归纳总结，计件工资实施中的问题可以划分为五类：录入问题、计算问题、时限问题、流程问题、责任问题，见表 12.10。

录入问题通过表格设计、人员培训、抽查、绩效考核等手段解决；计算问题通过 Excel 解决；时限问题通过规定各工序时限和签收单解决；责任问题通过签收单解决；流程问题通过合并、删减或修订流程解决；深层次问题需通过利益分配机制逐步解决。

表 12.10　计件工资操作问题汇总

序号	问题类型	问　题	案例说明	责任界定	改进建议
1	录入问题	产量表未标注产品序号		制品分部经理	对产量表横向顶格的"产品规格"栏进行细分，要求分项填写
2		产量表序号标注错误		制品分部经理	
3		产量表产品规格输入不完整	9 月制品四分部产量表产品规格输入不完整	制品分部组长、车间主任、分部经理	输入规格按照工艺单上完全写入，不应有疏漏
4		产量表工价标注错误	核对工价表时错位	制品总部	用直尺
5		工资表输入错误	工龄工资写在了车贴一栏等	统计员	规范改进
1	计算问题	计件工资核算差错	各分部偶有发生	统计员	电子化，利用 Excel 计算、核对
2		工资清册的计件工资与产量表的计件工资不一致	二分部：8 月部分计件工资与工资清册工资未一致	生产副总、人力资源部	核对工资清册和产量表的计件工资是否一致
3		调整工资未明确体现	制品各分部存在此现象		

续上表

序号	问题类型	问题	案例说明	责任界定	改进建议
1	时限问题	新产品工价未及时下达	9月17日制品分部才接到新产品工价表，导致工资核算延误。但研发部反映，各制品分部月初未及时提交新产品工价，导致研发部审核确定工价不能及时进行。恶性循环	制品分部、研发部	签收单，规定流程时限
2	时限问题	各分部未及时提交产量表、考勤表	9月24日仍有分部未提交产量表、考勤表，如制品一分部、制品二分部、制品五分部	统计员	签收单，规定流程时限
1	流程问题	各分部将产量表、考勤表交于人力资源部的同时将工资软盘交于财务部，且由于时间上的拖沓，导致财务做工资与人力资源部门审工资的时间同时进行，无法将审核发现的问题及时修改	到目前为止，所有部门均存在此问题	统计员	规范流程
1	责任问题	产量表审核栏未签字		分部经理、人力资源部	发现未审核签字，退回
2	责任问题	考勤表审核栏未签字		分部经理、人力资源部	发现未审核签字，退回
3	责任问题	工价审核未签字确定责任人		分部经理、制品总部工价审核、人力资源部	签收单，发现未审核签字，退回

七、流程分析

计件工资流程中发生的问题可以用一个模型来进行分析。

1．计算模型

实际工资 z＝（工价 a×产量 n＋调节工资 x）＋其他工资 y

2．总流程图

总流程见表 12.11。

子流程 1：工价审核流程。子流程 2：产量审核流程。子流程 3：计件工资审核流程。子流程 4：调节工资审核流程。子流程 5：其他工资审核流程。子流程 6：实际工资审核流程。

表 12.11　计件工资改进流程分析

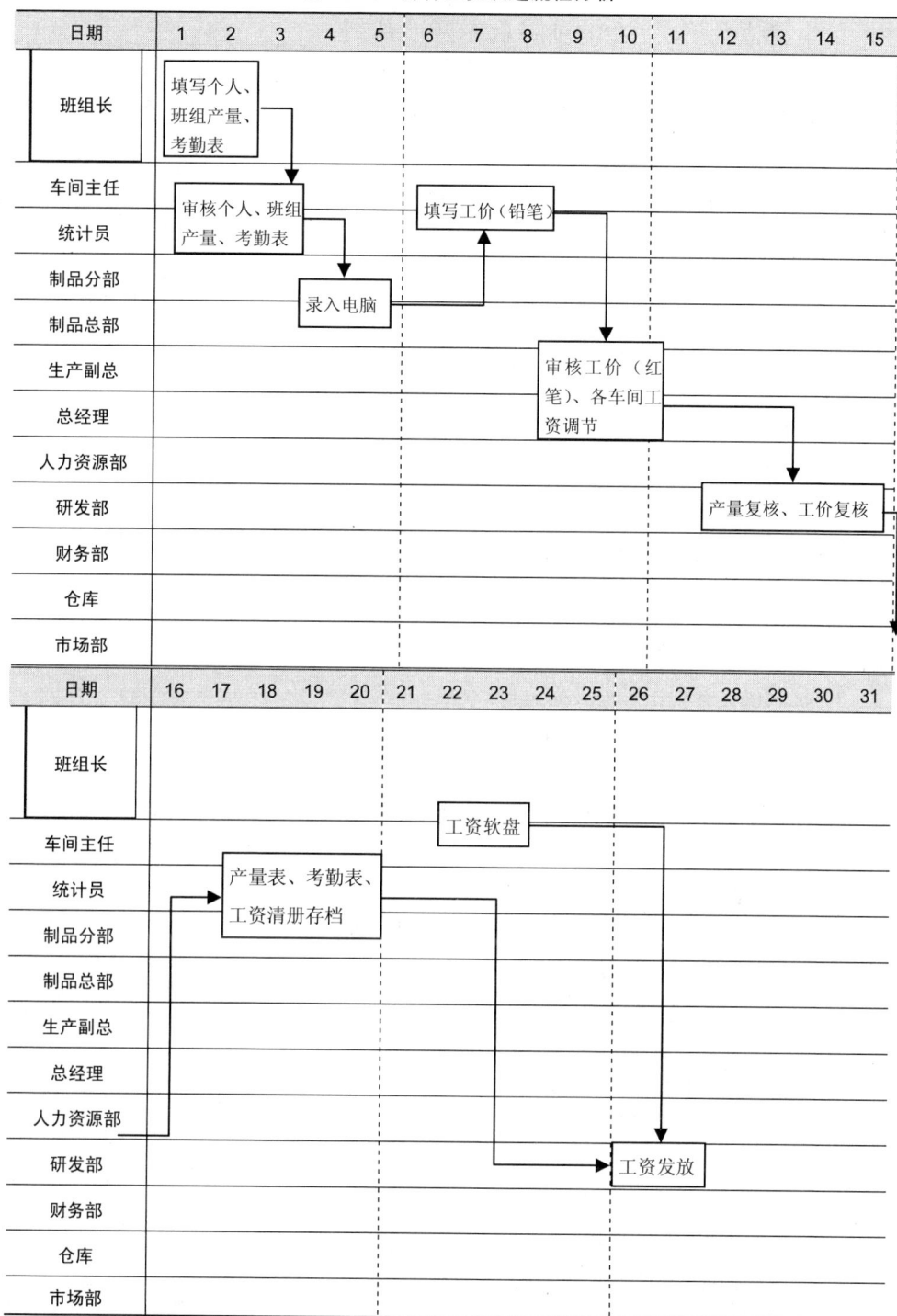

日期	1	2	3	4	5	6	7	8	9	10	11	12	13	14	15
班组长	填写个人、班组产量、考勤表														
车间主任															
统计员	审核个人、班组产量、考勤表					填写工价（铅笔）									
制品分部				录入电脑											
制品总部															
生产副总									审核工价（红笔）、各车间工资调节						
总经理															
人力资源部															
研发部												产量复核、工价复核			
财务部															
仓库															
市场部															

日期	16	17	18	19	20	21	22	23	24	25	26	27	28	29	30	31
班组长																
车间主任										工资软盘						
统计员		产量表、考勤表、工资清册存档														
制品分部																
制品总部																
生产副总																
总经理																
人力资源部																
研发部									工资发放							
财务部																
仓库																
市场部																

3．数据提供方

仓库、制品分部、市场部、制品总部、研发部。

4．数据输入

空白的产量表、空白的考勤表、工艺合同工价表（新工价）、产品入库单、标准工时工资汇总表、签收单。

5．内部客户

老板、制品分部经理、承包人、员工、外部中介机构。

6．数据输出

审核通过的《产量表》、审核通过的《考勤表》、审核通过的《计件工资表》、工资清册、签收单。

7．主要过程

采集数据、录入、提交直接上级或下道工序审核（第1次）。

八、计件工资表审核基本问题

1．如何确定单价是否准确？

3个一致：工艺单序号、工价表序号、产量表序号。采取全部还是抽查方式？

2．如何确定产量是否准确？

审核每一产品批次按月分段上报的累计数 $Q1$ 与每一产品批次产品入库数量 $Q2$ 是否一致。

3．如何确定计件工资被人为调整？

工资清册上的计件工资总额 $W1$ 与产量表上的计件工资总额 $W2$ 不一致。

4．如何确定计件工资需调整？

每个岗位的实际工时工资 $M1$ 与公司确定的每个岗位的基准工时工资 $M2$ 的差距超过预先限定范围，如 ±5%。

计件工资表审核要点，见表12.12。

表12.12 计件工资表审核要点

序 号	审核要点	目 的	解决办法
1	确定产量表上的计件工资 $W1$ 与工资清册上的计件工资 $W2$ 是否一致	避免人为调整	
2	比较各岗位的工时工资是否合理	避免工资过高或过低	与基准工时工资清单对照，设置浮动范围
3	确定调节工资是否合理		
4	确定工价填写是否正确	避免	抽查
5	确定产量填写是否正确		
6	确定产量总额计算是否正确		
7	确定工价与产量的计算是否正确		
8	确定工时是否正确		考勤表的工时统计

序　号	审核要点	目　的	解决办法
9	确定分段累计的产量总额 $Q1$ 是否与产品入库数量 $Q2$ 一致	防止多报	

集团人力资源部
××年×月×日

案例3：某开发区内企业工人薪资调研报告

针对近期出现的员工离职率高、招工难等情况，20××年6月、7月，分3次，人力资源部就生产企业的上班时间、薪资待遇、招聘渠道、配套福利等问题，走访了开发区内多家公司，包括：电机、机床、制氧机、高分子材料、叉车、重型机械等公司的人力资源部。

通过对每家公司1~2个小时的访谈，针对了解的情况，进行简单对比。

一、上班时间比较

1. 某电机公司

基本实行长白班（8:00~17:30）、每周工作5天的工作制度，有时会延长一两个小时，周末偶尔会有加班，但每月工作时间不会超过26天。

2. 某机床公司、某制氧机集团

实行长白班每天8小时（8:00~16:00）、每周工作5天的工作制度，有时会加班到19:00点左右，然后乘班车回市区。

3. 某叉车公司

实行长白班每天8小时、每周工作5天的工作制度，有时会加班到19:00点左右。

4. 某高分子材料公司

二班三运转（工作12小时休息2天），普工的工作是流水线操作。

5. 某电缆公司

长白班，6天×8小时或6天×10小时，一般每天安排一班或两班，具体根据计划安排而定。

6. 某药业公司

8小时，长白班，双休。

7. 某重型机械公司

长白班8:00~16:30，加班临时安排，加到18:30左右会有班车回市区，加班迟的话，有倒班宿舍。

8. 某电池公司

实行三班倒、每班工作8小时、每周休息一天的工作制度。

二、薪资待遇及福利比较

1. 某电机公司

员工总人数约 600 余人，普通员工约占 55%，有装配车间、加工车间、数控中心、铸件车间 4 大车间。一般员工试用期 6 个月，前 3 个月保底工资每月 1 400 元左右，第 4 个月起实行计件，一般在每月 2 000 元以上。各车间具体情况如下。

（1）加工车间：

对员工的技术要求非常高，同时人员也非常稳定，今年还未有一人离职。

（2）装配车间：

对员工学历有一定要求，年收入为 2.5 万～3 万元。

（3）数控车间：

需要员工是数控专业毕业或有相关工作经验的，招工有一定困难，工资比装配车间略高。

（4）铸件车间：

由于粉尘、灰尘较大，员工需要戴口罩、面罩上班，因环境影响，加上员工需要有同行业的工作经验，所以招工很难，此车间年薪资可以达到 4 万元以上。

以上薪资包括员工纯计件工资、司龄津贴，不包括员工午餐补贴、高温补贴、节假日补贴等。

据了解，除以上工资外，员工可以拿到其他补贴 3 000～4 000 元/年。

午餐补贴是 6 元/天，但是消费标准根据自己选择的菜而定，菜价为 1～2.5 元，有些员工一天消费完还会有结余，等饭卡里金额较多时可以到公司食堂购买油、米等物品，价格会比市场、超市便宜一些。

备注：公司不提供住宿，若达到一定的工作级别可享受住房补贴。

2. 某机床公司

年产值 4 亿元，共 6 个车间，一般每个车间有员工 140 人左右，也有车间人数较少。每个车间有 1 个车间主任、1 个副主任、1 个助理、2～3 个生产调度、2～3 个生产计划人员，班组长不参与员工管理工作。

该公司员工主要分为钳工类技术工人（薪资为每年 3 万元）、技师类人员（薪资为每年 4 万元）、叉车工[薪资仅有 2.5 万元/年（叉车工对他们企业来说是辅助工种）]。该公司今年上半年有 100 人左右离职。

3. 某制氧机集团

该公司主要以大专学历为主，一般实习工资为 800 元/月，实习期结束做劳务派遣，一般在 2.5 万元/年。此外保洁、保安等都做劳务派遣。

其他正式员工以年薪计算，上年统计平均年薪为 5.2 万元，其中最高的为透平机械公司，人均 6 万元/年；最低的为钢结构公司，人均 3.2 万元/年，其他基本维持在平均水平线上。

该公司所有员工每年发 15 个月的薪资，上半年多发 1 个月，下半年多发 2 个月。公司人员非常稳定，基本没有招聘需求。

除了年薪以外，公司会在中秋节发超市卡作为过节补贴，平时过年过节都会以不同的形式发放补贴，诸如水果、海鲜等。

此外，公司为了在搬迁后留住老员工，对前往开发区的员工，每人给予一次性 2 000 元的补贴，留在市区的员工，每人给予 1 000 元的补贴。

搬迁到开发区的员工，还给予每人 350 元/月的远郊补贴，为了鼓励员工住在开发区宿舍，还给予员工每人 370 元/月的补贴（这个原是班车每个座位的费用，如果员工愿意住在开发区，公司就将此费用补贴给员工），这样一个员工要是愿意住在开发区，每个月就可以在工资之外多拿 720 元的补贴。

4．某叉车公司

估计为 3.5 万～6 万元/年，会延长上班时间，但员工招聘进来时，就会进行企业文化宣导，让工人认同这种工作方式，不会对加班费有太多要求。

上半年效益很好，加上政府高官来视察，为了鼓舞士气，他们发了半年奖。

5．某高分子材料公司

工资水平在 1 700 元/月左右，约 1 100～1 800 元/月。

6．电缆公司

淡旺季工作量不均衡，产量大时最高的每月可拿到 4000 元～5000 元，产量低时只能拿到最低工资标准，无保底工资，所以全年下来月平均不高。

有时也干 24 小时，做 1 休 1，主要是工人靠计件，在开发区与县城之间往返不方便。

7．某药业公司

工资水平在 1 200～1 300 元/月。

8．某重型机械公司

普工 2 万～3 万元/年，但普工占工人比重少。工人基本上是技术工人，工资水平在 3 万～4 万元/年。公司产值 1 亿元。

9．某电池公司

目前员工薪资平均 2.5 万元/年，已包括午餐补贴、高温补贴、环境补贴、夜班津贴、年终奖、加班费等。中秋节工会会员可拿到 200 元礼金，员工生日有 100 元礼金。

三、招聘渠道比较

1．某电机公司

精益生产做得比较好，人、机器、材料、方法、环境（简称人、机、料、法、环）整体效率高，员工缺失时需及时补位，目前主要以大专学历为主，大二即进入公司实习，实习后留下；此外除了正常招聘以外，还会通过熟人介绍的方式，一般会用小奖品奖励员工，部分难招的岗位会使用现金奖励。要求高中以上、机械专业，用工要求高。

此外在招聘量大的时候会去职介所蹲点，凑足一定人数后公司派车接来。（此方法值得学习）

2．某机床公司

和本公司差不多。用工要求比本公司高，主要为机床方面的技术工人。

3．某制氧机公司

基本无招聘需求，目前当地招聘的员工都做劳务派遣。劳务派遣是为了规避老国企老工人不好辞退的毛病。其工业园里有很多企业，有些是全资，有些是参股。上半年招工需求不大，尚未有本公司的员工到他们那里去。

4．电缆公司

员工大部分是当地人，另外500多人的企业中有180人左右的残疾职工，是福利型企业。淡季不影响当地员工的流动。开发区不能建宿舍，无法招外地人（住宿问题），所以人员难招到。

5．某重型机械公司

普工以劳务派遣为主，技术工人以职校分年度、分批次招聘为主。

6．某叉车公司

原有老工人为主，新招工人为劳务派遣工，不提供工人宿舍，厂区里的三幢楼是给技术人员等住宿的。

7．某高分子材料公司

目前在考虑劳务派遣，说某劳务派遣公司不错。提议几家园区内企业一起与某几家性价比服务好的劳务派遣公司合作，这样规模大，劳务派遣公司有钱挣，劳务公司可以派生活指导老师。否则劳务派遣也有风险。

8．某电池公司

目前主要以职介所介绍（到杭州职业介绍所去主动蹲点缺乏）、熟人介绍（没奖励）为主，外地招聘为辅（外省几次招聘，当场报名的人有，但车间反映后来实际来的人不太多）。公司提供宿舍，为招聘提供了方便。

四、其他方面比较

某电机公司停车场给人留下了很深的印象，在每个车位的三边都种了很多树，车子开到车位上就被树荫遮住了，夏天就不会被太阳烤晒了。

此外还会对试用期员工进行特殊管理，即部门专门指定一人做新员工的思想工作，员工有问题都可以找他，由他去各个部门协调，需要具有较强的协调能力、沟通能力、亲和力，能让员工对他产生信任。

五、本公司的不足

针对以上情况，重新对本公司的情况进行了分析，目前还存在以下问题。

1．上班时间长

本公司每月正常上班 26 天左右，很多员工都会加班，超时的员工比比皆是，上夜班的员工由于白天不能很好休息会面临精神不佳的问题，可是其他公司是实行双休，工作时间比我们少了很多，并且他们是长白班，晚上员工可以获得充分的休息。

三班制确实保障了设备的最高利用率，但也存在设备没有停止时间段，无法定时保养的情况。这个问题值得探讨。

2．体系审核带来的额外工作

本公司外商审核严格，加上上市需要，对加班费、延时上班等都要求很多，这方面受很多法律约束。虽然说能符合法律要求是最好，可目前难以达到那种水平。有家已上市公司的 HRD 说：上市前是要规避一些法律问题，真的上市了也没必要全部很正规，但由于是外商，这个厂验是比较讨厌的。

3．工资水平低

本公司的工资水平和其他市区搬来的公司相比处于劣势，但对于开发区本地企业有一定优势。市区搬迁来的企业所提供的工资都是不包括各类津贴的，而本公司的薪资是已经包含了各类津贴及奖金的，上班时间也明显比本公司要少很多，所以本公司的工资明显处于弱势。

但因为本公司的员工基本不需要太多的工作经验，对学历也没较高的要求，而其他几家公司都属于技术型工种，所以他们的待遇高也是可以理解的。但由于其他公司在本公司附近，工人之间肯定会产生对比，这是无法避免的。

六、本公司的改进之处

（1）针对现有的薪资水平，对员工薪资再做具体分析，考虑薪资调整方案，适当提高员工收入水平。

（2）招聘渠道在职介所介绍的基础上，还需采取更加积极主动的招聘方式，积极去职介所蹲点招聘。

（3）加强"多面手"策略，让员工多学习几个技能，给予相应的补贴。确保生产不饱和状态下员工的稳定性。某高分子材料公司在试点技能补贴，3 个技能必须会，每多学会一个，给 50 元或 100 元奖励。本公司的中试车间已同意试点，仓库也想搞。

（4）人员的配备与工艺部门联合进行工时测算。根据生产淡旺季情况，可对班次做一些灵活的调整。开发区内几家企业在座谈会上建议本公司的工艺部门、财务部门、生产部门重新根据生产线布局测定工时。新来的博士可以牵头。

（5）对员工加强管理和人文关怀，尤其是让新员工快速融入公司文化中。建议对每批次的新进工人，由生产部门、行政部门、人力资源部门成立专门小组，专人跟踪新进工人的工作、生活，及时关心、及时解决。头一天、头三天、头一个月，这些时间点很重要。

案例4：锂电池A工厂生产员工计时计件工资发放办法

一、目的

优化薪资结构，体现合理分配、激励和经济的原则。

二、薪资组成

本办法所指的薪资，包括基本工资、绩效工资、奖金、福利、津贴等。

三、适用范围

实行计件工资分配的人员范围为：制造部生产员工、品管部质检员。

实行计时工资分配的人员范围为：机修工、电工、制样员、仓管员、驾驶员、清洁工、环保工等。

四、与生产直接相关岗位（制造、品管）薪资结构与计算

薪资＝基本工资＋绩效工资＋奖金＋其他津贴＋福利

1．月工资总额计算

（1）制造部作业员工月工资总额＝制造作业员工月基本工资总额＋制造作业员工绩效工资总额±奖惩＋其他津贴

其中：

制造作业员工绩效工资总额＝Σ（各类产品当月入库产量×各类产品计件单价＋补偿工时工资）

（2）品管部作业员工月工资总额＝品管作业员工月基本工资总额＋品管作业员工绩效工资总额±奖惩＋其他津贴

其中：

品管作业员工绩效工资总额＝Σ（制造作业员工总绩效工资/制造作业员工总人数×1.3×品管作业员工人数）

2．基本工资、班长津贴

制造、品管作业员工基本工资、班长职务津贴表，见表12.13。

表12.13　制造、品管作业员工基本工资、班长职务津贴表

岗位类别 \ 级别	基本工资（元）										班组长职务津贴（元）	
	1	2	3	4	5	6	7	8	9	10		
制造部作业员工	300	320	340	360	380	400	420	440	460	480	制造部	200
品管部作业员工	320	340	360	380	400	420	440	460	480	500	品管部	200
试用期员工	500 元/月											

注：每满一年经考核合格的员工基本工资升一级；基本工资标准每年初进行一次评估调整，主要以工作技能、工作责任来进行评价。

3．补偿工时工资

补偿工时工资，见表12.14。

表 12.14　补偿工时工资状况表

代码	名称	说明	确认部门	工时单价（元/人/小时）
B1	培训	按照培训计划或临时需求安排的培训	管理/工程	1.5
B2	重工	非制造原因（客户退回重工、QC 或 QA 退回重工）	品管部	1.65
B3	工程导入		工程部	2.2
B4	制程异常	材料不良、停工待料、设备/仪器/治具故障、工程变更、停线等	相关部门	1.5
B5	其他	集体活动、大扫除、员工大会等	管理部	1.5

4．绩效工资计算办法

员工月绩效工资＝每分值×绩效分配系数×个人考核得分

（1）每分值，指单位的绩效工资价值。

制造部每分值＝制造作业员工绩效工资总额/制造作业员工绩效分配系数总和

品管部每分值＝品管作业员工绩效工资总额/品管作业员工绩效分配系数总和

（2）绩效分配系数，见表12.15。

表 12.15　岗位绩效分配系数表

岗位	一般作业员	端面焊工	物料员	维修员	全技员	检验员	制造班长	品管班长
绩效分配系数	1.0～1.2	1.2～1.4	1.1～1.3	1.2～1.4	1.3～1.5	1.3～1.5	1.5～1.7	1.6～1.8

（3）岗位系数及岗位绩效考核办法由各部门依实际情况制订，由分管领导审批后报管理部备案。

三、其他员工薪资结构与计算

薪资=基本工资＋绩效工资＋奖金＋其他津贴＋福利

1．基本工资、绩效工资结构，见表12.16。

表 12.16　基本工资、绩效工资结构表

单位：元

级别 岗位	基本工资										绩效工资				
	1	2	3	4	5	6	7	8	9	10	1	2	3	4	5
治具技工	500	520	540	560	580	600	620	640	660	680	200	300	400	500	600
机修技工	500	520	540	560	580	600	620	640	660	680	200	300	400	500	600
电工	700	720	740	760	780	800	820	840	860	880	200	300	400	500	600
仓管员	700	720	740	760	780	800	820	840	860	880	200	300	400	500	600
制样员	700	720	740	760	780	800	820	840	860	880	200	300	400	500	600
驾驶员	700	720	740	760	780	800	820	840	860	880	0.3 元/千米				

级别 岗位	基本工资										绩效工资				
	1	2	3	4	5	6	7	8	9	10	1	2	3	4	5
驾驶班长	900	920	940	960	980	1 000	1 020	1 040	1 060	1 080	0.3 元/千米				
清洁工	300	320	340	360	380	400	420	440	460	480	30	70	100	130	160
环保工	400	420	440	460	480	500	520	540	560	580	30	70	100	130	160

注：每满一年经考核合格的员工基本工资升一级；基本工资和绩效工资标准每年进行一次评估调整，主要以工作技能、工作责任等来评价。

2．员工月绩效工资=岗位绩效工资标准×当月考核分

3．岗位绩效考核办法由各部门根据实际情况制订，由分管领导审批后报管理部备案。

四、相关规定

1．公司规定每月 15 日发放上月薪资，发放依据以上月统计数据为准，遇节假日提前。

2．下列款项每月从薪资中扣除：

代扣个人所得税及社会保险个人应缴纳的部分；按照《假期管理规定》需扣减的薪资；其他规定的扣减款项。

3．试用期规定：

凡社会招聘和大中专、技校、职高毕业生一律实行 1～3 个月的试用期，试用期内工资标准按 500 元/月执行，试用期 1 个月后进行考核上岗，按计时计件工资计算薪资，期满考核不合格者终止试用；在校学生来公司实习的，发放实习工资，具体标准另行制订。

五、津贴福利

1．公司在每个工作日为每位员工提供 1 份免费工作午餐。

2．因上班路程较远，在公司附近以租房解决住宿问题的员工可以享受 50 元/月的住宿补贴。

3．夜餐津贴标准：夜班员工加发夜班津贴 2 元/班。

4．社会保险等其他福利按公司有关规定执行。

六、年终奖

视公司整体效益可给予相当于 1 个月的部门月均工资的奖金，并在次年初发放，在年终奖发放前与公司解除劳动关系的人员不享受年终奖。

七、其他说明

1．奖惩（包括"OEC"考评、质量考核、成本考核、消耗奖惩等）按公司有关规定执行。

2．实行计件工资的在计件单价中已经包含了加班薪资，不再另外计算。其他实行计时工资的员工经公司领导批准节日加班，由部门安排调休，不能安排的按 25 元/班标准计发；驾驶员在平日和双休日超时工作按 5 元/小时计发超时工资，在法定假日

工作按 10 元/小时计发超时工资。

3．因公司生产任务不足，给员工放假期间的薪资按基本工资发放。

八、附则

1．本办法未尽事宜，按照国家和公司有关规定执行。

2．本办法自 20××年 11 月 1 日起执行，由行政人事部负责解释。

××锂电池科技有限公司

20××年×月×日

案例 5：月工时达成率与标准产出工时

某锂电池工厂考核月工时达成率与核定控制标准产出工时结合，见表 12.17。

表 12.17　月工时达成率

线 别	工 序	计划数量Q1（只）	生产数量Q2（只）	不良数Q3（只）	合格率P=1-Q3/Q2（%）	标准产出工时T1=Q1×t1（小时）	标准单位工时t1（小时/只）	实际投入总工时T2（小时）	实际单位工时t2=T2/Q2（小时/只）
1号生产线	PCBA测试/加工	22 000	22 263	139	99.38	725	0.033	714.5	0.032
	组装/半成品测试	22 000	22 062	1 456	93.40	4 374	0.199	4 515.5	0.205
	点胶压合/包装	20 000	18 792	327	98.26	1 210	0.061	3 313.4	0.176
2号生产线	PCBA测试/加工	30 000	29 222	176	99.40	1 075	0.036	1 471.5	0.050
	组装/半成品测试	27 000	27 789	1 340	95.18	1 026	0.038	3 871	0.139
	点胶压合/包装	30 000	29 880	504	98.31	1 624	0.054	4 627.5	0.155
3号生产线	充放电	50 000	52 327	29	99.94	615	0.012	934.3	0.018

异常工时T3					综合效率R=T1/T2	工时达成率W=1-T3/T1	劳动效率X=1-T3/T2
新员工投入T31（小时）	待料T32（小时）	设备T33（小时）	5S,T34（小时）	小计T3=T31+T32+T33+T34（小时）	%	%	%
0	0	0	0	0	101.5%	100.0%	100.0%
0	0	19.2	0	19.2	96.9%	99.6%	99.6%
0	0	0	0	0	36.5%	100.0%	100.0%
20.5	0	15	42.5	78	73.1%	92.7%	94.7%
29.4	0	0	115	144.4	26.5%	85.9%	96.3%
0	0	110.4	12.5	122.9	35.1%	92.4%	97.3%
				0	65.8%	100.0%	100.0%

案例6：电池工厂计件工资分配与考核实施细则

为充分体现多劳多得、公正合理的分配原则，将员工经济利益与公司的生产经营状况紧密结合，形成良好的质量、成本、效率的激励机制，结合本公司的实际情况，特制定本细则。

第一条　薪资系列

1．计件制

适用对象为制造各工序、装箱、机修、质检、叉运、仓管等员工。

2．计时制

适用对象为 ERP 录入员、行政内勤、食堂、门卫、保洁等员工。

第二条　薪资基础

1．单价的确定

以工厂年生产甲产品产量 81 万千伏安时、年生产乙产品产量 69 万千伏安时、半成品产量 96 万千伏安时为基数结算。

2．计件员工工资结构

司龄补贴+全额计件+加班工资+年休补偿+津贴±奖惩。

第三条　计件制分配

1．计件岗位名称、定员及工资各项标准，见表 12.18。

表 12.18　计件岗位定员表

工　序	定员	司龄工资标准（元/月）			计件工资（元/千伏安时）		
		满 2 年，不满 3 年	满 3 年，不满 6 年	满 6 年	车间可分配单价	非分配的单价	日工资基数
半成品制造员工	70	30	满 1 年增 30	150	1.333 6	0.415 7	58
甲产品装配员工	116	30	满 1 年增 30	150	2.502 7	0.641 7	55
乙产品装配员工	173	30	满 1 年增 30	150	4.408 6	1.120 7	55
装箱员工	52	30	满 1 年增 30	150	0.611	0.155 1	55
质检员工	39	30	满 1 年增 30	150	0.463 4	0.117 9	55
机修员工	32	30	满 1 年增 30	150	0.415	0.103	66
叉运员工	11	30	满 1 年增 30	150	0.157 5	0.037 8	66
仓管员工	17	30	满 1 年增 30	150	0.190 1	0.050 9	54
统计员	4	30	满 1 年增 30	150	0.036 4	0.011 6	45
服务员工	30	30	满 1 年增 30	150	0.128 7	0.232	45
合计	544						

2．计算公式

半成品制造员工的计件工资总额=∑实际月在册人数的司龄工资数+半成品合格产量×车间可分配单价+各类加班工资+津贴±奖惩。

甲产品装配员工的计件工资总额 =（∑实际月在册人数的司龄工资数）+（甲产品合格入库产量×车间可分配单价）+各类加班工资+津贴±奖惩。

乙产品装配员工的计件工资总额=（∑实际月在册人数的司龄工资数）+（乙产品合格入库产量×车间可分配单价）+各类加班工资+津贴±奖惩。

装箱员工的计件工资总额=（∑实际月在册人数的司龄工资数）+（乙产品合格入库产量×车间可分配单价）+各类加班工资+津贴±奖惩。

质检、仓管、叉运、机修等员工的计件工资总额 =（∑实际月在册人数的司龄工资数）+［（乙产品合格入库产量+发货量）/2］×车间可分配单价+各类加班工资+津贴±奖惩。

服务员工的计件工资总额 =（∑实际月在册人数的司龄工资数）+（乙产品合格入库产量×车间可分配单价）+加班工资+津贴±奖惩。

3．其他说明

车间可分配单价与当月产量的乘积，就是车间自主进行工资计算的工资额。

非分配的单价与当月产量的乘积，就是用于员工当月工作除计件产量以外的应计算工资额，由行政人事部按相关规定分配。

加班工资是指平时、双休日、法定节假日应得的工资。

津贴是指环境津贴、技工津贴、带徒津贴、夜餐津贴。环境津贴是对半成品车间铸板、铸粒、涂板工序员工的补贴。技工津贴是指通过公司技工评定，聘任上岗的人员。带徒津贴是指已签订师徒协议，在规定时间内考试合格，并由培训部门发放上岗证的，师傅享受带徒津贴按一般岗位和关键岗位划分，30～50 元/（月·人）（1～2个月）。夜餐津贴是指符合中夜班工作时间发放的津贴。

质量、成本奖罚按工厂的工序不良率、原材料消耗考核办法执行。

其他奖罚是指阳光奖励、星级员工奖励、班组长绩效管理考核办法。

第四条　计时制分配

1．工资结构=司龄工资+岗位工资+绩效工资+各类加班工资+津贴±奖惩

2．计时岗位名称、定员及工资标准，见表 12.19。

表 12.19　计时岗位定员表

人员类别	岗位工资标准（元）	绩效工资等级(元)
行政内勤人员、ERP 录入员	600	700～900
食堂厨师	800	1 000～1 200
食堂配菜工	650	700～900

人员类别	岗位工资标准（元）	绩效工资等级(元)
食堂厨工	500	400～600
宿舍、门卫、清洁人员	500	500～700

3．绩效工资等级：根据服务岗位设置的难易程度及考核结果划分。

第五条　其他

1．涉及员工司龄的均按周年计算，从次月起调整；涉及员工岗位变动的都按调动日计算调整。

2．新进员工的薪资确定：新招收员工在试用期内按当地的最低工资标准执行。期满考核合格的，按相应岗位计件、计时工资计算；考核不合格的中止试用或延长试用期。

招用特殊工种的人员试用期和试用期工资按双方协商确定。

3．员工试用期满后因工作需要借调其他部门，经行政人事部审核批准，借调期一个月内，按 1 200 元/月的工资标准，并根据借调部门对员工在此工作期间的工作表现，发放相应的工资。因员工本人要求换岗，换岗一个月内按最低工资标准发放。

4．员工按实际出勤计件，超过法定标准工作时间的，按以下结算：

（1）双休日加班工资支付额按日加班工资计发基数的（150%-1）结算；

（2）法定节日加班按日加班工资基数的（300%-1）结算；

（3）年休假加班按法定假日加班工资支付办法结算；

（4）日加班工资基数按岗位分类确定；

（5）享受年休假的员工，休假天数按计时工时 45 元/天的标准支付。

5．夜餐津贴标准：中班工作时间超过 23 时的每人每班津贴 3 元，夜班工作时间超过次日凌晨 2 时的每人每班津贴 5 元。

6．经公司同意中止劳动合同，正常办理完移交手续的员工，仍享受当月应得的工资；未经公司同意中止劳动合同而擅自离岗的人员，按旷工处理，旷工一天扣除100 元。

7．员工按公司安排正常出勤后当月所得工资低于国家规定的最低工资标准时，即按照当地规定的最低工资标准发放。

8．经公司领导批准，计件员工从事非本部门的计件工作时，公司按原车间岗位标准工时与出工部门结算薪资。

9．按公司《假期规定》办理员工的各类假期待遇。

10．本细则以综合管理科解释为准。

11．本细则自20××年 1 月 1 日起执行。

案例7：锂电池工厂计件工资核定

公司领导：

根据《工厂计件工资分配考核办法》文件，经多次测算与会议沟通，建议对年锂电工厂计件工资给予核定，并实施。现将有关事项汇报如下。

一、产量计划

根据年度经营计划，年锂电工厂的计划产量为：2 500万元。

各车间的定员，见表12.20。

表12.20 各车间定员表

人员类别	电芯车间	电池车间	小计	辅助	机修	质管	仓库	小计	后勤	小计	合计
定员（人）	100	75	175	8	7	17	4	36	4	4	215

二、各车间的公司计件单价和纯计件单价

各车间的公司计件单价和纯计件单价，见表12.21。

表12.21 各车间的公司计件单价和纯计件单价

人员类别	电芯车间	电池车间	小计	辅助	机修	质管	仓库	小计	后勤	小计	合计
公司计件单价	0.067	0.049 96	0.116 96	0.008 69	0.006 9	0.012 67	0.002 85	0.148 06	0.002 21	0.002 21	0.150 27
纯计件单价	0.048	0.035 71	0.083 71	0.007 95	0.005 57	0.009 45	0.002 13	0.108 81	0.001 48	0.001 48	0.110 29

三、各车间的计件工资总额和纯计件工资总额

按上述的单价乘以锂电工厂年计划产量2 500万元计算，各车间的计件工资总额和纯计件工资总额，见表12.22。

表12.22 各车间的计件工资总额和纯计件工资总额

人员类别	电芯车间	电池车间	小计	辅助	机修	质管	仓库	小计	后勤	小计	合计
计件工资总额（万元）	167.5	124.9	292.4	21.7	17.2	31.7	7.1	77.7	5.5	5.5	375.7
纯计件工资总额（万元）	120	89.3	209.3	19.9	13.9	23.6	5.3	62.7	3.7	3.7	275.7

四、总额

整个锂电工厂的计件工资总额为 375.7 万元，另外各类津贴为 1.9 万元（其中技工津贴=1.4 万元、带徒津贴=0.5 万元、司龄津贴=0），合计 378 万元。

五、单价拆分

公司计件单价与纯计件单价之间的差额，用于各类补贴、加班工资、年休假补偿、年度考核奖励。纯计件单价由各车间在核定数据内，分拆到各工序。分拆时要注意考虑关键工序、特殊工序与一般工序之间的合理性，由行政人事部组织协调，总经理审批后执行，报人力资源部备案。

六、分配系数

各车间核定某个工序的纯计件单价后，由班组长确定该工序各员工的分配系数，由车间主任审核，由行政人事部组织协调，总经理审批后执行，报人力资源部备案。

七、考核细则

锂电工厂组织各车间制定《锂电工厂计件工资分配考核办法》中要求的绩效考核实施细则，由行政人事部组织协调，总经理审批后执行，报人力资源部备案。

八、说明

年休假预提按一般工人 5 天中 3 天未休补偿测算。

锂电工厂需注意合理安排排班，在确保完成年度生产计划的前提下，尽量在法定节假日安排工人休假，原则上法定节假日的加班天数不得超过 7 天。生产计划有空闲期，尽量安排工人使用年休假，原则上未休天数不得超过 3 天。

年度考核奖励，除根据公司经营效益考虑外，根据年休假补偿、法定节假日加班工资是否突破预提总额，做一定的调整。

九、本通知自 20××年 4 月 1 日起施行。

人力资源部

20××年×月×日

案例 8：锂电池 B 工厂计件、计时工资分配实施细则

根据《锂电池工厂计件、计时工资分配考核办法》的规定，特制定本细则。

一、标准工时单价及加班工资的计算

1. 标准工时单价的确定

标准工时单价=月标准工时工资÷月标准工作天数÷日标准工作小时数=960÷21.75÷8=5.517 2（元/小时）。

说明：月标准工时工资=960 元、月标准工作天数=21.75 天、日标准工作小时数 =8 小时。注：的当地最低工资标准为 960 元/月。

2. 月加班工资计算

按照综合计算工时制标准计算：

（1）平时及双休日加班工资－（月实际出勤工时－月标准出勤工时）×标准工时单价×系数×1.5×0.7。

说明：当标准工时单价×系数×1.5×0.7）<标准工时单价×1.5 时，按标准工时单价×1.5 倍计算。

（2）法定假日加班工资－法定假日加班工时×标准工时单价×系数×3×0.7。

说明：当标准工时单价×系数×3×0.7<标准工时单价×3 时，按标准工时单价× 3 计算。

二、岗位系数确定

按照岗位设备操作难度系数、对产品质量的影响程度等要素综合评估确定各岗位系数。

按照计件、计时分配方案，为保证合理、公平、公正下发到每个车间、班组、岗位员工，并逐级合理控制人工成本、消除浪费，制定工序定额标准和岗位工时标准。

生产车间计件岗位名称及计件工资各项标准，见表 12.23。

表 12.23 生产车间计件工资标准

单位：标准工时/只

电芯类别	容量分档	计件工时定额				合 计
		制 膜	干电芯	化成折边	电池组装	
蓝牙电芯	300mAh 以下	0.010 6	0.050 0	0.021 4	0.038 0	0.120 0
	300～1 000mAh	0.021 2	0.100 0	0.042 8	0.076 0	0.240 0
	1 000mAh 以上	0.031 8	0.150 0	0.064 2	0.114 0	0.360 0
常规电芯	4 000mAh 以下	0.113 5	0.165 0	0.036 5	0.085 0	0.400 0
	4 000～8 000mAh	0.227 0	0.330 0	0.073 0	0.170 0	0.800 0
	8 000mAh 以上	0.340 5	0.495 0	0.109 5	0.255 0	1.200 0

由以上计件工时定额（标准工时/只）乘以标准工时单价（5.517 2 元/小时）可得到对应的单价（元/只）。以上计件工时定额对应的单价包含加班工资、班组长工资，但不包含年休假、年度考核奖励、中夜班津贴、高温费。

辅助人员计件岗位名称及计件工资各项标准，见表 12.24。

表 12.24 辅助人员计件工资标准

单位：标准工时/只

电芯类别	容量分档	计件工时				合　计
		机　修	辅　助	品　管	行政后勤	
蓝牙电芯	300mAh 以下	0.005	0.008 7	0.016	0.003 2	0.024 2
	300～1 000mAh	0.01	0.017 4	0.032	0.006 4	0.048 4
	1 000mAh 以上	0.015	0.026 1	0.048	0.009 6	0.072 6
常规电芯	4 000mAh 以下	0.016 7	0.025 4	0.045	0.008	0.069 7
	4 000～8 000mAh	0.033 4	0.050 8	0.09	0.016	0.139 4
	8 000mAh 以上	0.050 1	0.076 2	0.135	0.024	0.209 1

　　由以上计件工时定额（标准工时/只）乘以标准工时单价（5.517 2 元/小时）可得到对应的单价（元/只）。以上计件工时定额对应的单价包含加班工资、班组长工资，但不包含年休假、年度考核奖励、中夜班津贴、高温费。

三、附则

1. 本细则报人力资源部批准实施，由行政人事部负责解释。
2. 本办法自发文之日起施行。

锂电池工厂

20××年×月×日

第十三章

项目奖金制设计操作实例

项目奖励涉及六个变量的逻辑关系：工作量、人数、薪资包、人均工作量、人均薪资、薪资占比的变量关系。

在项目奖励设计中，工作量是指项目数、产值、销售额、点数等，有通用性，也有行业特性。人均工作量，实际与计件工资的定额类似，实际操作多数是根据本企业积累的经验数据测定并调整。测算，对于项目奖励设计十分必要。

下面将介绍 9 个案例进行说明。

案例1：技术中心的摸底调查——3家企业项目奖励的模式

××高科：

1. 对研究院实行股份制管理，其中公司占74％，研究院占26％。

2. 研究成果转移公司进行生产经营，技术创新项目产生的利润按比例分成（5年）。

3. 研究院的利润分成，70%对技术人员进行奖励，30％再投入股份。

4. 内部实行项目管理制度，明确责任与收益分配。

永康××公司：

1. 技术中心实行2级管理，集团技术中心负责重大项目，各公司技术中心负责应用项目，并在集团技术中心实行备案制度。

2. 按项目产生的效益进行按比例分成（3年）。

3. 项目实施前明确责任与收益分配。

萧山××公司：

1. 技术人员实行高工资、适当奖励政策。

2. 奖励的资金来源与项目产生的效益挂钩，几百元到数千元不等，但项目较多，产品是家用厨具电器产品，据称始终站在高端市场。

3. 产品全部为专利产品，鼓励员工创新与专利申请，专门成立一个组织与其他侵权企业打官司。

4. 对技术创新成果及专利均设立专门奖励资金。

案例2：控制器促销项目奖励方案

为推动公司新研发、生产的××控制器在钢铁行业的销售，特制订本促销方案。

一、适用范围

以销售一部的销售工程师和技术工程师为主。本次促销××控制器的销售额，不在销售工程师的个人销售业绩中重复计算。技术工程师促销的目标客户是本人正在提供服务的客户、曾经服务过的客户。

二、奖励计算

1. 奖金=Σ（奖励标准×台数）

2. 奖励标准：单台产品的奖励标准A，根据基准单价销售额B递增奖励，见表13.1。

表 13.1 促销奖励标准

基准单价 B (万元/台)	奖励标准 A (元/台)	基准单价 B (万元/台)	奖励标准 A (元/台)
7≤B<7.5	1 000	8≤B<8.5	1 400
7.5≤B<8	1 200	B≥8	1 600

3．基准单价

基准单价=合同额-佣金和其他商务费用。

三、付款方式

××控制器销售的付款方式为：款到发货。

××股份有限公司销售中心

20××年×月×日

案例3：某电信运营商分公司业务促销项目奖励方案（含测算）

为实现公司在三季度的业务收入和用户量迅速增长的阶段性目标，有效激励各分公司及员工实现目标的积极性，特制定本办法。

一、分公司奖励办法

（一）本次业务促销的目标

分为低档指标、中档指标、高档指标，各分公司结合当地市场形势和公司业务发展情况，任选其中一档，并报省公司。省公司依据各分公司认选的指标，对低、中、高三档采取不同的奖励办法。

（二）考核指标

分为业务收入和业务量两大类，具体指标由省公司市场经营部下达。

（三）计算公式

分公司考核得分 X=业务收入考核得分-扣分数。其中：

各分公司业务收入考核得分=（实际业务收入/目标业务收入）×100 分。

业务量考核作为扣分指标：未完成固话用户数指标扣 6 分，未完成公话数指标扣 3 分，未完成宽带用户数指标扣 6 分。

（四）考核周期

三季度为一个考核周期。

（五）绩效工资预发

周期内各分公司每位员工（领导班子成员除外）每月的绩效工资，按原绩效工资的 50%预发，另外 50%的总数 B，作为该分公司考核奖金总额基数。

（六）每个分公司实际核定奖金总额 Y 计算办法

1. 在分公司选低档指标的情况下，分公司考核得分 X 与实际核定奖金总额 Y 的对应关系如下：

（1）当 $X<100$ 分时，$Y=0$；

（2）当 100 分 $\leqslant X \leqslant 120$ 分时，$Y=（X/100）\times B$；

（3）当 $X>120$ 分时，$Y=1.2 \times B$。

2. 在分公司选中档指标的情况下，分公司考核得分 X 与实际核定奖金总额 Y 的对应关系如下：

（1）当 $X<90$ 分时，$Y=0$；

（2）当 90 分 $\leqslant X<100$ 分时，$Y=（X/100）\times 1.2B$；

（3）当 $X \geqslant 100$ 分时，$Y=（X/100）\times 2B$，最高为 $3.6B$。

3. 在分公司选高档指标的情况下，分公司考核得分 X 与实际核定奖金总额 Y 的对应关系如下：

（1）当 $X<78$ 分时，$Y=0$；

（2）当 78 分 $\leqslant X<85$ 分时，$Y=（X/100）\times 1.4B$；

（3）当 85 分 $\leqslant X<100$ 分时，$Y=（X/100）\times 2.4B$；

（4）当 100 分 $\leqslant X \leqslant 120$ 分时，$Y=（X/100）\times 3B$；

（5）当 $X>120$ 分时，$Y=1.2 \times 3B$。

4. 按以上办法对奖金总额 Y 核定后，在选中、高档情况下，如 $X \geqslant 100$ 分，一类市分公司按 $1.1Y$ 调节，二类市分公司按 $1.05Y$ 调节。

（七）指标完成情况与人工成本挂钩

1. 未完成指标的扣罚

各分公司在本次考核周期中如因未完成指标而所得考核奖金总额为 0 时，将在该分公司的全年人工成本计划中扣除考核奖金总额基数 B 的额度。

2. 超额奖励

各分公司在本次考核周期中所得考核奖金总额超过 B 的部分，在省公司总经理奖励基金中列支，不计入该分公司全年人工成本计划。

二、分公司员工奖励办法

各分公司所得考核奖金总额，由各分公司制定具体办法，在考核周期末对员工进行奖励分配，指导意见如下：

（1）贯彻按劳分配和效率优先、兼顾公平的原则，打破平均主义，合理拉开差距。

（2）注重薪酬的激励作用，绩效工资分配要与员工个人绩效挂钩。

（3）适当向营销人员和在本次业务促销中有重要贡献的岗位人员倾斜。

（4）本次奖金分配适当考虑对社会化用工、试用期员工进行奖励。

（5）本次考核周期内，各分公司同时可按省公司下发的《市分公司集团客户营销人员薪酬试行方案指导意见》，制定营销人员薪酬实施细则并实行，但纳入此项方案的人员的绩效工资，不再计入该分公司本次考核奖金总额基数。

三、分公司领导班子成员

在考核周期内的绩效工资，按原绩效工资的50%预发；在周期末，按核定分公司奖金总额的同样办法，核定奖金。

四、省公司员工

在考核周期内，绩效工资按原绩效工资的50%预发；在周期末，根据全省指标的完成情况，按低档或中档的核定办法，核定奖金。

五、解释权

本办法由省公司人力资源部负责解释。

附件1：各档位奖金测算方法

完成收入	低档目标（业务收入指标M）		中档目标（业务收入指标1.15M）		高档目标（业务收入指标1.38M）	
	分数 X	奖金 Y	分数 X	奖金 Y	分数 X	奖金 Y
<1M		0		0		0
1M	100	1.00B	87	0	72	0
1M～1.04M				0		0
1.04M	104	1.04B	90	1.08B	75	0
1.04M～1.08M						0
1.08M	108	1.08B	93	1.12B	78	1.09B
1.08M～1.15M						
1.15M	115	1.15B	100	2.00B	83	1.16B
1.15M～1.18M						
1.18M	118	1.18B	102	2.04B	85	2.04B
1.18M～1.2M						
1.2M	120	1.20B	104	2.08B	87	2.09B
1.2M～1.38M		1.20B				
1.38M	138	1.20B	120	2.40B	100	3.00B
1.38M～1.66M		1.20B				
1.66M	166	1.20B	144	2.88B	120	3.60B
1.66M～2.08M		1.20B				3.60B
2.08M	208	1.20B	180	3.60B	150	3.60B
>2.08M		1.20B		3.60B		3.60B

附件 2：各档位奖金测算（以本次促销全省业务收入指标总数为例）

完成收入（万元）	低档目标（业务收入指标 5 850 万元）		中档目标（业务收入指标 6 750 万元）		高档目标（业务收入指标 8 100 万元）	
	分数 X	奖金 Y	分数 X	奖金 Y	分数 X	奖金 Y
4 000(<5 850)	68	0	59	0	49	0
5 850	100	B	87	0	72	0
6 000(5 850～6 075)	103	1.03B	89	0	74	0
6 075	104	1.04B	90	1.08B	75	0
6 200(6 075～6 318)	106	1.06B	92	1.1B	77	0
6 318	108	1.08B	93	1.12B	78	1.09B
6 500(6 318～6 750)	111	1.11B	96	1.15B	80	1.12B
6 750	115	1.15B	100	2B	83	1.16B
6 800(6 750～6 885)	116	1.18B	101	2.02B	84	1.18B
6 885	118	1.18B	102	2.05B	85	2.05B
6 950(6 885～7 020)	119	1.19B	103	2.06B	86	2.06B
7 020	120	1.2B	104	2.08B	87	2.08B
7 500(7 020～8 100)	128	1.2B	111	2.22B	93	2.23B
8 100	138	1.2B	120	2.4B	100	3B
9 000(8 073～9 711)	154	1.2B	133	2.66B	111	3.33B
9 720	166	1.2B	144	2.88B	120	3.6B
10 000(9 720～12 150)	171	1.2B	148	2.96B	123	3.6B
12 150	208	1.2B	180	3.6B	150	3.6B
13 000(>12 150)	222	1.2B	192	3.6B	160	3.6B

案例 4：研发项目奖励分类细则

一、研发项目分类

根据研发项目的不同工作内容，分六类，见表 13.2。

表 13.2　研发项目分类

1	全新产品开发	公司内尚无同类产品生产且产品的结构或性能有重大改进
2	基础研究项目	围绕系列产品存在的共性质量问题而开展的技术工作
3	产品系列扩展	公司已有同系列产品但因市场需要而增加产品规格或改进结构的开发工作
4	产品质量改进	围绕产品生产或使用过程中存在的质量问题而开展的技术工作
5	工艺改进	针对产品生产工艺改进而开展的技术工作
6	成本改进型项目	针对降低产品的生产成本而开展的技术工作

二、研发项目的奖励标准

根据不同项目的重要性与产生效益情况，对不同分类项目奖励额度方案见表 13.3。

表 13.3　研发项目奖励标准

序　号	项目分类	奖励额度（万元）	备　注
1	全新产品开发	5～15	
2	基础研究项目	2～13	
3	产品系列扩展	2～7	根据开发产品数量增加相应系数
4	产品质量改进	1～10	
5	工艺改进	2～10	
6	成本改进型项目	按成本降低的 10% 奖励	以产品投放后 1 年为限，评审通过后分季发放

三、研发项目奖励的实施细则

1. 项目分类与奖励额度在审批项目报告时确认，一般由项目组长提出，分管领导批准，见表 13.4。

表 13.4　项目奖励计划审批表

编码：　　　　　编号：

项目名称			项目编号		
项目组长					
项目组员					
项目评定 等级和平均分	A				
项目预计 完成时间					
项目奖励 申请额度	8 万元		项目奖励 批准额度		
项目各阶段 和奖励比例	阶段 1	小试	阶段 2	批试	阶段 3	验收
	奖励比例	20%	奖励比例	40%	奖励比例	40%
项目组长 和组员、平台 奖励比例计划	项目组长		组员		平台	
	奖励比例		奖励比例		奖励比例	
申请内容： 根据《技术体系项目管理规定》中相关条例，特申请项目奖励，恳请领导批准！ 　　　　　　　　　　　　　　　　　　　　　　　　　　　项目组长： 　　　　　　　　　　　　　　　　　　　　　　　　　　　日期：					

续上表

评审小组意见	签名/日期:
总工程师、财务总监审核	签名/日期:
总经理审批	签名/日期:
备注	

2．奖励分配按公司相关制度执行。

3．项目组成员与工作分工由项目组长在项目立项时沟通确认。

4．项目完成后，根据考核结果确认发放额度（考核方案另定），由项目组长进行分配。

5．项目实施过程中，阶段奖励发放按阶段设定目标进行控制，但项目最终完成前，发放额度不超过项目总额的60％。

6．成本改进型项目可根据项目具体情况提前预支部分奖励，由公司分管领导批准确认。

7．未包含在上述分类中的项目，在项目审批时由技术委员会进行确认。

××股份有限公司技术中心

20××年×月×日

案例 5：软件公司的项目提成方案（技术部）

一、技术部的薪资组成

年薪=基薪+项目提成+年终奖

二、项目提成

技术部的各项目组、测试室等，项目提成的计算公式、考核指标，见表 13.5。

表 13.5　技术部各项目组、测试室提成计算公式、考核指标

职　位	项目提成	考核指标
项目 1 组	提成=开发、维护产品有效回款额×2%	开发 50%，维护 50%。其中，有效回款额=AllWeb 升级×0.8+AllWeb 新点×0.8+备份方案+银证转账接口产品/3+银证转账/3+银证通/3
项目 2 组	提成=开发、维护产品有效回款额×1.9%	开发 75%，维护 25%。其中，有效回款额=VSP 产品提成×0.8+银证转账接口产品/3+银证转账/3+银证通/3
项目 3 组	提成=开发、维护产品有效回款额×4.7%	开发 50%，维护 50%。其中，有效回款额=总部监控+自营系统+开放式基金

职 位	项目提成	考核指标
项目 4 组	提成=某证券公司 SW 的维护费×12.8%	维护 100%
项目 5 组	提成=开发、维护产品有效回款额×1.6%	开发 75%，维护 25%。其中，有效回款额=银证转账接口产品/3+银证转账/3+银证通/3
项目 6 组	提成=开发、维护产品有效回款额×4.8%×3	开发 50%，维护 50%。其中，有效回款额=交换机电话委托系统+语音卡+远程系统+代理软件+AllWeb 升级×0.2+AllWeb 新点×0.2
测试室	提成=部门提成×7%	
发布室	提成=部门提成×3%	
专家组	提成=部门提成×7%	
各项目组	补充提成=某产品有效回款额×2.4%	

三、提成支付时间

各项目组按版本完整开发周期核算项目提成，开发周期超过 1 个月，可预提不超过 50%的提成。

四、考核

技术部项目组、发布室、测试室、专家组的提成奖金与各部门考核指标挂钩，根据考核结果相应增加，扣减提成额，各部门考核指标另外发布。

五、年终奖

在完成业绩的条件下，技术部员工的年终奖根据个人年终绩效考核结果发放。未完成业绩时，年终奖按未完成比例递减。

案例 6：软件公司的项目提成方案（销售一部）

一、销售一部的薪资组成

年薪=基薪+项目提成

二、项目提成

销售一部的区域经理、高级销售经理、销售经理、销售总监，项目提成的计算公式、特点，见表 13.6。

表 13.6　销售一部的提成计算

职 位	项目提成	特 点	备 注
区域经理	提成=（∑部门进销差价回款×0.8%/3+∑区域进销差价回款×0.4%）×时间系数 S×产品系数 C×地域系数 D×竞争系数 J	以部门与区域的回款毛利为提成依据，引入 4 个调节系数	
高级销售经理	提成=个人当月有效回款额×3%×时间系数 S×产品系数 C×地域系数 D×竞争系数 J	以个人的回款毛利为提成依据，引入 4 个调节系数	当月有效回款额=当年产生的合同类到款额-硬件成本、技术服务费
销售经理	提成=个人当月有效回款额×4%×时间系数 S×产品系数 C×地域系数 D×竞争系数 J	以个人的回款额为提成依据，引入 4 个调节系数	
销售总监	预留提成=部门提成×0.3%	以部门提成为依据	由总监调配

三、系数说明

提成计算公式中提及的时间系数 S、产品系数 C、地域系数 D、竞争系数 J，见表 13.7。

表 13.7　系数说明

	适用条件	时间系数 S
时间系数 S	到款时间在合约规定时间内	1
	到款时间在合约规定时间外，且在 3 个月内	0.8
	到款时间在合约规定时间外 3 个月以上	0.5
	适用条件	产品系数 C
产品系数 C	AllWeb 系统	1.4
	虚拟交易系统	1.4
	交换机电话委托系统	1.2
	银证证券端系统	1.2
	备份系统	1.2
	代理软件	1.1
	硬件系统集成	0.9
	总部监控系统	0.9
	财务软件	0.9
	电话语音卡	0.8
	周边系统	0.8
	其他产品	1

续上表

地域系数 D	适用条件	地域系数 D
	海南、广东、广西	1.3
	湖北	0.8
	湖南、江西	1.3
	福建	1.8
	云南、四川、西藏	1
	贵州、重庆	1.3
	新疆、宁夏、甘肃、青海、陕西	1.1
	河南、山西	1
	江苏、上海、安徽	0.6
	浙江	1
	山东	1.2
	北京	1.2
	内蒙古、河北、天津	1.2
	黑龙江、吉林、辽宁	1.2
竞争系数 J	适用条件	竞争系数 J
	HS 公司	1.3
	JZ 公司	1.2
	XYD 公司	1.1
	JSD 公司	1.3
	DD 公司	1.3
	其他	1

四、提成支付

提成支付时间，见表13.8。

表 13.8　提成支付时间

	有效回款率	提成支付	剩余支付	适用情况
1	100%	全额提成×100%		软件
2	≥90%	全额提成×50%	剩余 10%回款到账后，支付剩余的全额提成×50%	
3	100%	全额提成×100%		硬件、代理产品

五、其他

1．销售区域与责任人（销售经理）对应，配合人员对分属区域和责任人负责。

2．有配合人员的销售区域，由责任人提交提成产生以后的分配比例，向销售总监报批后执行，对分配有异议的可越级反映。

3．证券公司总部合约的 50%业绩由签约区域提成，另 50%根据营业部数量、分布地域，由各所属区域共同提成。营业部所在地区域工作没有做好，分配提成取消。

4．公司根据实际经营情况，保留每季度调整参数及计算公式的权力。

案例 7：工程技术公司的项目奖金方案设计与调整变化（费用包干）

浙江某工程技术公司，工程师有 100 多人，需要经常出差，主要是在客户现场做调试、安装。

公司创业早期，工程师的薪资主要是月工资+项目奖。费用按公司标准报销。后来发现，费用超额。原因是：

1．费用包括住宿费、餐费、往返交通费、当地交通费、现场零部件采购费等，科目较多。

2．由于费用是公司承担，工程师没有控制费用的意愿。客户叫工程师去调试，到了现场，可能很快完成，也可能等待多日，就会产生超额的住宿费、餐费。

3．调试后，可能有质量问题，客户打电话叫工程师去维修，工程师为了按期到达，选择乘坐飞机费用较高，往返交通费就超额。

一、第一次调整设计：费用包干

分管工程部的副总根据此种情况做了调整，采取费用包干。其做法是：

测算前 2 年发生的费用科目实际数据后，规定每个项目的调试天数、住宿标准、餐费标准、交通费标准、零部件采购费标准，合计后打 8 折，打包到项目奖，见表 13.9。

表 13.9　项目奖费用包干

单位：元

原项目奖 A	费用 B	项目奖费用包干 $C=(A+B)\times0.8$
10 000	5 000	12 000

并将每个项目承包给项目经理（组长）。由项目经理控制费用、安排出差，节约部分进入团队奖金池，项目经理分配给工程师。考核主要结合工作量、节约费用、工作表现等。

奖励的计算公式：

1．团队项目奖总包 $A=\Sigma$ 单个项目奖费用。

2．团队年终奖=A-实际费用。

项目经理一般按公司规定的项目奖标准+节约的费用分配的部分，按比例给到个人。剩余部分归项目经理所有。即项目经理相当于小包工头，积极性很高。

经此调整后，工程师的行为发生变化：

- 去客户现场前，确认好时间，不提前去，避免等待。
- 去现场后，与客户积极沟通，尽量早施工，提前完成项目，减少住宿费和餐费。
- 以前住招待所，现在工期在 1 个月以上，就当地租房，节约住宿费。
- 能坐火车则不乘飞机，跟客户协商到达时间，节约交通费。
- 调试时，尽量做到一次调试成功，避免后续的维修，则对应的往返交通、住宿、餐费、零部件采购费都可以节约。
- 调试时培训指导客户的工程师，让他掌握常见的问题点和维修调试技术。以后发生问题，让客户自己搞定。
- 客户打电话要维修，工程师尽量先电话指导解决，必须去现场的话协商时间坐火车去。

总之，项目费用+项目奖包干后，公司的成本节约，工期缩短，项目经理承包得到经济收入和权力，工程师得到收入增加。

二、第一次调整从有效到失效

运行 3 年，效果很好。后来，情况发生变化。

物价上涨，项目奖和费用的标准几年不变，包干带来的节约好处被逐步抵消。加上工资未调整，工程师对整体年收入感觉偏低。

原因在于：

1. 别的公司的工程师拿 5 万元，主要在本地上班，可以有双休日，可以照顾家庭。而本公司的调试工程师拿 6 万元，虽然多了 1 万元，但是 1 年有 6 个月以上在出差。

2. 客户所在地方比较荒僻。刚开始 1~2 年还可以，刚毕业，学东西，还可以借机去各地旅游，开眼界。时间长了就不行了，要找对象，没时间，业余生活太单调，节假日出差在外也没有补贴。

3. 剩余的费用项目经理拿太多，而干了 3~5 年的老资格工程师拿的相对较少，如果觉得自己没有当项目经理的通道机会，加上年纪到了家里催谈对象，就离职了。

4. 早年的工程项目比较单一，项目奖分类，容易测算。后来，公司又推出了新的产品和系统，施工周期加长，工况复杂，不确定性增多。

做老工程项目类的收入稳定，做新项目的实际施工周期比计划估算的要长，按公司老项目费用包干标准经常超额。这样，项目经理发完该发的每个工程师的项目奖后，没什么多余的费用节约可做奖励。

项目经理的积极性下降，该组的工程师也很多抱怨，要么离职，要么想调岗到其他组做老项目，新项目就没人做了。

公司以研发见长，经常推陈出新。再好的研发产品，都需要在客户现场符合工况条件下才能实施，项目如何延期，熟手不够，老是新人，效率低，差错多，周期长。

公司感到棘手。

原来该公司的技术部分组。3 组做业务 A，2 组做业务 B，分别拆散在两个不同的子公司。业务 B 的销售不好做，市场份额 3 年没有明显的销售量，导致工程量减少，工程师工作量不足，奖金就少。不是不愿意干活，而是分配的活少。怎么办？

三、第二次调整：项目组合并、扩充、调整项目奖励标准

分管的副总想到一个办法。

1. 把两个子公司的技术组打通，组建公司的技术部，5 个组都可以做业务 A 和业务 B。这样，各组的老项目、新项目就平均了。每个工程师年度工作量差不多，熟手多些，新手少些。

2. 针对不同的项目类型，也重新做了工作量的估算，重新建立扩充后的项目奖和费用的标准。使得做新项目的工程师不吃亏，见表 13.10。

表 13.10 项目分类后的项目奖标准（含费用）

单位：元

	项目奖	费 用	项目奖费用包干
老项目	10 000	5 000	12 000
新项目 1	12 000	6 000	18 000
新项目 2	15 000	6 000	21 000
新项目 3	20 000	10 000	30 000

3. 工作量的测算按照点数统计。在工程技术公司，点数有模拟量、数据量、输入、输出。因此有四类：输入模拟量 A、输出模拟量 B、输入数据量 C、输出数据量 D。可假定：ABCD 的工作量系数为 1、2、3、4。

经此调整，工程技术部的项目经理、工程师又有积极性了。

可见，方案都是从有效到失效，然后再调整，是个阶段性的过程。

案例 8：工程项目图纸差错和进度延误考核奖罚

某工程技术公司，工程技术部的工程师在设计图纸时经常出错、延误。给生产车间、现场安装都带来问题，最终被客户投诉。因此制定了针对图纸出错和进度延误的考核奖罚规定。下面通过某季度的数据，举例说明奖罚的计算。

根据工程部项目进度技术环节考核规定，各项目考核结果如下。

一、差错奖罚

1. 项目根据规定图纸出现错误，扣设计人员 50 元/类，审核人员 100 元/类，根据考核结果，扣罚汇总见表 13.11。

表 13.11　图纸差错扣罚

序 号	部 门	姓 名	扣罚内容	扣罚金额（元）
1	工程技术部四组		设计	-100
2	工程技术部二组		设计	-50
3	工程技术部二组		设计	-50
4	工程技术部二组		设计	-100
5	工程技术部二组		设计	-50
6	工程技术部一组		设计	-50
7	工程技术部四组		审核	-200
8	工程技术部一组		审核	-200
9	工程技术部二组		审核	-400
合计				-1 200

2. 按规定，扣罚的金额 80%给下道工序发现者，20%留作公司基金。据此上述扣罚金额中，960 元用于奖励下道工序发现者，240 元留作公司基金，见表 13.12。

表 13.12　控制系统图纸审核考核结果

序 号	部 门	姓 名	扣罚内容	扣罚（元）	80%给下道工序发现者（元）	20%给公司（元）	发现人
1	工程技术部四组		设计	-100	-80	-20	
2	工程技术部二组		设计	-50	-40	-10	
3	工程技术部二组		设计	-50	-40	-10	
4	工程技术部二组		设计	-100	-80	-20	
5	工程技术部二组		设计	-50	-40	-10	
6	工程技术部一组		设计	-50	-40	-10	
7	工程技术部四组		审核	-200	-160	-40	
8	工程技术部一组		审核	-200	-160	-40	
9	工程技术部二组		审核	-400	-320	-80	
	合计			-1 200	-960	-240	

二、进度延误奖罚

1. 自主项目根据规定设计延期，按 100 元/天扣罚；出现错误，扣设计人员 70 元/类，审核人员 120 元/类，工艺化审核 80 元/类，根据考核结果，扣罚汇总见表 13.13。

表 13.13 设计延期扣罚

序 号	项目名称	部 门	姓 名	扣罚内容	扣罚金额（元）
1		工程技术部三组		进度	-200
2		工程技术部三组		设计	-70
3		工程技术部三组		审核	-120
4		工程技术部四组		设计、审核	-190
5		生产部		工艺	-80
6		设计部		进度	-200
合计					-860

2．按规定，进度扣罚的金额 100%留作公司基金；出错扣罚的金额 80%给下道工序发现者，20%留作公司基金。据此上述扣罚金额中，368 元用于奖励下道工序发现者，492 元留作公司基金，见表 13.14。

表 13.14 自主项目图纸审核考核结果

单位：元

序 号	项目名称	部 门	姓 名	扣罚内容	扣 罚	给下道工序	给公司	发现人
1		工程技术部三组		进度	-200		-200	
2		工程技术部三组		设计	-70	-56	-14	
3		工程技术部三组		审核	-120	-96	-24	
4		工程技术部四组		设计、审核	-190	-152	-38	
5		生产部		工艺	-80	-64	-16	
6		设计部		进度	-200		-200	
		合计			-860	-368	-492	

案例 9：生产部项目考核奖励办法

一、目的

鼓励产量多的技工，辅助工种按技工人均的相应折扣系数确定奖金基数，与综合考评等级结合。

二、适用范围

生产部员工，不包括生产部经理、车间主任。

三、生产部的奖金包

1．技工按人均 1 500 元×2 个月提取。

2. 另提取人均 150 元×2 个月×18 人=5 400 元，由生产部经理、主管集体讨论后分配（报销，现金发放形式）。

3. 奖金包的浮动

在上述的基础上，结合超量奖励，按表 13.15 的 20%提取（上年约 12 万元），见表 13.15。

表 13.15　超量奖励提取

产　值	定　义	上年目标	上年实际	本年目标	单　位	奖励规则	奖金包（元）
配套工程	3 300 个线头=1 套	65	78	70	套	每超 1 套，奖励 2 000 元	140 000
自有工程	3 300 个线头=1 套	0	28.7	25	套	每超 1 套，奖励 2 000 元	50 000
工业产品 1	台数×40 个线头/ 3 300 个线头=1 套	0	14.9	12	套	每超 1 套，奖励 2 000 元	24 000
工业产品 2	台数×68 个线头/ 3 300 个线头=1 套	0	8.4	6	套	每超 1 套，奖励 2 000 元	12 000
工业产品 3	台				台	每超 1 台，奖励 20 元	0
工业产品 4	台				台	每超 1 台，奖励 20 元	0
工业产品 5	台				台	每超 1 台，奖励 20 元	0
合计							22 6000
按 20%提取							45 200

4. 各类岗位的奖金测算

（1）生产部编制 19 人（不含生产部经理、车间主任）：工程项目组装技工 7 人、产品组装技工 4 人、生产助理 2 人、仓库 4 人、门卫 1 人、班车驾驶员 1 人。

（2）以技工平均奖励作为基数。不同岗位对应折扣系数，见表 13.16。

表 13.16　不同岗位对应折扣系数

岗　位	人　数	奖金折扣系数	岗　位	人　数	奖金折扣系数
技工	13	1.0	仓库主管	1	0.9×1.8 倍
生产助理	2	0.85	门卫	1	0.7
仓管员	3	0.9	班车驾驶员	1	2 700×2 个月

（3）各类岗位的奖金测算，见表 13.17。

表 13.17　生产部各类岗位的奖金测算

序　号	岗　位	人均奖金（元/人）	计奖月数（月）	折扣系数	倍数（倍）	人数（人）	奖金小计（元）	分类平均（元）
1	技工	1 500	2	1	1	11	33 000	3 000
2	生产助理	1 500	2	0.85	1	2	5 100	2 550
3	仓管包装工	1 500	2	0.9	1	3	8 100	2 700
4	仓库主管	1 500	2	0.9	1.8	1	4 860	4 860

续上表

序 号	岗 位	人均奖金（元/人）	计奖月数（月）	折扣系数	倍数（倍）	人数（人）	奖金小计（元）	分类平均（元）
5	门卫	1 500	2	0.7	1	1	2 100	2 100
6	班车驾驶员	2 700	2	1	1	1	5 400	5 400
	合计					19	58 560	3 082

四、技工年终考核奖励

1．"1"分对应的奖金基数=∑（技工人均年终奖励×2个月×技工编制人数）/∑分配系数

2．分配系数=每个技工每月计件工资/100

3．每个技工产量奖励=分配系数×奖金基数

4．每个技工的考核奖金=产量奖金×考核奖励系数

考核奖励系数，见表13.18。

表13.18 考核等级、比例、系数

考评等级	总体比例	奖励系数1	奖励月数1	备 注	优秀评比	增加奖励系数2	奖励月数2
A	10%	1.2	2.6		优秀团队成员	0.2	0.4
B	30%	1.1	2.2		优秀员工	0.2	0.4
C	40%	1	2		鼓励奖	0.1	0.2
D	15%	0.8	1.2				
E	5%	0.4	0.8	表现极端差可以是0			

第十四章

年终奖方案设计

本章介绍了年终奖方案设计的思路，并提供了6个案例。

年终奖的发放，既因涉及利益而让员工十分关心，又因难以拿捏而让老板备感头痛。因此，制订出公平、合理的年终奖方案，并将奖金顺利发到每个员工手上，就成为当下夹在员工和老板中间的 HR 的案头待办任务之一。

案例1：年终奖方案（业绩矩阵）

一、设置业绩矩阵

根据公司绩效 X 和部门绩效 Y 两个维度设置业绩矩阵，表格内为奖罚系数 L。见表 14.1。

14.1　业绩矩阵

部门绩效 Y	公司绩效 X		
	A（X≥95）	B（80<X<95）	C（X≤80）
A（Y≥95）	1.20	1.10	1.00
B（80<Y<95）	1.10	1.00	0.90
C（Y≤80）	1.00	0.90	0.81

二、奖励总额

部门下半年年终奖总包 S=部门下半年年终奖基准 W×奖励系数 L。

三、绩效考核

根据每个员工的绩效考核分数 M，按 10%、30%、30%、20%、10%的比例，将每个部门的员工考核等级划分为 A、B、C、D、E 五个等级。对应的个人奖励系数分别为 1.2，1.1，1，0.9，0.5。

四、奖励分解

个人对应的团队奖励 N=团队奖励 P/∑（个人下半年年终奖基准×绩效考核分数）×绩效考核分数。

各车间或班组均可按本方案的思路进行二次分配。

××集团有限公司
××年×月×日

案例2：某民营公司20××年度的年终奖发放方案

一、发放标准

1. 高管层

按照《年薪制实施办法》中的高级管理人员相关规定执行。

2. 实行薪点制的管理人员、技术人员、大区客服主管、客服工程师、股份总部驾驶员

按上年 12 月员工所在岗位薪点计发 2 个月标准月薪。

3．营销人员

按照《年薪制实施办法》中的营销人员相关规定执行。

4．股份总部其他后勤及客户服务人员

按上年 12 月员工所在岗位薪点计发 2 个月基本月薪。

生产中心工人岗位：按 2007 年度计件工资方案执行。

5．顾问

全日制公司顾问按 2 个月工资计发，其他公司级顾问按 1 个月工资计发。

二、计发办法

1．高管层年终奖计发公式

年终奖=标准年薪×风险年薪比例×奖励系数。

2．实行薪点制的管理人员、技术人员、大区客服主管、客服工程师、股份总部驾驶员年终奖计发公式

年终奖=薪点×1 000 元（B 留守管理人员及生产中心为 715 元）/12×工资发放月数×2。

3．营销人员

大区经理、各类客户经理/营销经理：

年终奖=标准年薪×风险年薪比例×年度绩效考核分数/100-全年已发放的年薪。

业务助理：

年终奖=标准年薪×风险年薪比例×年度绩效考核分数/100。

4．股份总部其他后勤及客户服务人员计发公式

年终奖=薪点×1 000 元×基本月薪比例/12×工资发放月数×2。

5．内部调动的员工

由上年 12 月所在子公司负责发放年终奖，相关数据由人力资源部负责提供。

三、年终奖金与员工年度综合考评挂钩

员工年度考核等级为 A、B、C、D、E 时，其年终奖发放比例分别为 120%、110%、100%、90%、50%。

四、其他规定

1．高管层及 A、B 分子公司总经理风险年薪在总部发放。奖励系数根据绩效考核结果确定。

2．上年 12 月 31 日前已解除、终止劳动合同或辞退的，不再发给年终奖。

3．当年新进员工试用期间不计发年终奖，试用期满见习期间减半发放。具体核算规定：见习期/试用期结束日在上半月的，年终奖励工资按全月核算，见习期/试用期结束日在下半月的，年终奖励工资按半个月核算。

4．各类假期按假期管理规定扣除。

5. 未尽事宜根据公司《薪酬制度》相关规定执行。

人力资源部
20××年×月×日

案例 3：某民营公司年终奖发放办法

本着按劳分配、多劳多得的原则，体现功有所奖、过有所罚的精神，根据年度目标完成情况，经公司领导研究决定年终奖金发放办法如下。

一、发放范围

1. 12 月底在册的公司正式员工（借用、聘用人员另有协议的按协议约定执行）。

2. 生产工人根据《计件工资制度》等有关规定由公司核定奖金总额，部门自行制定年终奖发放办法，报公司审核后发放，员工签领后将发放单报人力资源部备案。

3. 营销人员按营销责任制执行。

二、发放标准

1. 年终奖金基数为 6 000 元。

2. 生产工人奖金按人均 1 000 元/年计发，季节工全年基本奖金为 600 元。

3. "OEC"考评中：

A. 个人书面表扬加发 200 元/次（其中集体书面表扬加发 400 元/次）；

B. 个人口头表扬加发 100 元/次（其中集体口头表扬加发 200 元/次）；

C. 个人书面批评减发 200 元/次（其中集体书面批评减发 400 元/次）；

D. 个人口头批评减发 100 元/次（其中集体口头批评减发 200 元/次）。

三、发放原则

1. 人力资源部按 12 月底当期实际工作岗位确定岗位系数，核准各部门年终奖总额，由各部门根据考核情况进行二次分配。

2. 计算公式：

年终奖=本度实际上班月数×月奖标准×岗位系数±考核奖罚

3. 旷工当月不发年终奖金。

4. 招聘、调入员工享受年终奖，从建奖之月起计发；应届大中专毕业生计发管理人员基奖的 1/2 奖金，具体时间统一从 8 月起计算。

5. 中止合同（指服役）的人员享受年终奖。

6. 已解除劳动合同或被公司辞退的员工不计发年终奖。

7. 本办法由人力资源部负责解释并执行。

××股份有限公司
20××年×月×日

案例 4：年终奖金与年休假测算方案

一、总体要求

公司总体维持原有的年休假政策及相应的薪资待遇，即不增加公司新的成本。

二、测算重点

根据今年国务院年休假条例，可以确定可休年休假 A。公司原有的年休假规定 $B+C$ 与休假是带薪的，其中 B 是今年强制休假的过年 2 天，C 是平时可以允许休假的。$A-(B+C)$ 的部分（G）就是设计的重点。

如果 G 休假了，则按天扣除年终奖金。如果 G 未休，则按未休天数给予 3 倍工资的补偿金 D。$D=G\times3$ 倍。

三、补偿金的来源

从原有的年终奖金分出一块。

方案一：公司未给休任何年休假

1～10 年的，可以发相当于 0.7 个月工资的补偿金；10 年以上的，可以发相当于 1.4 个月工资的补偿金。

可见，公司的 2 个月的年终奖金足够支付目前公司的所有年休假的补偿金。

方案二：假设员工休完了所有 A，年终奖金 2 个月可以维持不变

$G=0$（即司龄 5～10 年的），不影响年终奖金；$G=2$（即司龄 1～5 年的），按所超天数减扣年终奖金；$G=5$（即司龄 10 年以上的），按所超天数扣减年终奖金。平时的薪资发放就只能算了，公司相对吃亏。

这个政策与历史政策的衔接度最好。没休完的，按未休天数给予 3 倍工资的补偿金。

方案三：假设员工只休了强制休假的 2 天，剩余不休

如原年终奖金为 2 个月，现按 1.5 个月计发，另外 0.5 个月的额度用来作为补偿。1～10 年的，可以发相当于 0.4 个月工资的补偿金（合计 1.9 个月）；10 年以上的，可以发相当于 1.1 个月工资的补偿金（合计 2.6 个月）。

这个政策出台后，员工可能就不休年休假了，等着年终拿 3 倍的补偿金。

建议：

1. 最简单的是根据测算结果，所有人员的年终奖金 2 个月可以维持不变，但在制表的时候，可以分成两列：一列按照前述几种情况，将未休年休假计算出来的补偿金单独列出，其余的部分可以作为奖励另列一列，就可以规避未休假的年休假补偿金事宜。

2. 当然，对于真正未能休完的员工，一般也是工作做得比较多的员工，公司可以考虑其他模式的激励办法，如年度评比时评选单项奖励等。使得公司的激励模式多

样化。

3. 对于高管层的年休假，只要让高管每个人填写一张请假表，把年休假时间"请"完即可。

4. 对于计件工人岗位，经向工厂了解，目前生产工人的年休假没有执行，目前工人的请假基本上按事假操作。如果要规避到年终奖金项目，则按最低日工资标准的3倍计算补偿金，1～10年的，补偿586元；10年以上的，补偿1172元。日工资标准可能年底时上调，到时补偿金额亦会上调。

人力资源部

20××年×月×日

案例5：年终奖预发的操作说明

一、生产工人

不用拆分，做成1套表，以便财务在12月预提，但在1月再实发。A、B子公司都如此操作。

二、管理人员

拆分为2套表，1套表额度为1个月标准，在12月实发；另1套表额度为1个月标准+3季度绩效奖金补差15%，以便财务在12月预提，但在1月再实发。股份总部、A子公司、B子公司的管理人员都如此操作。

合同转签到C子公司的客服人员拆分2套表，各发1个月额度，额度与上年标准相同。

三、技术中心

在技术项目奖励规定，组长（不限是否为技术中心的人员）和组员（限于技术中心的人员）竞标成功，其年终奖（按2个月测算）对应被冻结扣除作为项目奖励的投入来源之一。

对于承担项目比较多，扣除冻结后，剩余的年终奖为0或负数的情况，这部分人员不纳入12月的实发名单。

另外做1套表，额度为1个月标准+3季度绩效奖金补差15%，以便财务预提，在1月根据项目奖励情况结算发放。

四、营销人员

按考核100分预提，已提交给财务。

五、顾问

由财务12月预提，实发。

六、高管

风险年薪由人力资源部薪酬主管核算。

七、补充规则

有些全年出勤不足 12 个月的，如年终奖应发大于 1 个月，拆为 2 套表（1 套表 12 月实发，1 套表 12 月预提 1 月实发）；如年终奖应发小于 1 个月，不拆（12 月实发 1 套），只做应发数，不用考虑实发数。

预提的 1 个月+3 季度绩效奖金补差 15%，目前只是预提数，今年是否最终发放 2 个月的标准，需等待公司明确意见。

人力资源部

20××年×月×日

案例 6：生产部年终奖发放办法

各部门、各生产车间：

按照公司年终经营目标考核结果，本着按劳分配、多劳多得的原则，体现功有所奖、过有所罚的精神，根据员工年度目标完成情况，特制定 20××年年终奖发放办法。

一、发放范围

12 月 31 日前在册的生产员工、辅助生产员工。

二、发放标准

1. 员工在试用期的月份按 60 元的标准发放；

2. 试用期满，特殊关键工序工人及辅助生产工人按 150 元/月；班组长按 200 元/月；从事管理岗位（限工人编制）员工按月标准工资 1 个月发放；其他员工按 120 元/月。

3. 员工岗位调整的时间可分段计算。

4. 员工按公司规定享受的婚丧假、计划生育的天数或因病请假的天数，均按 3 元/天的标准扣除。

5. 员工请事假的天数，按 6 元/天的标准扣除。

6. 年休带薪假按出勤处理。

7. 员工旷工的，按 100 元/天的标准扣除。

8. 因工作变动，车间可按变动时间（月）进行计算。

9. 年度获得生产中心星级员工称号两次的，一次性嘉奖 100 元；获得生产中心星级员工称号三次及以上的，一次性嘉奖 200 元；获得 2009 年度推荐总部先进员工未评上者，一次性嘉奖 300 元/人。

三、其他要求

请各车间认真统计在岗员工的岗位变动情况，于×年×月底前上报名单。

经测算，生产部的年终奖估算为 19.59 万元，见表 14.2。

表 14.2　年终奖测算

序　号	部　门	人　数	月金额（元）	可发金额（万元）
1	班组长	9	200	1.98
2	特殊/关键工序工人	21	150	3.47
3	辅助生产工人	33	150	5.45
4	固定薪资人员	7	3 520	1.83
			3 000	
			3 000	
			2 600	
			2 500	
			2 600	
			2 800	
5	其他工人	52	120	6.86
合计		122		19.59

第十五章

补贴项目操作实例

津贴补贴，有些科目属于工资性收入（如岗位津贴、工龄津贴），有些科目属于其他福利（如慰问金），有些属于费用（如交通补贴、通信补贴）。津贴，可理解为额外给予的，补贴可理解为补欠的。通信补贴、交通补贴、午餐费、高温费、国内出差驻外补贴，比较常见。

过去，国企有名目繁多的补贴，现在逐步简化，独生子女费等逐渐淡化。随着企业上市，国际贸易的兴起，独立董事津贴、海外驻外补贴等新科目也出现了。

案例1：某集团公司通信费用补贴规定

为有效利用公司员工的通信工具，合理控制通信费用总额，根据不同级别岗位的工作需要，结合现阶段公司实际，拟定《通信费用补贴暂行规定》。现将相关标准及流程下发给你们，请遵照执行：

一、根据不同级别及工作需要拟定不同额度的补贴标准，补贴标准及适用人员，见表15.1。

表 15.1　补贴标准

序　号	适用人员	补贴标准
1	公司领导	500 元
2	部门副经理以上岗位	100～300 元
3	其他岗位	100 元以内，特殊岗位可在 100 元的额度上适当上浮，但上限不得超过 50%

公司规定的通信费用补贴标准是报销控制的最高标准线，销售中心、采购部可在最高标准线的基础上适当上浮，但上限不得超过 50%。

二、各部门、各公司新增岗人员审批程序

集团公司各部门（总经办、人力资源部、财务部、信息管理部、市场拓展部、品质保证部、研发部）经理，根据员工工作需要提出申请，由总经办根据补贴标准进行平衡后，报总经理审批。

各子公司根据集团公司已核定的标准和范围，由各子公司的总经理审批。

三、报销流程

通信费一律凭票据报销，不发放现金；集团公司通信费用的审核及报销由总经办统一办理，其他各子公司可另行指定。报销人于每月 10 日前将上月通信费实际使用凭证交总经办（或各指定部门）汇总后，由总经办（或各指定部门）根据电话补贴相关规定及明细单，填写报销单，由公司财务部经理审核后直接报销，报销后的费用由总经办（或各指定部门）负责发放。

四、相关规定

因公出国期间的通信费用补贴，按公司差旅费报销规定执行；新增岗位的通信费用标准按审批程序执行；公司对岗位通信费用的补贴标准在一年内适用，由各财务部进行统一记账；公司给予岗位通信费补贴的员工，请按以下规定执行：

1. 在省内工作的员工，特别是市区工作的员工，建议加入移动公司电话网络，并于 10 月 1 日前加入公司虚拟网。

2. 不在省内工作的员工或长期出差在某一地区工作的员工，建议使用当地的移动电话网络。

公司鼓励员工参加移动推出的包月活动，以降低通信费用，具体套餐见移动公司宣传海报。各级财务部门要严格把关执行。公司顾问、党支部书记等通信费用可另行由总经理、董事长批复，不包括在补贴标准内。

本规定自20××年×月×日起试行。

××集团有限公司

20××年×月×日

案例 2：某科技公司津贴规定

一、适用范围

本条例适用公司全体正式职员。

二、计算方式

实际补贴=（实际出勤天数/月规定出勤天数）×月补贴总额，于次月的20～22日发放。

三、岗位津贴

自职工试用合格转正之日起，每月以现金方式发放。岗位津贴标准，见表15.2。

表 15.2　岗位津贴标准

岗级	对应职务	岗位津贴额（元）
一岗	项目公司总经理、副总经理	1 000 元
二岗	部门经理、部门主任及享受同级待遇人员	700 元
三岗	部门副经理、部门副主任及享受同级待遇人员	600 元
四岗	高级行政职员、关键岗位职员（程序员）、主管级、技术类工程师、预算类工程师、工程项目组组长、公司创业人员	500 元
五岗	一般行政人员、出纳；技术类助理工程师；预算类助理工程师；现场管理工程师；特殊岗位人员、司机	400 元
六岗	文员、厨师	200 元
七岗	后勤服务人员，基层岗位人员	100 元

四、通信津贴

公司根据岗位工作需要，给予相关人员通信贴补，每月以现金方式发放，有利于员工的工作联络，补贴标准见表15.3。试用期职员也适用。

五、交通补贴

为鼓励职工做好本职工作，鼓励职工在艰苦条件下劳动，给予公司职员交通补贴，每月以现

表 15.3　通信津贴标准

岗别分类	报销限额（元/月）
一岗职员	500
二岗职员	300
三岗职员、司机	200
四、五、六岗职员	100
七岗职员	50

金方式发放，补贴标准如下。试用期职员也试用。

1．公司职员在市内外勤时，通勤补贴方式如下：

职员如使用私家车市内外勤的，以 3 元/千米为计算单位，路桥收费依票据实报实销；部门经理（副经理）及享受同级待遇以上人员市内外勤时可以搭乘出租车，费用依票据实报实销；主管级以下职员外勤时，交通工具为公交车，搭乘出租车须视以下情况：返回途中公车已下班、紧急事件、携带重要文件、现金、有贵宾陪同。

报销出租车费，若多人同时外勤或可顺道时，应共同乘坐，而由一个代表报销。如客户提供上述费用的，职员不得另行报销。

2．实际常居地远离公司的职员，在公司未通班车的情况下，每人每月发放交通补贴 100 元整。

六、保证生活性补贴

公司给予职员保证生活性津贴，为保障职工实际工资收入和补偿职工生活费用额外支出，包括副食品价格补贴、肉价补贴、粮价补贴、卫生费补贴等，每月以现金发放。补贴标准见表 15.4，试用期职员也适用。

表 15.4　生活补贴标准

级别分类	补贴额（元）
上述一岗、二岗职员	400
上述三岗、四岗、五岗职员	300
六岗、七岗职员	200

七、本规定由总经办制定并负责解释。

案例 3：某民营企业工龄工资补贴

工龄工资仅限于月工资制员工，上年 12 月底止原享受的工龄补贴费继续保留，从本年 3 月起执行新规定，工龄工资计算办法：

1．未享受工龄工资补贴的员工，本公司工龄已满 1 年及以上，从本年 3 月起计发工龄工资 20 元/月，以后每年递增 20 元/月。

2．已有工龄工资的员工，如最后一次上调月到本年 2 月的间隔时间已满 1 年及以上，从本年 3 月起计发工龄工资 20 元/月；如最后一次上调月本年 2 月的间隔时间不满 1 年，到满 1 年的次月起计发工龄工资 20 元/月。以后每年递增 20 元/月。

3．员工从本公司离职后再进公司，工龄从再次进公司之日算起。

案例 4：某集团交通费补贴规定

一、交通费补贴享受范围及额度

交通费补贴标准，见表 15.5。

表 15.5　交通费补贴标准

范　围	私车公用交通补贴额度（元/月）	未购车交通补贴额度（元/月）
副总经理级	2 500	800
分子公司总经理 （含营销总部）	2 000	800
分子公司副总经理 （含营销总部）	1 500	800
一级部门经理正职 （包括享受一级部门经理待遇）	1 500	500
营销总部总监助理、大区经理	1 500	800
二级部门经理 （含一级部门副经理）	无	300
其他特需用车岗位	1 500	无

二、报销范围和程序

私车公用报销范围：养路费、保险费、油料费、修理费、材料费、保养费、年检审核费、过桥过路费、停车费、洗车费等；未购车交通费补贴报销范围：公交车月票、公交车票、出租车票等。

私车公用补贴在额度范围内一律凭票据按实报销，余额可结转到下年度；交通费补贴每月在额度范围内一律凭票据按实报销，余额不结转；报销人持相关凭证由各分子公司财务部经理审核后，向所在分子公司财务部门报销。

三、其他

上年享受私车公用交通费补贴的，至年底有节余的可结转到下年度使用；因工作岗位变动，不再属交通费补贴范围的，次月起停止给予补贴；因工作岗位变动属职务升迁的，交通费补贴于次月起调整；员工休假期间（病假、工伤假、探亲假及培训期间等）不享受私车公用补贴（月补贴标准除以 30 天，按实际天数计算）。

本通知自 20××年 1 月 1 日起实施，以前规定与本规定不符之处，以本规定为准。

案例 5：某上市公司关于独立董事津贴发放办法的报告

根据《股份有限公司董事会决议》精神，提出独立董事津贴发放的报告如下：

独立董事津贴每人每年 3 万元（税后），按月发放，每月 2 500 元（税后）；独立董事津贴从 2002 年 1 月开始发放，1～6 月津贴从 7 月起逐月补发，至 12 月补发完毕。

人力资源部

20××年×月×日

案例 6：海外派驻工程师的补贴

浙江某上市公司，海外市场拓展迅猛，业务做到了印度。需要派驻海外工程师，但对海外补贴的标准吃不准，原国内出差和驻外的标准不适用，技术人员对去印度缺乏积极性。人力资源部经过朋友圈定向摸底，得到了一份国内通信设备巨头对派驻印度的数据：

1. 原岗位薪资保持不变，按人民币照发。

2. 安家费：月工资×75%。其中，月工资超过人民币 15 000 元，按实际计算；月工资不足人民币 15 000 元，按人民币 15 000 元计。

3. 伙食补贴：15 美元/天。

4. 艰苦补贴：20 美元/天。

5. 探亲假：每年可享受 3 次，每次 12 天，报销来回交通费，如 1 年内未全部享受，则按人民币 6 000 元/次折算，返还给员工。

该公司据此打 8 折，确定了驻印度工程师的补贴标准。很快，派了 2 个工程师去印度作技术支持，使得海外市场的项目得到了人力资源的支持。

案例 7：某科技公司工程技术人员的出差补贴规定

为支持与帮助员工成长，提高员工的基本薪资，鼓励员工积极主动投入到工作中，对工程技术类的绩效考核与激励办法进行补充。

一、薪资结构的调整

决定将原面向工程技术线"基本工资+项目奖金费用包干制"的薪资结构调整为"基本工资+绩效工资+项目费用包干制"。

除原有基本工资外，增加绩效工资，根据不同技术等级绩效工资标准设置，见表 15.6。

表 15.6　技能津贴标准

单位：元/月

技术等级	一级	二级	三级	四级	五级	六级	七级	八级
标准绩效工资	700	1 400	1 800	2 200	2 600	3 200	4 000	5 000

试用期员工只发基本工资，不发绩效工资。转正后未能独立调试前按所在级别绩效工资的 50%发放。

绩效工资每季度发放一次，员工将发票交给公共秘书登记统计，由人力资源部审核后，财务部每季度末统一进行报销。

年末核算每个员工当年完成的项目数，项目数在两个及两个以下的无年终奖金；

项目数在 3 个及 3 个以上的，超过两个的部分按每个项目 11 500 元发放年终奖金。

二、特殊补贴

驻外补贴：对于需驻外施工的，按年度累计驻外时间给予驻外补贴，执行标准，见表 15.7。

表 15.7 驻外补贴标准　　　　　　　　　　　　　　　　单位：元

累计时间	不足3个月	满3个月	满4个月	满5个月	满6个月	满7个月	满8个月	满9个月	满10个月及以上
发放金额	0	2 000	2 800	3 600	4 500	5 400	6 400	7 400	8 800

此特殊补贴针对所有项目，每年年底核算后统一发放。驻外补贴以发票形式报销，员工将发票交给公共秘书登记统计，由人力资源部审核后，方可到财务部报销。

三、本办法由人力资源部负责制定、修订和解释。原考核办法与本规定有冲突的，以本规定的内容为准。

四、本补充规定自发文之日起开始施行。

××股份有限公司

20××年×月×日

第十六章

股权期权操作实例

股权期权，说的是股权、期权两种形式。股权是现在给的，期权是以后给的。给的东西有两种：股份、股票。

股份，是公司上市之前的，股票是公司上市以后的。股份有实股、虚股之分。实股可理解为真金白银掏钱买的（工商登记），虚股可理解为高级奖励的一种——分红的衍生，也叫干股。

平时提到的股票期权适用于公司上市以后，实际只说了一种类型：股票+期权（上市一定时间以后满足条件可行使的权利），没有包括股份（现在给予）、股票（上市后给予）、股份期权。

本章介绍了互联网公司股权激励设计案例3个（游族网络股票期权、吉比特限制性股票、电魂网络员工持股计划）、股权激励的有效与失效的现实情况、拟上市公司的股权期权激励、股份代持合同模板、股份自愿锁定承诺书等。

2008～2013 年，出现了创业板和中小板上市的潮流，在拟上市的过程中，纷纷推出了年薪+股份的激励机制。有的成功，有的失败；有的曾经成功，但逐渐失效；有的狂喜，有的失落。

案例 1：股权激励，从有效到失效，与等待时间有关

浙北某县级市的某家公司，主营贵金属原材料的生产、销售业务，在非洲开了个工厂，也是高新企业，当时也要申报创业板，算拟上市公司。某猎头公司把宁波一个集团公司的人力资源总监挖去当副总，年薪 60 万元+原始股。很有吸引力，朋友圈很羡慕。这年头，流行潜伏，然后一夜暴富。

但等待一年后，上市没有动静，开始犹豫。原始股也没有下决心买，因为该公司老板约定给职业经理人按 6 元/股的价格购买，10 万股就要 60 万元的投入。后来还是买了。两年后，他离职了。他说，上市有太多不确定性，等不及。在外地工作，周末回家，周日晚或周一早上又要赶过去，开车也累，不能照顾家庭、孩子学习，还不如回当地找个年薪高点的集团公司。

股权激励，有效到失效，时间问题。

案例 2：原始股的市值预判与实际套现差距

浙江某上市公司主营环保业务，海归老板，在拟上市前也采取了年薪制+原始股的激励机制。某猎头挖了杭州一家外企的 HR 经理去做人力资源总监，年薪 35 万元+20 万原始股。

2009～2010 年，某次人力资源沙龙碰到交流起来，问他对原始股的感受，是否十分欣喜。他很平静地说：股票这玩意听上去市值几百万，其实不是这么回事，拿到手的分几年折算下来，税后年收入其实也不是很高。

他随口举例，原始股 20 万，上市开盘 25 元/股，市值 500 万元。可是股价不断走低，预期跌到 15 元/股，市值 300 万元。你知道，锁定 3 年才能套现。而且我们都签了服务年限为 5 年。3 年满后能不能套现不是我自己决定的，要看老板。

因为这个原始股不是股份公司的自然人股东，而是投资公司间接持股的。投资公司的大股东，也是老板。能不能卖要征得他同意，由他来操盘，我不自由的。

注意了，投资公司间接持股的原始股，没有股份公司直接持股的自然人那样的价值。原因在于，投资公司的原始股套现，理论上要交两次税。

第一次是投资公司去卖，交企业所得税；第二次是拿到的钱再扣个人所得税，剩下的才是你拿到手的，也就是年收入税后 60 万元的样子，还不错，但也没有外界传的那么夸张，见表 16.1。

表 16.1　原始股套现的个人所得税计算模拟

市值最高 （元/股）	预期市值 （元/股）	原始股数 （万股）	预期套现市值 （万元）	企业所得税估算	套现收入 1 （万元）
25	12	20	240	0.2	192
个人所得税率 估算 （%）	套现收入 2 （万元）	6 年分摊折算 （万元）	税前年薪 （万元）	税后年薪估算 （万元）	税后年收入 （万元）
20	153.6	25.6	35	30	55.60

案例 3：市值与套现及套现后的攀比心理

浙江某上市公司，主营电信配套设备业务，也在创业板上市。某部门经理年薪 25 万元+原始股 12 万，股票开盘约 30 元/股，最高飙升到 40 元/股左右，然后跌，预期 15 元/股。最高市值近 500 万元，但这也只是市值。

满 3 年后锁定期满套现，也是两次，第一次老板操盘，大宗交易，折扣约 0.9。然后交个人所得税，税率 20%。按 5 年服务期限分摊折算，税后 26 万元/年，加税后年薪 21 万元估，税后年收入约 47 万元，见表 16.2。

表 16.2　原始股套现+年薪的折算

开盘价 （元/股）	市值最高 （元/股）	预期市值 （元/股）	原始股数 （万股）	预期套现市值 （万元）	大宗交易折扣	套现收入 1 （万元）
30	40	15	12	180	0.91	163.8
个人所得税 率估算 （%）	套现收入 2 （万元）	5 年分摊 折算 （万元）	税前年薪 （万元）	税后年薪 估算 （万元）	税后年收入 （万元）	个人所得税 率估算 （%）
20	131.04	26.21	25	21	47.21	20

身价高的确实有几千万元、上亿元的，因此引起了严重的攀比，因各种原因，没有原始股或原始股很少的人，心理很不平衡。

本来大家都是给大老板打工的，但大股东基本不来，只是资本的化身。现在一起工作的领导、部门经理等，几千万元、几百万元，一下子把大家对薪资的期望值拉高了，等于是给这些新"股东"打工了。失落感强，干活就消极了。原来的工资成了死工资，觉得没意思，加上差距太大，有些人就离职了，留下的也有很多抱怨。

有股份多的，只想维持现状，早日套现，为了早日套现，就出现了高管离职。

案例 4：不给原始股的隐患

浙北某县级市开发区内的高新企业，较早在主板上市，主营音控设备业务。据说老板很吝啬，部门经理都没有原始股，只有少数的副总才有，老板大股东最多。

上市前，年薪都不高，大家相安无事，一起创业。上市后，部门经理严重心理失衡，集体离职，自己去创业或跳槽到别家。公司只好提拔一些年轻人当部门经理。

老板把企业不是当儿子养，而是当养猪，养大了就卖。战略没有调整，只维持现状。但是这个行业的下游变化很快，三五年下来，该公司原来的客户也出现了行业性的改变，新的技术替换，被其他的智能手机取代，一些原来很小的公司追随这些下游新霸主，也做大了。

而该公司业务萎缩，订单减少，人才流失，股价下跌，元气大伤。

真是，成也股票，败也股票。要想东山再起，谈何容易。

案例 5：拟上市公司股权激励方案设计

一、目的

为更好地激励骨干员工与公司共同成长，共担公司经营风险、共享公司经营成果，特制订本方案。

二、激励对象

本次股权激励对象为股份公司副总经理、部门经理、部门经理及股份公司认定的关键岗位员工；子公司总经理及股份公司认定的子公司关键岗位员工。

三、股权来源

由大股东稀释自身股权所得。共持有×%的股份，此次提供 8%的股份比例供激励用。

四、激励方案考虑因素

本次激励方案考虑四个因素：工作绩效占 50 分，岗位价值占 40 分，职业化程度占 5 分，工作热情占 5 分。每个因素分三段评分，见表 16.3。

表 16.3 评估因素、权重、评分范围

因　素	权　重	定　义	评分范围
工作绩效	50 分	超额达成工作目标或圆满完成各项重点工作，同时积极为公司发展出谋划策，并产生有益的结果	41～50 分
		超额达成工作目标或圆满完成各项重点工作	31～40 分
		基本达成工作目标或基本完成各项重点工作	25～30 分

因　素	权　重	定　义	评分范围
岗位价值	40分	其岗位对全系统当前及未来发展起到至关重要的作用	31～40分
		其岗位对股份公司（或子公司）当前及未来发展起到较大的作用	21～30分
		其岗位仅对股份公司（或子公司）中的某一部门起到一定的作用	15～20分
职业化程度	5分	能坚守职业道德，处处维护公司的利益和形象	5分
		能坚守职业道德，时常注意维护公司的利益和形象	3～4分
		能基本遵守职业道德	1～2分
工作热情	5分	具备极高的工作热情，能有效地感染周围的同事	5分
		具备很高的工作热情，能在一定程度上感染周围的同事	3～4分
		具备一定的工作热情	1～2分

五、激励方式

本次股权激励采取大股东有条件赠予的方式，"有条件"见"六、对等保证"。

六、对等保证

1. 服务期：被激励对象自200×年1月1日起至少服务4年，同意签订为期4年的劳动合同和竞业禁止协议，并服从对其工作的安排。遵守国家的各项法律、法规及各项规章制度，不存在违反法律、法规及规章制度、劳动纪律的情况。

2. 竞业限制：服务期内，未经公司授权，被激励人不得擅自从事经营范围内的工作，也不得利用在任职期间的各类条件安排其亲属或朋友直接或间接从事经营范围内的工作。

被激励人4年服务期结束后须保证在离职日起两年内不从事经营范围内的工作。

3. 如果被激励人违反上述任何一项内容，其所得的股权将无偿转回给大股东、或者转回给大股东指定的第三人。

××股份有限公司

20××年×月×日

案例6：拟上市公司股权委托代持合同模板

股权委托代持合同

本合同于　　年　月　日在××城市签署

姓名：　　　　（委托人）

住所地：

身份证号：

姓名：　　　　（受托人）

住所地：

身份证号：

委托人与受托人经过协商，一致同意就受托人以自己的名义代委托人持有××有限公司（以下简称"目标公司"）股权的相关事宜达成如下协议，由双方共同遵守。

第一条　委托内容

鉴于，目标公司现为××股份有限公司（以下简称"股份公司"）第＿＿大单一股东；同时，受托人除自己实际持有的目标公司＿＿＿%股权外，双方同意受托人代委托人持有目标公司＿＿＿%的股权（以下简称"目标股权"）。

委托人基于对受托人的信任，同意受托人在获得目标股权后受托代委托人持有目标公司＿＿＿%的股权，受托人亦自愿接受委托人的委托，委托人同意在遵循《××有限公司股权管理办法》前提下行使该目标股权的处分权。

第二条　委托财产

委托财产包括下列一项和/或数项：（1）受托人承诺接受委托而取得的委托财产即目标股权；（2）受托人因代持目标股权的管理、运用、处分或者其他情形而取得的财产，也归入委托财产（包括现金红利和股息红利）；（3）因前述一项或数项财产灭失、毁损或其他事由形成或取得的财产。

第三条　委托财产的归属

委托人与受托人同意，受托人仅是根据委托人委托名义上持有该等代持股权，当委托人认为在合适时机（股份公司完成IPO后的适当时期）时不再需要受托人继续委托持股时，受托人应当根据委托人要求办理相关手续，将委托财产及时无条件过户至委托人或委托人指定的其他方名下，所发生的各项税费由股权受让方和委托财产承担，受托人不承担有关的各项税费。

注：IPO指公司首次上市。

第四条　委托权限

委托人委托受托人代为行使的权利包括：

1．由受托人以自己的名义持有目标股权；

2．在目标公司股东登记名册上具名；

3．委托人委托受托人行使的其他与委托财产相关的权益。

上述股东权利均由受托人按照委托人指示的方式行使。

第五条　委托人与受托人的权利和义务

1．委托人作为目标股权的实际享有者，按照《××有限公司股权管理办法》的规定，对目标公司享有实际的股东权利，包括但不限于公司股息或红利的分配请求权、股东会的参加权、召集权、表决权、董事提名权及公司法及目标公司章程授予股东的其他权利；受托人仅得以自身名义代委托人持有代持股权，不实质享有上述任何股东权利，亦对与该等股权有关权益不具有任何收益权或处置权（包括但不限于股东权益的转让、质押）。

2．委托人作为目标股权的实际享有者，有权依据本协议对受托人不适当的受托行为进行监督与纠正。

3．未经委托人事先书面同意，受托人不得转委托第三方持有上述目标股权及其股东权益，不得行使表决权，不得对其所代为持有的目标股权利益及其所有收益进行转让、处分或设置任何形式的担保，也不得实施任何可能损害委托人利益的行为。

4．受托人应将其未来所收到的因目标股权所产生的任何全部投资收益（包括现金股息、红利或任何其他收益分配）均全部转交给委托人。

5．按照《××有限公司股权管理办法》的规定，在委托人拟向目标公司之股东或股东以外的人转让目标股权时，受托人应对此提供必要的协助及便利。

6．对委托人以及处理委托事务的情况和资料各方均应保密。

7．本合同及法律、法规规定的其他权利义务。

第六条　合同的生效、变更、解除与终止

1．合同生效：本合同在委托人与受托人签字后生效。

2．本合同一经生效，未经双方协商一致，并达成书面协议，不得擅自变更。

本合同未尽事宜，委托人和受托人可另行商定，并签订补充合同。补充合同经委托人与受托人签字、盖章后与本合同具有同等法律效力。

3．本合同因下列原因而终止：（1）目标公司解散；（2）委托人与受托人协商同意；（3）本合同另有规定，或法律、法规规定的其他法定事项。

第七条　违约责任

1．若委托人或受托人未履行其在本合同项下的义务，或一方在本合同项下的保证严重失实或不准确，视为该方违反本合同。

2．本合同的违约方应赔偿因其违约而给守约方造成的全部损失。

第八条 管辖法律和争议的解决

1. 本合同适用中华人民共和国法律并按中华人民共和国法律解释。

2. 因履行本合同以及与本合同有关的一切争议，当事人协商解决，协商不成提交××城市仲裁委员会仲裁。

第九条 保密条款

未经合同任何一方书面同意，另一方不得将任何有关本合同内容的信息向任何第三方披露，由于一方的疏忽、过失或故意致使其他方的有关保密信息或商业秘密为任何第三方知悉，由此造成的任何损失，应由泄漏方承担。

第十条 其他

1. 本合同中任何条款的无效，将不影响本合同与该条款无关的任何其他条款的有效性。

2. 合同文本

本合同一式二份，委托人持一份，受托人持一份，具有同等法律效力。

委 托 人（签字）： ××年×月×日

受 托 人（签字）： ××年×月×日

案例7：股份自愿锁定承诺书

股份自愿锁定承诺

本人/公司作为××股份有限公司变更设立时的发起人股东，持有××股份有限公司的股份×万股。为确保公司长期稳定发展，本人/公司承诺如下：

一、本人/公司承诺，所持有的××股份有限公司股份在《证券法》《公司法》《公司章程》《交易所上市规则》和中国证监会规定不得上市流通期内全部锁定，也不将所持有的全部××股份有限公司的全部股份对外设置质押及其他担保。

二、本人/公司承诺，将严格遵守《公司法》《公司章程》关于股东的义务和责任以及董事、监事、高级管理人员（如适用）的义务和责任的规定。

三、本人/公司承诺，如《证券法》《公司法》《公司章程》《交易所上市规则》和中国证监会规定对董事、监事、高级管理人员（如适用）所持股份有特别规定的，本人/公司将严格遵守这些特别规定。

四、本人/公司承诺，在新买入××股份有限公司及按规定可以卖出所持有的股份时，本人/公司将严格遵守有关董事、监事、高级管理人员买卖本公司股份的有关信息披露的规定。（如适用）

五、本人/公司，承诺在《证券法》《公司法》《公司章程》《交易所上市规则》和中国证监会规定本人/公司所持股票可以上市流通之日起自愿继续锁定六个月。

上述承诺于　年　月　日在　　　（地点）作出。

承诺人：

×年×月×日

案例 8：游族网络股票期权激励计划

游族网络股份有限公司（游族网络，002174）是深圳证券交易所 A 股中小板上市公司，公司 2016 年营业收入 25.30 亿元，年末人数 1929 人。公司 2017 年推出股票期权激励计划，截至 2017 年 7 月 20 日尚未经股东大会审议通过。该股票期权激励计划的主要内容如下：

16.8.1　激励对象的范围及分配情况

本计划涉及的激励对象共计 187 人，包括：公司高级管理人员、公司核心管理人员、公司核心技术（业务）人员。不包括：独立董事、监事及单独或合计持有公司 5% 以上股份的股东或实际控制人及其配偶、父母、子女。

其中，公司高级管理人员必须经股东大会选举或公司董事会聘任。所有激励对象必须在股东大会审议本计划时与公司或公司的控股子公司具有雇佣或劳务关系。

本计划股票期权拟分配表，见表 16.4。

表 16.4　游族网络 2017 年股票期权拟分配表

姓　名	职　务	激励对象人数（人）	获授的股票期权数量（万股）	占授予股票期权总数的比例（%）	占目前总股本的比例（%）
刘楠	副总经理、董事会秘书	1	50	1	0.06
核心管理及核心技术（业务）人员		186	4950	99	5.75
合计		187	5000	100	5.81

注：上述任何一名激励对象通过全部有效的股权激励计划获授的本公司股票均未超过公司总股本的1%。公司全部有效的激励计划所涉及的标的股票总数累计不超过公司总股本总额的10%。

16.8.2　授予的股票期权数量

本计划的股票来源：公司向激励对象定向发行本公司 A 股普通股。

本计划拟向激励对象授予 5000 万份股票期权，涉及的标的股票种类为人民币 A 股普通股，约占本计划草案公告时公司股本总额 86131.50 万股的 5.81%。

16.8.3 股票期权的有效期、授予日及授予后相关时间安排

本计划的有效期：自股票期权授予之日起至激励对象获授的股票期权全部行权或注销之日止，最长不超过 60 个月。

授予日：授予日在本计划经股东大会审议通过后由董事会确定。公司需在股东大会审议通过后 60 日内授予股票期权并完成公告、登记等相关程序。注：根据相关规定上市公司不得授出权益的期间不计算在 60 日内。公司未能在 60 日内完成上述工作的，将披露未完成的原因并终止实施本计划。

等待期与行权日：

等待期为自相应授予日起 12 个月。

本计划通过后，自授予日起满 12 个月后可以开始行权。可行权日必须为交易日，但不得在下列期间内行权（4 类情形，略）。

自授权日起满 12 个月后，激励对象应在未来 48 个月内分四期行权。股票期权行权期及各期行权时间安排，见表 16.5。

表 16.5 游族网络 2017 年股票期权的行权期及各期行权时间安排

行权安排	行权时间	行权比例（%）
第 1 个行权期	自授予日起 12 个月后的首个交易日起至授予日起 24 个月内的最后一个交易日当日止	20
第 2 个行权期	自授予日起 24 个月后的首个交易日起至授予日起 36 个月内的最后一个交易日当日止	20
第 3 个行权期	自授予日起 36 个月后的首个交易日起至授予日起 48 个月内的最后一个交易日当日止	30
第 4 个行权期	自授予日起 48 个月后的首个交易日起至授予日起 60 个月内的最后一个交易日当日止	30

16.8.4 股票期权行权价格

行权价格：29.5 元/份。

行权价格确定方法：行权价格不低于股票票面金额，且不低于下列价格较高者：（1）本计划草案公告前 1 个交易日公司股票交易均价=28.25 元/股；（2）本计划草案公告前 120 个交易日公司股票交易均价=29.25 元/股。

16.8.5 授予与行权条件

1. 股票期权的授予条件

同时满足下列授予条件，公司应向激励对象授予股票期权；反之，若下列任一授予条件未达成的，则不能向激励对象授予股票期权。

（1）公司未发生如下任一情形（5类，略）。（2）激励对象未发生如下任一情形（6类，略）。

2. 股票期权的行权条件

行权期内，同时满足下列条件，激励对象获授的股票期权方可行权。

（1）公司未发生如下任一情形（5类，略）。（2）激励对象未发生如下任一情形（6类，略）。

公司发生上述第（1）条规定情形（5类）之一的，所有激励对象根据本计划已获授但尚未行权的股票期权应当由公司注销；某一激励对象发生上述第（2）条规定情形（6类）之一的，该激励对象已获授但尚未行权的股票期权应当由公司注销。

3. 公司层面业绩考核要求

本计划授予的股票期权，在行权期的4个会计年度中，分年度进行业绩考核并行权，以达到业绩考核目标作为激励对象的行权条件。

本计划股票期权各年度业绩考核目标，见表16.6。

表 16.6　游族网络 2017 年股票期权各年度业绩考核目标

行权期	业绩考核目标
第 1 个行权期	相比 2016 年，2017 年度营业收入增长率不低于 30%
第 2 个行权期	相比 2016 年，2018 年度营业收入增长率不低于 50%
第 3 个行权期	相比 2016 年，2019 年度营业收入增长率不低于 70%
第 4 个行权期	相比 2016 年，2020 年度营业收入增长率不低于 90%

公司未满足上述业绩考核目标的，所有激励对象对应考核当年可行权的股票期权均不得行权，由公司注销。

4. 个人层面绩效考核要求

根据公司《2017 年股票期权激励计划实施考核管理办法》，激励对象应依据上一年度绩效考核结果对应的行权比例进行行权。激励对象的当期未行权的股票期权由公司注销。

本计划股票期权的部门、个人年度绩效评定行权比例，见表16.7。

表 16.7 游族网络 2017 年股票期权的部门、个人年度绩效评定行权比例

部门年度绩效评定结果	行权比例 1（%）	个人年度绩效评定结果	行权比例 2（%）
S/A/B	100	S/A/B	100
		C	20
		D	0
C	60	S/A/B	100
		C	20
		D	0
D	0	S/A/B/C/D	0

若各年度公司层面业绩考核达标，激励对象个人当年实际行权额度=激励对象个人当年计划行权额度×部门行权比例 1×个人行权比例 2。

本计划其他内容略。具体可参考《游族网络 2017 年股票期权激励计划（草案）》。

案例 9：吉比特限制性股票激励计划

厦门吉比特网络技术股份有限公司（吉比特，603444）是上海证券交易所 A 股主板上市公司，公司 2016 年营业收入 13.05 亿元，年末人数 401 人。公司 2017 年推出限制性股票激励计划，2017 年 3 月 3 日经股东大会审议通过。该限制性股票激励计划的主要内容如下：

16.9.1 激励对象的范围

本计划首次授予涉及的激励对象共计 23 人，包括：在公司及各控股子公司任职的主要技术人员、主要业务人员、中层以上管理人员及董事会认为对公司经营业绩和未来发展有直接影响的其他员工。不包括：独立董事、监事及单独或合计持有公司 5% 以上股份的股东或实际控制人及其配偶、父母、子女。参与本计划的激励对象目前未参加除本计划外的其他上市公司的股权激励计划。

预留授予部分的激励对象由本计划经股东大会审议通过后 12 个月内确定，超过 12 个月未明确激励对象的，预留权益失效。

16.9.2 限制性股票的来源、数量和分配

本计划的股票来源：公司向激励对象定向发行本公司 A 股普通股。

本计划拟授予的限制性股票为 71.17 万股，占本计划草案及摘要公告日公司总股本 7117.0525 万股的 1%，首次授予 56.9356 万股、预留授予 14.2344 万股，预留权益

比例为本计划拟授予权益数量的 20%。

本计划限制性股票分配情况表，见表 16.8。

表 16.8 吉比特 2017 年限制性股票分配情况表

激励对象	人数（人）	获授的限制性股票数量（股）	占授予限制性股票总数的比例（%）	占目前总股本的比例（%）
主要技术（业务）人员、中层以上管理人员	23	569356	80.00	0.80
预留部分		142344	20.00	0.20
合计		711700	100	1.00

注：本计划激励对象未参与两个或两个以上上市公司股权激励计划，激励对象中没有监事、独立董事、单独或合计持有上市公司 5% 以上的股东或实际控制人及其配偶、父母、子女。

任何一名激励对象通过全部有效的股权激励计划获授的本公司股票不得超过公司股本总额的 1%。公司全部有效的激励计划所涉及的标的股票总数累计不得超过公司股本总额的 10%。

自本计划公告之日至激励对象完成限制性股票登记期间，如公司发生资本公积金转增股本、派发股票红利、股份拆细或缩股、配股、派息等事项，限制性股票的授予价格和数量将做相应调整。

16.9.3　激励计划的有效期、授予日、限售期、解除限售期和禁售期

本计划的有效期：自限制性股票授予之日起至所有限制性股票解除限售或回购注销完毕之日止，最长不超过 5 年。

授予日：授了日在本计划经股东大会审议通过后由董事会确定，具体为 2017 年 3 月 31 日。自公司股东大会审议通过之日起 60 日内，由公司召开董事会对激励对象进行授予，并完成登记、公告等相关程序。如公司未能在 60 日内完成上述工作的，将披露未完成的原因并终止实施本计划。公司将在本计划经股东大会审议通过后 12 个月内明确预留权益的授予对象，超过 12 个月未明确激励对象的，预留权益失效。授予日必须为交易日，且不得为下列区间日（4 类情形，略，不计入 60 日内）。

限售期：激励对象自获授限制性股票完成登记之日起 12 个月内。标的股票予以限售，不得转让、担保或用于偿还债务。

解除限售期：本计划首次授予的限制性股票自激励对象获授限制性股票完成登记之日起满 12 个月后，激励对象应在未来 36 个月内分 3 次解除限售。若达到本计划规定的解除限售条件，激励对象可分 3 次申请解除限售，未满足解除限售条件的激励对

象持有的限制性股票由公司回购注销。

本计划首次授予的限制性股票解除限售安排，见表 16.9。

表 16.9　吉比特 2017 年限制性股票首次授予解除限售安排

解除限售安排	解除限售时间	解除限售比例（%）
第 1 次解除限售	自激励对象获授限制性股票完成登记之日起 12 个月后的首个交易日起至限制性股票完成登记之日起 24 个月内的最后一个交易日当日止	30
第 2 次解除限售	自激励对象获授限制性股票完成登记之日起 24 个月后的首个交易日起至限制性股票完成登记之日起 36 个月内的最后一个交易日当日止	40
第 3 次解除限售	自激励对象获授限制性股票完成登记之日起 36 个月后的首个交易日起至限制性股票完成登记之日起 48 个月内的最后一个交易日当日止	30

吉比特 2017 年限制性股票预留部分（2017 年授出）解除限售安排，见表 16.10。

表 16.10　吉比特 2017 年限制性股票预留部分（2017 年授出）解除限售安排

解除限售安排	解除限售时间	解除限售比例（%）
第 1 次解除限售	自预留限制性股票完成登记之日起 12 个月后的首个交易日起至预留限制性股票完成登记之日起 24 个月内的最后一个交易日当日止	30
第 2 次解除限售	自预留限制性股票完成登记之日起 24 个月后的首个交易日起至预留限制性股票完成登记之日起 36 个月内的最后一个交易日当日止	40
第 3 次解除限售	自预留限制性股票完成登记之日起 36 个月后的首个交易日起至预留限制性股票完成登记之日起 48 个月内的最后一个交易日当日止	30

吉比特 2017 年限制性股票预留部分（2018 年授出）解除限售安排，见表 16.11。

表 16.11　吉比特 2017 年限制性股票预留部分（2018 年授出）解除限售安排

解除限售安排	解除限售时间	解除限售比例（%）
第 1 次解除限售	自预留限制性股票完成登记之日起 12 个月后的首个交易日起至预留限制性股票完成登记之日起 24 个月内的最后一个交易日当日止	50
第 2 次解除限售	自预留限制性股票完成登记之日起 24 个月后的首个交易日起至预留限制性股票完成登记之日起 36 个月内的最后一个交易日当日止	50

限售期内，公司进行现金分红时，激励对象获授的限制性股票应取得的现金分红在代扣代缴个人所得税后由公司代为收取，待该部分限制性股票解除限售时返还激励对象。如该部分限制性股票未能解除限售，公司按本计划规定回购该部分限制性股票时应扣除代为收取的该部分现金分红，并做相应的会计处理。激励对象因获授的限制性股票取得的股票股利同时限售，不得在二级市场出售或以其他方式，该等股票股利的解除限售期与限制性股票同。

禁售期：

（1）激励对象为董事和高级管理人员的，其在任职期间每年转让的股份不得超过其所持本公司股份的25%，在离职后半年内，不得转让其所持有的本公司股份。离职6个月后的12个月内通过证交所挂牌出售的本公司股份不得超过50%。

（2）激励对象为董事和高级管理人员的，将其所持有的本公司股票在买入后6个月内卖出，或在卖出后6个月内又买入，所得收益归本公司所有。

（3）本计划有效期内，法律法规、公司章程等对公司董事和高级管理人员持有股份转让的规定发生变化，该部分激励对象转让其持有的公司股票应符合修改后的规定。

16.9.4 限制性股票授予价格

授予价格：141.19元/股。

授予价格确定方法：授予价格不低于股票票面金额，且不低于下列价格较高者：（1）本计划公告前1个交易日公司股票交易均价的50%，即141.19元/股；（2）本计划公告前120个交易日公司股票交易均价的50%，即123.11元/股。

预留部分授予价格的确定方法：在授予前须召开董事会，并披露授予情况的摘要。授予价格按照下列价格较高者：（1）摘要公布前1个交易日的公司股票交易均价的50%；（2）摘要公布前20、60或120个交易日的公司股票交易均价之一的50%。

16.9.5 限制性股票的授予与解除限售条件

1. 限制性股票的授予条件

同时满足下列条件时，公司应向激励对象授予限制性股票；反之，若授予条件未达成，则不能授予限制性股票。

（1）公司未发生如下任一情形（5类，略）。（2）激励对象未发生如下任一情形（7类，略）。

2. 限制性股票的解除限售条件

解除限售期内，同时满足下列条件时，激励对象获授的限制性股票才能解除限售。

（1）公司未发生如下任一情形（5类，略）。（2）激励对象未发生如下任一情形（7类，略）。

公司发生上述第（1）条规定情形（5类）之一的，所有激励对象根据本计划已获授但尚未解除限售的限制性股票由公司按授予价格回购注销；某一激励对象发生上述第（2）条规定情形（7类）之一的，该激励对象已获授但尚未解除限售的限制性股票由公司按授予价格回购注销。

激励对象在同时达成公司层面业绩考核、个人层面业绩考核的前提下，可按本计划约定的比例进行解除限售。

3．公司层面业绩考核要求

本计划限制性股票的业绩考核目标，见表 16.12。

表 16.12　吉比特 2017 年限制性股票的业绩考核目标

解除限售期	业绩考核目标
第 1 个限售期	以 2013～2015 年平均净利润为基数，2016～2017 年平均净利润增长不低于 30%
第 2 个限售期	以 2013～2015 年平均净利润为基数，2016～2018 年平均净利润增长不低于 40%
第 3 个限售期	以 2013～2015 年平均净利润为基数，2016～2019 年平均净利润增长不低于 50%

注：上述净利润，指扣除股权激励当期成本摊销的、归属于上市公司股东的、扣除非经常性损益的净利润。

公司未满足上述业绩考核目标的，所有激励对象对应考核当年可解除限售的限制性股票均不得解除限售，由公司回购注销。

4．个人层面绩效考核要求

吉比特 2017 年限制性股票的个人业绩考核结果与解除限售比例，见表 16.13。

表 16.13　吉比特 2017 年限制性股票的个人业绩考核结果与解除限售比例

个人年度考核结果	优　秀	良　好	合　格	不合格
个人解除限售比例	100%	60%		0

若各年度公司层面业绩考核达标，激励对象个人当年实际解除限售额度=激励对象个人当年计划解除限售额度×解除限售比例。

激励对象上年度个人绩效考核结果与解除限售、回购注销的关系：（1）考核结果为优秀、良好，解除限售比例 100%；（2）考核结果为合格，解除限售比例 60%，剩余 40% 由公司回购注销；（3）考核结果不合格，解除限售比例 0，全部由公司回购注销。

16.9.6　限制性股票的回购注销

回购价格的调整方法：激励对象获授的限制性股票完成股份登记后，如公司发生资本公积金转增股本、派送股票红利、股份拆细、配股或缩股等事项，公司应对尚未解除限售的限制性股票的回购价格做相应的调整。

回购价格的调整、回购注销均应按照相应程序实施。

本计划其他内容略。具体可参考《吉比特 2017 年限制性股票激励计划（草案）》。

案例 10：电魂网络员工持股计划

杭州电魂网络科技股份有限公司（电魂网络，603258）是上海证券交易所 A 股主板上市公司，公司 2016 年营业收入 4.94 亿元，年末人数 597 人。公司 2017 年推出第一期员工持股计划，2017 年 1 月 17 日经股东大会审议通过。第一期员工持股计划的主要内容如下：

16.10.1　参加对象及确定标准

参加对象的确定标准：（1）公司董事（不含独立董事）、高级管理人员；（2）公司及下属控股子公司中层以上管理人员；（3）其他的公司及下属控股子公司核心管理人员。

持有人范围：参加本计划的员工总人数不超过 130 人，无董事、高级管理人员，具体参加人数根据员工实际缴款情况确定（125 人）。

16.10.2　资金来源、股票来源

资金来源：本计划的资金来源为持有人自筹资金，筹集资金总额上限 3000 万元，以"份"作为认购单位，每份份额为 1 元，本计划的持股份数上限 3000 万份。单个员工起始认购份额为 0.5 万份，必须认购 0.5 万元的整数倍份额。

持有人具体金额和份额根据购买股票的价格、数量、实际出资缴款金额确定。持有人按照认购份额按期缴纳认购资金，即股东大会审议通过本计划的 15 个工作日内。未按期、足额缴纳的，自动放弃相应的认购权利。

股票来源：本计划草案获得股东大会批准后 6 个月内，本计划将通过二级市场购买、大宗交易、协议转让等法律法规许可的方式取得并持有本公司股票。

股票规模：以公司 2016 年 12 月 28 日收盘价格 60.65 元/股测算，本计划涉及的标的股票数量约 49.49 万股，约占现有公司股本总额的 0.21%，累计不超过公司股本总额的 10%；任一持有人持有的份额对应的标的股票数量不超过公司股本总额的 1%。本计划持有的股票总数不包括：员工在公司 IPO 前获得的股份、通过二级市场自行购买的股份、通过股权激励获得的股份。

截至 2017 年 2 月 3 日，本计划通过二级市场累计买入公司股票 55.55 万股，占公司总股本比例 0.2315%，成交金额人民币 2999.61 万元（在 3000 万元内）。

16.10.3　锁定期和存续期

锁定期：不少于 12 个月，自公司公告最后 1 笔标的股票过户至本计划名下起算。本计划所持有的标的股票，自锁定期届满之日后出售并进行分配。

存续期：不超过 24 个月，自本计划草案通过股东大会审议通过之日起算。在股

东大会审议通过本计划的 6 个月内完成股票的购买。存续期届满前 2 个月，按相应程序审议通过后，存续期可延长。

16.10.4 融资参与方式

本计划存续期内，如公司以配股、增发、可转债等方式融资时，由管理委员会商议决定持股计划是否参与及资金解决方案，并提交持有人会议审议。

16.10.5 持有人会议、管理委员会、管理模式

公司员工在认购本员工持股计划份额后即成为持有人，持有人会议是本计划的内部管理权力机构。员工持股计划设管理委员会负责具体管理事宜。本计划采取自主管理模式。

16.10.6 持有人股份权益的处置方法

存续期内，除本计划草案及相关文件规定的情况外，持有人所持有的员工持股计划权益不得转让、退出或用于抵押、质押、担保、偿还债务等。

持有人出现离职、退休、死亡或其他不再适合参加持股计划等情形时所持股份权益的处置方法按相应规定（略）。

持有人收益分配：

在锁定期内：

（1）持有人不得要求对本计划的权益进行分配。

（2）公司发生资本公积金转增股本、派送股票红利时，员工持股计划因持有公司股份而新取得的股份一并锁定，不得在二级市场出售或以其他方式转让，该等股票的解锁期与相应股票同。

（3）公司发生派息时，员工持股计划因持有公司股份而获得的现金股利可以进行收益分配，持有人按所持有计划份额占计划总份额的比例取得相应收益。

（4）本计划在禁售期后按约定比例出售标的公司股票。如决定对资产进行分配时，持有人会议授权管理委员会在依法扣除税费后的现金资产，由本计划参与人按原始出资比例分配。

第十七章

企业年金方案操作*

2014年1月，政府新出台了企业年金个人所得税递延的新政，企业年金又成为了媒体竞相报道的关注点。企业年金对应企业，职业年金对应事业单位，未来还可能包括公务员。从政府层面讲，企业年金是补充养老保险体系的设计深化，而从企业层面来说，是特殊薪酬长期激励的一种衍生，既涉及现有的人工成本开支、缴税是否有好处、是否有足够资金去实施，也涉及对中高层和骨干技术业务人员的激励是否有效的关注。而个人所得税递延也是个人需要去考虑的，看看退休以后拿到的钱是否划算。

---

* 本章选自《人力资源》杂志四月刊"'中国版401K'登场，企业准备好了吗？"

近期国内媒体报道中，"企业年金""职业年金""个人所得税递延"等字眼集中出现，这源于财政部、人力资源社会保障部和国家税务总局联合下发的一部《关于企业年金职业年金个人所得税有关问题的通知》（下文简称《通知》）。有些媒体甚至将这份《通知》称为"中国版401K计划"。401K计划也称401K条款，始于20世纪80年代初，是一种由雇员、雇主共同缴费建立起来的完全基金式的养老保险制度，指美国1978年《国内税收法》新增的第401条k项条款的规定，1979年得到法律认可，1981年又追加了实施规则，20世纪90年代迅速发展，逐渐取代了传统的社会保障体系，成为美国诸多雇主首选的社会保障计划。

那么，为何财政部、人力资源和社会保障部及国家税务总局要高调推出这份"中国版401K计划"？这份计划的内容和美国的法案有何差异？企业又如何解读并参考这份方案来制订企业年金方案呢？

17.1　设置企业年金的顶层考虑

政府设计的养老保险体系由三部分组成，分别为：基本养老保险、补充养老保险和储蓄养老保险。基本养老保险，即目前大家熟知的五险之一；储蓄养老保险，即老百姓自己存在银行的钱；补充养老保险，包括企业年金、商业养老保险等。基本养老保险体系收取的资金是通过企业及其员工上缴而形成的总包，但是总包支出还包括公务员、事业单位及其职工。事业单位员工、公务员不需缴纳资金，却可以直接享用保险金，而且其退休后领取的工资比企业员工要高很多，这必定会导致养老资金缺口增大，导致民众心理产生不平衡。企业年金是针对企业的，职业年金是针对事业单位的，未来也将逐渐涵盖公务员体系。为方便起见，本文仅用"企业年金"指代企业年金和职业年金两个概念。

养老金替代率是指员工退休时领取的养老金占退休前工资水平的比例，它由基本养老、补充养老等共同组成。据人力资源相关调研数据显示，1999年，我国企业养老金替代率为69.18%，到2002年时，已下降到59.28%。2005年企业职工养老金替代率降低到47.94%后，多年来一直处于45%左右。2011年我国企业养老金替代率仅为42.9%，低于国际警戒线，也就是说，退休后领取的养老金还不到退休前工资的一半。

事实上，以政府角度设置企业年金的顶层设计是从养老体系考虑，由于基本养老保险的收支缺口和压力越来越大，同时还不得不面临基本养老金的替代率下降的问题，因此政府寄希望于增加补充养老金替代率，以维持总体退休金替代率。

但是，补充养老保险的资金从哪里来？《通知》提出，补充养老保险这部分出资应由公司和员工自愿参加、共同缴费。政府的顶层设计，就是希望由企事业单位和员工共同出资，扩大补充养老保险的总包，以提高补充养老金的替代率，弥补基本养老金的替代率不断下降的客观事实，维持或尽量少地降低员工退休金的替代率。

17.2 企业年金为何难推行

然而，在政府推出到实现企业计划的过程中，企事业单位及员工的积极性和配合程度都很低。自 2004 年推出《企业年金试行办法》以来，只有一些垄断性国企实行了企业年金计划，很少有民企参与其中。而对这个政策最有热情的则是第三方机构，包括保险、银行、基金、信托等，因为他们可以收取管理费，这块蛋糕对他们来说是几百亿元、上千亿元的资金业务。因此，利益相关方都很期待政府尽早推出能够刺激企业、事业单位实行企业年金的积极性的政策。

那么，企事业单位在 2004～2013 年的 10 年中，为何对企业年金的积极性不高？2014 年新推的《通知》又试图从什么方面去刺激企业和事业单位推行企业年金的积极性呢？

从社会经济形势角度看，民企经营压力普遍较大，原本支付和缴纳社会保险、公积金等人工成本已经非常吃力，资金实力不够雄厚的企业再做企业年金会难上加难，得不偿失。

从员工个人角度看，即使缴纳了企业年金，却依然需要缴纳个人所得税，拿到手的工资会减少。由于现在 CPI 增速较快，面对着购房、医疗、教育等几座大山，百姓日常生活中的很多方面都需要用钱，他们宁愿多交些个人所得税，也想早点拿到工资收入以补贴家用，因此更希望通过涨工资和发奖金等短期办法增加收入。

2009 年，国家税务总局出台《关于企业年金个人所得税征收管理有关问题的通知》，即国税函［2009］694 号，其中第一条规定：企业年金的个人缴费部分，不得在个人当月工资、薪金计算个人所得税时扣除。第二条第一款规定，对于企业年金的企业缴费，计入个人账户的部分（以下简称企业缴费），是个人因任职或受雇而取得的所得，属于个人所得税应税收入，在计入个人账户时，应视为个人 1 个月的工资、薪金（不与正常工资、薪金合并），不扣除任何费用，按照"工资、薪金所得"项目计算当期应纳个人所得税款，并由企业在缴费时代扣代缴。

2014 年《通知》传达的精神，笔者认为可以概括为个人所得税递延政策。

（1）企业年金和职业年金缴费的个人所得税处理

1）企业和事业单位（以下统称单位）根据国家有关政策规定的办法和标准，为在本单位任职或者受雇的全体职工缴付的企业年金或职业年金（以下统称年金）单位缴费部分，在计入个人账户时，个人暂不缴纳个人所得税。

2）个人根据国家有关政策规定缴付的年金个人缴费部分，在不超过本人缴费工资计税基数的 4%标准内的部分，暂从个人当期的应纳税所得额中扣除。

3）超过本通知第一条第一项和第二项规定的标准缴付的年金单位缴费和个人缴费部分，应并入个人当期的工资、薪金所得，依法计征个人所得税。

（2）年金基金投资运营收益的个人所得税处理

年金基金投资运营收益分配计入个人账户时，个人暂不缴纳个人所得税。

（3）领取年金的个人所得税处理

个人达到国家规定的退休年龄，在本通知实施之后按月领取的年金，全额按照"工资、薪金所得"项目适用的税率，计征个人所得税；在本通知实施之后按年或按季领取的年金，平均分摊计入各月，每月领取额全额按照"工资、薪金所得"项目适用的税率，计征个人所得税。

用通俗说法解读以上政策，即：如果员工现在参加企业年金，那么年金的这部分就可以不缴纳个人所得税。对于企业年金来说，单位缴纳部分暂不缴纳个人所得税；个人缴纳部分如果不超过本人缴费工资计税基数的 4%，则暂不另缴纳个人所得税；投资收益暂不缴纳个人所得税。

参与企业年金计划，员工可以少交个人所得税，等到多年后领取退休金时再缴纳，这种做法的好处是：缴纳的"现值"少了，个人所得税也会少。另外，在这里要提醒企业员工，在领取企业年金时最好不要一次性取出，因为如果个人所得税金额过大，就可能需要做出惩罚性征缴，如果采取分期取出的办法，分次承担的个人所得税较少。此法效仿了美国的《国内税收法》，即将企业年金视为补充养老金，作为养老用途，以避免一次性取出全部花掉的情况出现。

17.3 企业年金方案设计如何入手

现在，我们站在企业 HR 的角度来考虑如何设计企业年金方案。

从 2014 年起，假定企业实行了企业年金计划，对员工来说，企业年金的收益 $C=$ 缴费 $A+$ 投资收益 B。其中：

$A=$ 企业缴费 $A1+$ 个人缴费 $A2$。

投资收益 $B=$ 投资收益 $B1-$ 管理费 $B2$。

投资收益 $B1=$ 缴费 $A\times$ 投资收益率。

企业年金的设计结构主要由总则、目的、资金筹集、个人账户管理、待遇支付、管理与监督、附则组成。

其中，总则、目的、管理与监督、附则的设计，与一般的薪酬、绩效考核等人力资源的制度、方案的写法类似。除此之外，应重点注意资金筹集、个人账户管理、待遇支付、管理与监督、附则的设计和编写。

资金筹集。需考虑参加人员条件和资格，企业与员工共同缴费的资金筹集（缴费的基数、比例），缴纳的时间周期，企业年金基金的组成（单位缴费、个人缴费、投资收益），基金与投资收益的财务处理等。以某公司的企业年金方案为例：

参加企业年金缴费的人员条件是：

（1）公司部门经理及以上任职时间达到 1 年以上；

（2）在生产一线任职满 3 年的优秀车间主任；

（3）公司认定的特殊人才或对公司发展做出重大贡献的员工。

符合上述条件并自愿参加企业年金缴费的人员，应向所在单位提交书面申请，经企业同意后，正式加入年金计划。已经参加本企业年金计划的员工，如本人提出书面申请，可以中止其企业年金缴费，但本年度内不得再要求恢复缴费。参加企业年金缴费的员工，享有本人企业年金个人账户的信息知情权。

企业年金资金按月筹集、按年缴纳，由企业和员工个人共同缴纳：

（1）员工个人缴费按照各自职级对应的缴费额度进行缴纳，由所在单位从其工资中代扣代缴，确实存在缴费困难的，经公司同意，个人可以暂停缴费。

（2）企业缴费按月筹集、按月缴费，缴费总额上限为公司上年度总薪酬的 1/12。企业缴费按照年金计划参加人月度基本薪酬（税前）的 50% 缴纳，个人缴费按照企业为其缴纳金额的 15% 缴纳，缴费金额随基本薪酬的调整而调整。

企业年金基金由企业缴费、员工个人缴费和基金投资运营收益三部分组成。企业年金基金实行完全积累，采用个人账户方式进行管理。账户结构如下：

（1）员工个人缴费全部记入个人账户中的个人缴费部分；企业缴费记入员工个人账户中的企业缴费部分。

（2）企业账户为资金调整账户。当个人账户转移或注销时，企业缴费未归属个人的部分，转入企业账户。

（3）企业年金基金投资运营收益，按净收益率分别记入企业账户和个人账户中的个人缴费部分、企业缴费部分。

企业年金基金财产与集团公司固有资产分开管理。企业年金基金按国家规定投资运营，投资运营收益并入企业年金基金。

个人账户管理。需特别标明个人缴费应归个人、单位缴费归个人的原则需与服务年限等条件挂钩，以及个人账户的注销情况等。如：

企业年金个人账户资金包括员工个人缴费和企业缴费两部分。其中，个人缴费部分完全归员工个人所有，企业缴费部分按如下办法确定归属：

（1）劳动合同期限届满企业要求续签劳动合同时员工不同意续签的，或劳动合同期未满本人提出解除劳动合同的，以及因岗位变动不再符合年金缴纳条件的，个人账户中企业缴费部分按规定确定归属。

（2）劳动合同期限届满企业不要求续签而正常终止劳动合同，或因升学、参军、退休、组织调动离开本企业的，个人账户中企业缴费部分全部归属于个人。

（3）内部岗位调整，年金缴费将随之调整。

（4）擅自离开企业或因违法违纪被依法解除劳动合同的，个人账户中企业缴费部分全部扣回，转入企业账户。

（5）员工在退休前身故的，个人账户积累额由其指定受益人或法定受益人依法继承。

（6）员工出国定居的，按本条（1）的比例进行归属。

（7）年金累计缴纳年限为 10 年，满 10 年后不再缴纳。

员工与公司终止或解除劳动合同的，企业年金个人账户可以随同转移。员工升学、参军、失业期间或新就业单位没有实行企业年金制度的，其个人账户可由原管理机构继续管理。员工出国定居或身故的，个人账户予以注销。

待遇支付。需考虑让企业选择第三方作为基金的托管并约定管理费、企业年金缴费终止的条件、政府劳动部门的监管、员工查询账户、劳动争议的规定等各个方面的规范。如：

员工经劳动保障行政部门批准并办理退休手续后，按规定享受企业年金待遇。员工在办理退休手续以前，不得从企业年金个人账户中提前提取资金。

企业年金待遇领取方式包括一次性领取和按月定期领取两种方式，具体方式由员工本人在退休时自主选择：

（1）选择一次性领取的，由账户管理机构将个人账户累积额直接发给本人，并注销其个人账户。

（2）选择按月定期领取的，由账户管理机构根据员工个人账户累积额计算待遇标准，并办理有关领取手续。

（3）退休人员身故的，其个人账户余额可由其指定受益人或法定受益人依法继承。

第十八章

薪酬测算技巧

本章为薪酬模块，包括福利、人工成本等，对 Excel 的操作技巧有要求，但用到的函数不同。做工资表、工资统计分析、劳动年报申报、人工成本统计、薪酬方案测算、职位评估数据测试、薪酬曲线调整、年度预算编制均有所不同。

本章只是告诉大家，做 Excel 测算对薪资模块是不可缺少的技能。但是，薪酬测算的情形多种多样，需要大家在实践中多加练习、体会，不断提高。带着问题，带着需求，自学或向别人请教 Excel 从简单到复杂的各种计算公式，不仅是计算效率的提高，更关键的是有助于在测算试错的过程中，真正领会到这个方案所隐含的人力资源与业务（财务）变量的逻辑关系。这时候，你也就懂业务了。

案例1：年收入的测算

一、测算问题

某公司薪酬体系有12个薪级，各薪级对应的人员类别、人数、月岗位工资标准、系数，见表18.1。

表18.1 各薪级的人员类别、人数、月岗位工资、系数

薪级	人员类别	人数（人）	月岗位工资标准（元）	系数
1	服务人员	21	500	0.4
2	技术服务人员	6	500	0.8
3	管理人员	35	1 000	1
4	车间副主任	3	1 300	1.5
5	中职、硕士	5	1 300	1.7
6	经理助理、车间主任	8	1 300	1.9
7	博士、部门副经理	1	1 600	2.1
8	部门经理、制造副经理	4	1 600	2.5
9	高职、制造经理	2	1 600	2.7
10	总经理助理	1	1 600	2.9
11	副总、总工程师	2	2 500	3.1
12	总经理	1	2 500	4.3

薪酬制度还规定：年收入由岗位工资、效益工资、年终奖组成。岗位工资标准确定，但效益工资、年终奖，由公司统一确定的标准×系数确定。

公司统一的效益工资=人均1 000元/月，年终奖标准=人均5 000元/年。

公司领导要求人力资源部提供数据：

（1）所有人员的年收入合计、全年岗位工资合计、全年效益工资合计、全年年终奖合计、人均年收入。

（2）不同薪级对应的人员的年收入小计、全年岗位工资小计、全年效益工资小计、全年年终奖小计、人均年收入。

二、测算步骤

（1）用 Excel 建表，见表18.2。

表 18.2　用 Excel 建表

薪级	人员类别	人数（人）	月岗位工资标准（元）	系数	月岗位工资小计（元）	年岗位工资小计（万元）	年效益工资小计（万元）	年终奖小计（万元）	年收入合计（万元）	人均年收入（万元）
1	服务人员	21	500	0.4						
2	技术服务人员	6	500	0.8						
3	管理人员	35	1 000	1						
4	车间副主任	3	1 300	1.5						
5	中职、硕士	5	1 300	1.7						
6	经理助理、车间主任	8	1 300	1.9						
7	博士、部门副经理	1	1 600	2.1						
8	部门经理、制造副经理	4	1 600	2.5						
9	高职、制造经理	2	1 600	2.7						
10	总经理助理	1	1 600	2.9						
11	副总、总工程师	2	2 500	3.1						
12	总经理	1	2 500	4.3						
合计										
人均										

（2）Excel 计算公式设置。假定，在 Excel 表中，薪级在 A 列，人员类别在 B 列，人数在 C 列，依次类推。薪级 1 在行 3，薪级 2 在行 4，薪级 3 在行 5，依次类推。

月岗位工资小计=月岗位工资标准×人数。则薪级 1 对应的月岗位工资小计，Excel 计算公式设置：F3=D3×C3。其他设置：

年岗位工资小计=月岗位工资小计×12 个月/10 000，即 G3=F3×12/10 000

年效益工资小计=效益工资标准×系数×12 个月×人数/10 000，即 H3=1 000×E3×12×C3/10 000

年终奖小计=年终奖标准×系数×人数/10 000，即 I3=5 000×E3×C3/10 000

年收入合计=全年岗位工资小计+全年效益工资小计+全年年终奖小计，即 J3=SUM(G3:I3)或 J3=G3+H3+I3

人均年收入=年收入合计/人数，即 K3=J3/C3。

选中单元格，下拉公式，即可得到行 4～行 14 的计算公式。

人数合计的 Excel 计算公式：C15=SUM(C3:C14)。右拉公式，即可得到 D15～J15 的 Excel 计算公式。

人均的年岗位工资的 Excel 计算公式：G16=AVERAGE(G15/89) 或 G16=AVERAGE(G15/$C15)。右拉公式，即可得到 G16～J16 的 Excel 计算公式。

（3）得到数据。测算数据表，见表 18.3。

表 18.3　测算数据表

薪级	人员类别	人数（人）	月岗位工资标准（元）	系数	月岗位工资小计（元）	年岗位工资小计（万元）	年效益工资小计（万元）	年终奖小计（万元）	年收入合计（万元）	人均年收入（万元）
1	服务人员	21	500	0.4	10 500	12.60	10.08	4.20	26.88	1.28
2	技术服务人员	6	500	0.8	3 000	3.60	5.76	2.40	11.76	1.96
3	管理人员	35	1 000	1	35 000	42.00	42.00	17.50	101.50	2.90
4	车间副主任	3	1 300	1.5	3 900	4.68	5.40	2.25	12.33	4.11
5	中职、硕士	5	1 300	1.7	6 500	7.80	10.20	4.25	22.25	4.45
6	经理助理、车间主任	8	1 300	1.9	10 400	12.48	18.24	7.60	38.32	4.79
7	博士、部门副经理	1	1 600	2.1	1 600	1.92	2.52	1.05	5.49	5.49
8	部门经理、制造副经理	4	1 600	2.5	6 400	7.68	12.00	5.00	24.68	6.17
9	高职、制造经理	2	1 600	2.7	3 200	3.84	6.48	2.70	13.02	6.51
10	总经理助理	1	1 600	2.9	1 600	1.92	3.48	1.45	6.85	6.85
11	副总、总工程师	2	2 500	3.1	5 000	6.00	7.44	3.10	16.54	8.27
12	总经理	1	2 500	4.3	2 500	3.00	5.16	2.15	10.31	10.31
合计		89	17 300	249	89 600	107.52	128.76	53.65	289.93	63.09
人均						1.21	1.45	0.60	3.26	

三、结果

（1）年收入合计=289.93 万元，其中，年岗位工资小计=107.52 万元，年效益工资小计=128.76 万元，年终奖小计=53.65 万元。

（2）人均年收入=32 576 元。其中，人均年岗位工资=12 081 元，人均年效益工资=14 467 元，人均年终奖=6 028 元。

（3）各薪级的数据见表 18.3。

测算完毕。

案例2：计件工资质量+成本系数考核的测算

一、测算问题

某工厂有 7 个部门：半成品车间、装配一车间、装配二车间、机修车间、辅助车间、设备工艺部、行政部、人事部。各部门的工资总额基准分别为：30 万元、40 万元、30 万元、15 万元、12 万元、13 万元、10 万元，合计 150 万元。以前，各部门实行计件工资，工资总额与产量挂钩，对质量、成本的考核忽视，只是发现严重问题个别扣罚。

这一年，工厂总经理与股份公司人力资源部经理商量后，决定引入质量与成本的调节系数，对工资总额进行浮动。

计算公式规定：

（1）半成品车间、装配一车间、装配二车间，实际工资总额=工资总额基数×浮动系数。

（3）机修车间、辅助车间、行政部、人事部，实际工资总额=工资总额基数×考核分/100×浮动系数。

质量、成本指标分高、中、低三档目标，系数见表 18.4。

表 18.4　质量、成本的调节系数

成本指标 质量指标	高　档	中　档	低　档
高　档	1.1	1.05	1
中　档	1.05	1	0.95
低　档	1	0.95	0.9

该方案的思路提出后，需要 HR 进行模拟测算，供进一步讨论。

二、测算步骤

（1）建新表。

生产车间的测算表，见表 18.5。

其他部门的测算表，见表 18.6。

表 18.5 生产车间的测算表

部门	工资总额基准（万元）	质量指标完成情况	成本指标完成情况	浮动系数	实际工资总额（万元）
半成品车间					
装配一车间					
装配二车间					
合计					

表 18.6 其他部门的测算表

部门	工资总额基准（万元）	部门考核分（分）	质量指标完成情况	成本指标完成情况	浮动系数	实际工资总额（万元）	增幅（%）
机修车间							
辅助车间							
设备工艺部							
行政人事部							
合计							

（2）设置 Excel 公式。

表 18.5 的公式设置。假定在 Excel 表中，实际工资总额在 F 列，半成品车间在 3 行。则半成品车间的实际工资总额的 Excel 计算设置：F3=B3×E3。

下拉公式，得到装配一车间、装配二车间的公式设置。

实际工资总额合计的公式设置：F6=SUM(F3:F5)

工资总额基数、质量指标完成情况、成本指标完成情况、浮动系数手工录入。

表 18.6 的公式设置。假定在 Excel 表中，实际工资总额在 G 列，机修车间在 10 行。则机修车间的实际工资总额的 Excel 计算设置：G10=B10×C10/100×F10。

机修车间的增幅的 Excel 计算设置：H10=(G10/B10)-1

其他操作同上。

三、结果

生产车间的测算结果，见表 18.7。

其他部门的测算结果，见表 18.8。

表18.7 生产车间的测算结果

部 门	工资总额基准（万元）	质量指标完成情况	成本指标完成情况	浮动系数	实际工资总额（万元）
半成品车间	30	高	高	1.1	33
装配一车间	40	中	中	1.0	40
装配二车间	30	中	低	0.95	28.5
合计	100	0	0	3.05	101.5

表18.8 其他部门的测算结果

部 门	工资总额基准（万元）	部门考核分（分）	质量指标完成情况	成本指标完成情况	浮动系数	实际工资总额（万元）	增 幅（%）
机修车间	15	90	高	高	1.1	14.85	−1.0
辅助车间	12	78	高	中	1.05	9.83	−18.1
设备工艺部	13	74	中	低	0.95	9.14	−29.7
行政人事部	10	80	低	低	0.9	7.20	−28.0
合计	50	322	0	0	4	41.02	−18.0

案例3：子公司薪等薪级表的审核

一、测算问题

2006年，某集团新设山东子公司。山东公司人力资源部制定了薪酬制度，上报集团人力资源部备案。集团人力资源部对制度进行了审核，重点之一是薪酬体系的内部公平性，发现：山东公司设置了8个薪等，每个薪等有12个薪级，但落在不同的范围，见表18.9。集团人力资源部需要大致判断：其薪等薪级对应的薪酬曲线是否合理，这需要测算。

表18.9 山东公司的薪等薪级表

薪 等	薪级											
	1	2	3	4	5	6	7	8	9	10	11	12
1	580	640	700	760	820	880						
2	780	850	920	990	1 060	1 180	1 250					
3	1 080	1 160	1 240	1 320	1 400	1 480	1 560	1 640				
4	1 480	1 580	1 680	1 780	1 880	1 980	2 080	2 180	2 280	2 380	2 480	

薪 等	薪 级											
	1	2	3	4	5	6	7	8	9	10	11	12
5			2 480	2 680	2 880	3 080	3 280	3 480	3 680	3 880	4 080	
6			3 680	3 980	4 280	4 580	4 880	5 180	5 480	5 780	6 080	
7							9 080	9 680	10 280	10 880	11 480	12 080
8							15 800	16 800	17 800	18 800	19 800	20 800

二、测算步骤

假定，在 Excel 表中，薪级 12 在 M 列 2 行。

（1）新建表，栏目包括：级差、最大值、最小值、平均值、倍率，见表 18.10。

表 18.10 测算表

薪 等	级 差	最大值	最小值	平均值	倍 率
1					
2					
3					
4					
5					
6					
7					
8	1				

（2）假定级差在 B 列 13 行，Excel 计算公式设置：

薪等 1 对应的各栏：

最大值：C13=MAX(B3:M3)

最小值：D13=MIN(B3:M3)

平均值：E13=AVERAGE(B3:M3)

倍率：F13=E14/E13

下拉各栏，得到薪等 2～8 的 Excel 计算公式设置。

级差=上一个薪级-下一个薪级。

三、结果

（1）数据表，见表 18.11。

表 18.11　数据表

薪等	级差	最大值	最小值	平均值	倍率
1	60	880	580	730	1.38
2	70	1 250	780	1 004	1.35
3	80	1 640	1 080	1 360	1.46
4	100	2 480	1 480	1 980	1.66
5	200	4 080	2 480	3 280	1.49
6	300	6 080	3 680	4 880	2.17
7	600	12 080	9 080	10 580	1.73
8	1 000	20 800	15 800	18 300	

（2）薪酬曲线图

1）平均值的薪酬曲线图

选取平均值栏的数据，用折线图表示，见图 18.1。

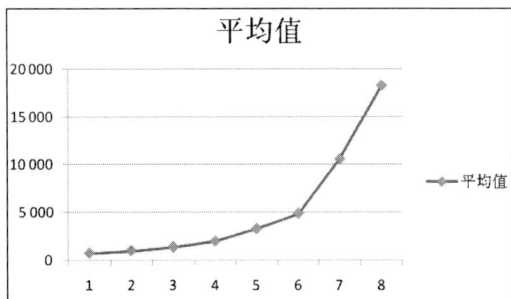

图 18.1　平均值的薪酬曲线

分析：从薪酬曲线来看，从低薪等到高薪等，曲线逐步平滑递增，高薪等 7、8 陡增。

2）最大值、最小值、平均值三条薪酬曲线图

选取最大值、最小值、平均值的数据，用折线图表示，见图 18.2。

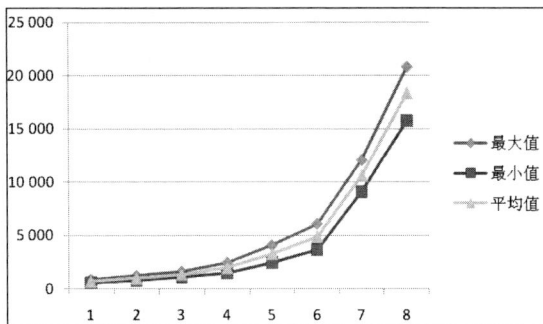

图 18.2　薪酬曲线简图（最小值、最大值、平均值）

分析：把每个薪等的最大值、最小值之间看作一段。薪等1～6，薪等之间有交叉重叠，薪等6与7，7与8，无重叠。

初步审核，作为子公司的薪酬体系，其薪等薪级表的设置还算相对合理，可以同意试行。

案例4：销售业务盈亏平衡测算

一、测算问题

某公司销售部，编制：销售部经理1人，销售人员13人。另有商务部2人、技术部3人。以前的销售考核政策是根据净利润提成，净利润提成=净利润×30%。本年考虑按回款提成，回款提成=回款×4%。过去2年，销售业绩不理想，净利润亏损。销售副总要求至少盈亏平衡，按1 800万元销售额分解到个人。但销售部经理觉得1 800万元做不到，预估1 300万元。恰好赶上年度经营计划与预算编制，时间紧张。销售副总与销售部经理对年度销售额的预算指标出现分歧，同时对净利润提成比例30%转换为回款提成比例4%是否合理，也出现了争论。HR参与了本次讨论，并进行了测算。

相关公式和数据：

净利润=毛利-销售费用-人工成本

其中：

毛利=不含税销售额×毛利率=销售额/1.17×21%

销售费用=付现费用+交易费用

付现费用=销售额×7%

人工成本=年薪+调薪+社会保险+公积金

还需要考虑新增司龄工资3.5万元。上年提成奖励兑现，按回款×2.5%估算。

二、初步测算步骤

（1）由人力资源部提供三类人员的人工成本统计，见表18.12。

表18.12　三类人员的人工成本统计

序　号	人员类别	编制（人）	年薪（万元）	调薪（万元）	社会保险（万元）	公积金（万元）	人工成本小计（万元）
1	销售人员	13	71.4	0.0	17.2	4.8	93.4
2	销售部经理	1	10.2	7.9	2.5	0.6	21.2
3	商务、技术支持	5	35.5	0.0	9.0	2.5	47.0
	合计	19	117.1	7.9	28.7	7.9	161.5

（2）新建测算表，并设置Excel计算公式，录入数据。

假定，在Excel表中，含税销售额A在B列10行，依次类推行、列。

情况 1 对应的各栏的 Excel 计算公式设置如下：

不含税销售额 A1：C10=B10/1.17

毛利 C：E10=C10×D10

付现费用 D1：G10=C10×F10

销售费用小计 D：I10=G10+H10

人工成本 E：J10=$H$6，即：取表 18.12 的人工成本小计=161.5，固定值。

净利润 F：K10=E10-I10-J10

（3）下拉公式，得到各栏对应的 Excel 计算公式设置。

取 10 种模拟情况，录入 1 500 万元～2 400 万元，毛利率录入 21%，付现费用率录入 7%，交易费用录入 30 万元，得到表 18.13。

表 18.13　净利润测算表

情　况	含税销售额 A（万元）	不含税销售额 A1=A/1.17（万元）	毛利率 P（%）	毛利 C=A/1.17×P（万元）	付现费用率 Q（%）	付现费用 D1=A1×Q（万元）	交易费用 D2（万元）	销售费用小计 D=D1+D2（万元）	人工成本 E（万元）	净利润 F=C-D-E（万元）
1	1 500	1 282.1	21	269.2	7	89.7	30	119.7	161.5	(12.0)
2	1 600	1 367.5	21	287.2	7	95.7	30	125.7	161.5	(0.1)
3	1 700	1 453.0	21	305.1	7	101.7	30	131.7	161.5	11.9
4	1 800	1 538.5	21	323.1	7	107.7	30	137.7	161.5	23.8
5	1 900	1 623.9	21	341.0	7	113.7	30	143.7	161.5	35.8
6	2 000	1 709.4	21	359.0	7	119.7	30	149.7	161.5	47.8
7	2 100	1 794.9	21	376.9	7	125.6	30	155.6	161.5	59.7
8	2 200	1 880.3	21	394.9	7	131.6	30	161.6	161.5	71.7
9	2 300	1 965.8	21	412.8	7	137.6	30	167.6	161.5	83.7
10	2 400	2 051.3	21	430.8	7	143.6	30	173.6	161.5	95.6

三、初步结果

分析：

当含税销售额=1 500 万元时，毛利=269.2 万元，净利润=负 12 万元。

当含税销售额=1 600 万元时，毛利=287.2 万元，净利润=负 0.1 万元，基本持平。

当含税销售额=1 700 万元时，毛利=305.1 万元，净利润=11.9 万元。

四、进一步的测算

但是，以上测算未括：新增司龄工资 3.5 万元，也未包括上年的提成奖励（按回款×2.5%估算）。含税销售额 1 600 万元，显然包不住，需要进一步测算。

最终净利润测算表，见表 18.14。

表 18.14　最终净利润测算表

情　况	含税销售额 A（万元）	不含税销售额 A1=A/1.17（万元）	毛利率 P（%）	毛利 C=A/1.17×P（万元）	付现费用率 Q（%）	付现费用 D1=A1×Q（万元）
1	1 500	1 282.1	21	269.2	7	89.7
2	1 600	1 367.5	21	287.2	7	95.7
3	1 700	1 453.0	21	305.1	7	101.7
4	1 800	1 538.5	21	323.1	7	107.7
5	1 900	1 623.9	21	341.0	7	113.7
6	2 000	1 709.4	21	359.0	7	119.7
7	2 100	1 794.9	21	376.9	7	125.6
8	2 200	1 880.3	21	394.9	7	131.6
9	2 300	1 965.8	21	412.8	7	137.6
10	2 400	2 051.3	21	430.8	7	143.6

交易费用 D2（万元）	销售费用小计 D=D1+D2（万元）	人工成本 E（万元）	净利润 F=C−D−E（万元）	上年提成支付估算 Y=A1*2.5%（万元）	司龄工资新增 E2（万元）	最终净利润 U=F−Y−E2（万元）
30	119.7	161.5	(12.0)	32.1	3.5	(47.6)
30	125.7	161.5	(0.1)	34.2	3.5	(37.8)
30	131.7	161.5	11.9	36.3	3.5	(27.9)
30	137.7	161.5	23.8	38.5	3.5	(18.1)
30	143.7	161.5	35.8	40.6	3.5	(8.3)
30	149.7	161.5	47.8	42.7	3.5	1.5
30	155.6	161.5	59.7	44.9	3.5	11.4
30	161.6	161.5	71.7	47.0	3.5	21.2
30	167.6	161.5	83.7	49.1	3.5	31.0
30	173.6	161.5	95.6	51.3	3.5	40.9

分析：

当含税销售额=1 900 万元时，净利润=负 8.3 万元。

当含税销售额=2 000 万元时，净利润=1.5 万元。

也就是说，盈亏平衡点在含税销售额=2 000 万元左右。

现在，进一步需要回答：按提成=回款×4%，对比提成=净利润×30%，是高了还是低了？

把人工成本 E 的数据替换为销售人员的数据：93.4 万元，销售人员对应的净利润增加，见表 18.15。

表 18.15　净利润提成与回款提成的比例测算

情　况	含税销售额 A（万元）	不含税销售额 A1=A/1.17（万元）	人工成本 E（万元）	净利润 F=C-D-E（万元）	净利润提成 =F×30%（万元）	回款提成比例（%）	回款提成 2=A1×4%（万元）
1	1 500	1 282.1	93.4	56.1	16.8	1.3	51.3
2	1 600	1 367.5	93.4	68.1	20.4	1.5	54.7
3	1 700	1 453.0	93.4	80.0	24.0	1.7	58.1
4	1 800	1 538.5	93.4	92.0	27.6	1.8	61.5
5	1 900	1 623.9	93.4	104.0	31.2	1.9	65.0
6	2 000	1 709.4	93.4	115.9	34.8	2.0	68.4
7	2 100	1 794.9	93.4	127.9	38.4	2.1	71.8
8	2 200	1 880.3	93.4	139.8	42.0	2.2	75.2
9	2 300	1 965.8	93.4	151.8	45.5	2.3	78.6
10	2 400	2 051.3	93.4	163.8	49.1	2.4	82.1

分析：

净利润提成的数据，比回款提成（4%）要低，相当于回款提成比例 1.3%～2.4%。因此，净利润提成=净利润×30%如要转换为回款提成=回款×提成比例，这个比例在 2% 左右比较合适。

五、测算时站在哪个层面考虑

以上测算是站在公司对销售部的层面，包含了销售人员、销售部经理，商务和技术。

实际上，销售部经理一开始只考虑每个销售人员（虚拟的办事处节点）的净利润。从这个口径去看，销售人员的人工成本 E=93.4 万元，在含税销售额=1 100 万元时，净利润=8.2 万元，已经为正，见表 18.16。

但从公司层面考虑，做 1 100 万元含税销售额，远远包不住费用和人工成本。

表 18.16　站在销售人员层面的测算

情　况	含税销售额 A（万元）	不含税销售额 A1=A/1.17（万元）	毛利率 P（%）	毛利 C=A/1.17×P（万元）	付现费用率 Q（%）	付现费用 D1=A1×Q（万元）	交易费用 D2（万元）	销售费用小计 D=D1+D2（万元）	人工成本 E（万元）	净利润 F=C-D-E（万元）
1	1 100	940.2	21	197.4	7	65.8	30	95.8	93.4	8.2
2	1 200	1 025.6	21	215.4	7	71.8	30	101.8	93.4	20.2

情况	含税销售额 A (万元)	不含税销售额 A1=A/1.17 (万元)	毛利率 P (%)	毛利 C=A1/1.17×P (万元)	付现费用率 Q (%)	付现费用 D1=A1×Q (万元)	交易费用 D2 (万元)	销售费用小计 D=D1+D2 (万元)	人工成本 E (万元)	净利润 F=C-D-E (万元)
3	1 300	1 111.1	21	233.3	7	77.8	30	107.8	93.4	32.2
4	1 400	1 196.6	21	251.3	7	83.8	30	113.8	93.4	44.1
5	1 500	1 282.1	21	269.2	7	89.7	30	119.7	93.4	56.1
6	1 600	1 367.5	21	287.2	7	95.7	30	125.7	93.4	68.1
7	1 700	1 453.0	21	305.1	7	101.7	30	131.7	93.4	80.0
8	1 800	1 538.5	21	323.1	7	107.7	30	137.7	93.4	92.0
9	1 900	1 623.9	21	341.0	7	113.7	30	143.7	93.4	104.0
10	2 000	1 709.4	21	359.0	7	119.7	30	149.7	93.4	115.9

案例 5：公司重组时的职位薪酬统一方案测算

一、测算问题

甲、乙公司重组，合并为新的甲公司。两家公司原有的职等职级（薪等薪级）不同，现在需要按照新甲公司的职位体系，对现有人员进行职等套入，并在新的薪等薪级表按照就近就高原则套薪。公司需要了解按此规则套薪后，不同职等职级的员工加薪的额度和幅度是多少。

相关计算公式与数据：

原薪酬水平=（基本工资+补贴+奖金）×12 个月+基本工资（第 13 个月）

二、测算步骤

（1）新建 Excel 测算表，见表 18.17。

（2）Excel 计算公式设置。

假定原薪酬水平在 L 列，序号 1 在 3 行。则序号 1 的原薪酬水平的公式设置：

L3=((I3+J3+K3) ×12+I3)/10000

薪酬水平在 Q 列。

则序号 1 的增加额的公式设置：R3=Q3-L3

序号 1 的增幅的公式设置：S3=R3/L3

表 18.17　职位薪酬统一测算表

序号	工号	姓名	原单位	部门	职位名称	职位族群	职位等级	基本工资（元）	补贴（元）
1			浙江总部	管理层	副总经理	市场	8A	16 000	900
2			嘉兴	管理层	总经理	销售	7A	9 000	900
3			绍兴	管理层	总经理	销售	7A	8 000	900
4			浙江总部	规划技术部	高级经理	技术	7A	7 500	900
5			浙江总部	网络运维部	高级经理	技术	7A	7 000	900
	合计							47 500	4 500
	平均							9 500	900
	最大							16 000	900
	最小							7 000	900

奖金（元）	原薪酬水平（万元）	新单位	新部门	目前职务	薪酬等级 1	薪酬标准（万元）	增加额（万元）	增幅（%）
3 200	25.72	省公司	公司领导	总经理助理	2	32.32	6.6	25.66%
1 800	14.94	省公司	网络支撑中心	副总经理	5-F	15.44	0.5	3.35%
1 600	13.4	省公司	市场经营部	副总经理	5-G	14.23	0.83	6.19%
1 500	12.63	省公司	网络部	副总经理	5-H	12.9	0.27	2.14%
1 400	11.86	省公司	业务支撑中心	副总经理	5-H	12.9	1.04	8.77%
9 500	78.55					87.79	9.24	11.8%
1 900	15.71					17.56	1.85	9.2%
3 200	25.72					32.32	6.6	25.7%
1 400	11.86					12.9	0.27	2.1%

三、结果

增加额合计=9.24 万元，增幅合计=8.80%（注意：S8=R8/L8）

增加额平均值=1.85 万元，增幅平均=9.2%（注意：S9=AVERAGE(S3:S7)）

增加额最大值=6.6 万元，增幅最大值=25.7%

增加额最小值=0.27 万元，增幅最小值=2.1%

案例 6：计件工资项目测算思路

一、公司控制总额

在财务部门不能提供总人工成本目标值的情况下，通过单位产量人工费率控制总人工成本。

1．计算公式

本年度产量人工费率 $Y2$＝本年度产量 $Q2$×上年度单位产量人工费率 $Y1$×修正系数 X。其中：

单位产量人工费率=人工成本总额/总产量。

修正系数因人工成本统计由上年才开始统计，现用直接人工成本（即计件工资总额）来测算。今后过渡到用所有人工成本数据来测算。

2．测算思路

根据前 3 年的单位产量人工成本费率、线性关系（即修正系数），确定本年的单位产量人工费率。

2 号产品产量按 1 号产品的 1.6 倍折算成 1 号产品产量。今后过渡到按照不同产品测算单位产量人工费率。

修正系数分乐观、中观、悲观 3 种情况，确定乐观、中观、悲观的本年度单位产品人工费率，从而可根据预定的产量确定可分配计件工资总额。从历史数据来看，修正系数基本是 0.9 左右。所以初步确定 3 种修正系数为 1.0、0.95、0.9。

乐观、中观、悲观的 3 个人工成本总额（即计件工资总额）交于财务部，要求财务来做成本可行性评估。最终确定具体单位产量人工费率。

3．改进点

改变了以往框定工资总额的形式，现框定一个合适的单位产量人工费率，随着产量的改变，工资总额也发生改变。

二、工厂分解总额

在基本维持总体薪资的情况下，行政人事部从劳动定额、定员、提高关键工序收入、薪资结构岗位工资、年终奖金、产量计酬等关键模块着手，重新组合薪资分配比例，一定程度上解决操作工、辅助工的效率、公平、缺勤率、流失率等方面的问题。后勤人员工资水平基本上按不低于最低工资标准的原则，与总部后勤人员略低或基本持平。

1．劳动定额核定

劳动定额要随着技术水平的提高而修改。拟调取老定额，根据经验值重新评估、确定新的劳动定额。今后可以规划分阶段启动 IE 工程等科学手段，测定实际劳动定额。

测算思路：

现有劳动定额（班产量）列表。3 个月各班组、工序平均最高产量列表。取其 80% 的值作为预定的新定额。行政人事部、车间主任、工艺设备部相关人员根据 3 个月各班组所有员工的产量情况对新定额进行评估、调整，确定新定额。

2．劳动定员核定

本着精简、高效、节约的原则，根据产量与劳动定额推算定员数。

公式：定员数=月度产量/(劳动定额×每月工作天数×每天工作时间)

测算思路:

有劳动定额的班组(工序)按上述公司测算,无劳动定额的根据前 2 年辅助工/操作工的比率来确定。

确定工作时间标准(如按单休,每天 8 小时算),根据新的劳动定额测算出来。

3. 控制定员数

也是在控制社会保险等其他人工成本。控制的思路是:调取前 2 年的产量与各班组(工序)年度平均人数,根据本年的产量测算出本年的操作工平均人数。也可以通过改变每月工作天数及每天作业时间来控制。根据月度生产计划测算月度人数,计算全年平均人数。

4. 人均收入核定

通过对各工序劳动责任、劳动条件、劳动强度、劳动技能等方面的评价,进行排序,确定关键岗位,从而确保关键岗位员工的收入,解决大部分工序间不平衡问题。岗位评价一般每年进行一次。个别工序发生重大变化,由行政人事部牵头进行个别评价调整。

(1)测算思路

成立评价小组由技术 2 人、质检 1 人、工艺 2 人、行政人事部 1 人及各车间主任(5 人)组成。

(2)评价办法

采取成对排列法,将所有工序成对地加以比较,结果为 1 或 0,统计 10 个人的平均得分后加以排序。

排出顺序后再来确定其间的差距。排在中间的岗位系数确定为 100 分,然后两边延开确定相应的差距,统计平均系数。

系数转换为年收入的公式:总系数=Σ 工序系数×工序定员数;100 分系数的年收入=计件工资总额/总系数×100

(3)结果验证

调取现有各工序的人均收入数据列表排序。与上步骤 4 所计算的结果进行对比,计算相应的增减比率,看是否校正了工序间的不平衡问题,差距是否得以拉开。

可以根据乐观、中观、悲观的三个人工成本总额来测算三个年收入数据,进行员工流失率方面的风险评估。判断:Σ 各工序人均收入×定员数≤计件工资总额是否成立。

5. 固定工资组成

在原有岗位工资第一档的基础上,通过固定的岗位工资调节项目,拉开岗位工资的差距,确保核心技术工人的收入。同时对于劳动条件差的岗位给予一定补偿。

司龄工资根据讨论会上"5 年工作周期"的导向,设立司龄津贴(20 元/年),最多 100 元/月。

完善《工人技术等级评定办法》。规定比较明确的工人技术等级标准,包括每个技术岗位的应知、应会培训内容和考核标准;确定合理的或分阶段的技术工人初、中、高的比例；每年复审制度；对中级工以上的技术工人设立津贴：中级工 100 元/月，高级工 200 元/月，技师 400 元/月。

对于劳动条件较差的工序，给予一定的补贴。差的补贴 50 元/月，极差的补贴 100 元/月。

以上具体数据可再测算调整。

其他津贴（如中夜班津贴、节日加班津贴）等参照原方案执行。

6. 年终奖金

从人均收入中提取 10%左右，按缺勤、专项奖励等确定发放办法。

7. 产量计酬

在原有的基础上，对于能核算到个人的工序按"工序产量×单价±奖惩±考核"的模式进行核算；对于班组计件或其他无法确定具体单价的，按照岗位评价的办法确定相应的系数后，再按"系数×每系数计件额±奖惩±考核"的模式进行分配。

各明细单价报人力资源部/行政人事部备查。

各车间配套考核方案明年分阶段进行重新设计，在没有更改以前沿用老办法。

8. 其他相关配套内容

离职人员待遇、新进员工待遇、试用期待遇、假期待遇等以不违反国家工资规定为原则进行修订。

案例 7：工序系数的测算

一、测算问题

某锂电池工厂，有三个生产车间：制膜车间、化成单颗组装车间、组合组装车间。每个车间有相应的工序（岗位）。现通过确定每个工序的系数、定编，确定该工序的系数小计，对计件工资总额进行分配。

相关计算公式：

工序系数小计=工序系数×定编人数

总系数=$\sum$（工序系数×定编人数）

二、测算步骤

（1）建 Excel 表，见表 18.18。

假定，在 Excel 表中，制膜在第 2 行，工序系数小计在 E 列。则制膜的工序系数小计：E2=C2×D2。

（2）下拉公式，即可得到各工序的工序系数小计。

假定小计 1 在第 10 行。则小计 1 对应的工序系数：C11=AVERAGE(C2:C10)

小计 1 对应的定编：D10=SUM(D2:D10)

右拉公式，得到小计 1 对应的工序系数小计：E10=SUM(E2:E10)

表 18.18　工序系数

车　间	工　序	工序系数	定　编	工序系数小计
制膜	制浆	1.15	3	3.45
	涂布	1.2	3	3.6
	涂布监测	1	3	3
	横切	1	2	2
	辊压	1	8	8
	烘烤	1	2	2
	极片分切	1	6	6
	冲裁	1.05	18	18.9
	极片处理	1	12	12
	小计 1	1.04	57	59.0
化成单颗组装	流程发送	1.15	4	4.6
	电芯上下柜	1	10	10
	抽真空封边	1.15	8	9.2
	折边	1	11	11
	铜片焊接	1.1	4	4.4
	锡焊	1.1	8	8.8
	预锡	1	9	9
	来料检测	1	4	4
	电池后处理	1	12	12
	小计 2	1.06	70	73.0
组合组装	电芯倍率检测	1.05	2	2.1
	超焊	1.1	2	2.2
	电压检测	1	2	2
	配组	1	2	2
	来料准备	1	4	4
	锡焊	1.1	4	4.4
	预锡	1	5	5
	高倍率电池组装	1	4	4
	电池后处理	1	4	4
	小计 3	1.03	29	29.7

（3）链接取数，见表 18.19。

假定车间在 G 列 1 行，依次类推。

表18.19 各车间、工厂的工序系数合计

车 间	工序系数	定 编	工序系数小计
制膜车间	1.04	57	59.0
化成单颗组装车间	1.06	70	73.0
组合组装车间	1.03	29	29.7
合计	1.043	156	161.7

三、结果

各车间的工序系数合计=161.7，其中，制膜车间=59.0，化成单颗组装车间=73.0，组合组装车间=29.7。

各工序系数的平均值=1.043，其中，制膜车间=1.04，化成单颗组装车间=1.06，组合组装车间=1.03。

小结

薪酬测算的技巧如下：

（1）读懂领会测算问题。提取出变量，变量之间的计算关系、文字或数学符号表达清楚。

（2）在Excel中建表。横向、纵向分布，有时可把变量之间的计算公式用代码写上，方便看清楚计算关系。

（3）Excel公式设置。常用的公式有：

1）加、减、乘、除：+、−、×、/

2）加减乘除的组合：如：（B1+C1）×0.5×12+D1/10 000

3）求和：SUM()

4）平均：AVERAGE()

5）最大：MAX()

6）最小：MIN()

7）取整：ROUND()

8）固定值：$；固定列，如：$B2；固定行，如：B$2；固定行列，如：$B$2

9）链接：=

（4）录入数据。可手工录入，也可以链接，或用固定符$。

（5）数据分析。有些是实际值跟计划值比，有些是本年跟上年比，有些是增减额，有些是增幅，有些是总数、平均，有些是占比。通过这些关键的数据，结合本行业、本公司的业务，进行合理性判断。

（6）薪酬测算。需要掌握一些特定的数值。比如：不含税合同额=合同额/1.17，是因为增值税=17%。同理，不含税合同额=合同额/1.05，是因为营业税=5%。毛利、

净利润的口径，费用的口径，人工成本的口径，回款的口径，销售单价，销售额，基准单价，基准销售额等都可能涉及。社会保险、公积金、司龄工资的基数、比例、最低工资、月计薪日=21.75 天，年休假补偿等也应掌握。总之，因测算问题包含了人力资源，也可能涉及业务、财务、商务等，所以在 Excel 上的公式设置就不是单纯的 Excel 技巧，而是把测算问题表达的变量计算关系转化为 Excel 计算公式，前提是你真的理解了该方案的人力资源、业务、财务、商务等的变量逻辑关系。

（7）小数点和单位。测算就是估算，而不是精确计算。所以无须保留太多位小数，以方便读取。建议大家操作时加一行单位，当除数出来很多小数点时，把小数点保留 1 位或 2 位就够了，当然有时需要 3 位或 4 位。月薪是可以用元作单位，年收入可以变为万元为单位，保留 1～2 位小数。比如 12 333.33 元=12 333.33/10 000=1.23（万元）。这样数据很多时，看得清楚。注意：测算就是为了方便看。

（8）格式规范。实际操作中，很多人做 Excel 测算表不一定规范，导致看起来很乱。建议：打开 Excel 空表，先右击，设置单元格式|对齐：水平对齐选"靠左缩进"，垂直对齐选"居中"，文本控制选"自动换行"。设置单元格式→数字，字号选"9"。因为是测算，边框可加可不加，但剪切到 Word 文档时，最好事先在 Excel 表中设置好边框。当一个 Excel 表内的子测算表多或行多时，需要"冻结窗口"，确保表头的栏目始终在。

第十九章

薪酬预算编制与人工成本控制

本章介绍薪酬预算编制与人工成本控制。薪酬预算编制包括、公司的年度薪资预算表的模板、部门的年度薪资预算、薪资预算报告和说明。人工成本控制包括：工资总额管理、人工成本统计表、人工成本测算、人工成本预算规则等。

19.1 薪酬预算模板

先看适用公司的年度薪资预算表的模板。

19.1.1 公司年度薪酬预算表模板

某国企的年度薪酬预算表模板，见表 19.1。
某民营上市公司的薪酬预算表模板，见表 19.2。
某民营科技公司的薪酬预算表模板，见表 19.3。

表 19.1 某国企的年度薪酬预算表模板

单位：万元

编制单位：

项目及明细	本年数据	预算年度数据	一季度	二季度	三季度	四季度
应付工资期初余额		0	0	0	0	0
预算年度增加		6 899	950	1 400	2 150	2 399
本年工资总额		6 899	950	1 400	2 150	2 399
预计增长率(%)		0	0	0	0	0
预计工资基数		3 500	482	710	1 091	1 217
其中：生产人员		2 150	296	436	340	378
营销人员		0	0	0	0	0
管理人员		1 350	186	274	420	470
工资增长		0	0	0	0	0
其他增加		0	0	0	0	0
预算年度减少		0	0	0	0	0
工资奖金支付		0	0	0	0	0
其他支付		0	0	0	0	0
应付工资期末余额		0	0	0	0	0
应付福利费期初余额		0	0	0	0	0
预计福利支出		490	67	100	153	170
集体福利		200	28	41	61	70
医药费		200	28	41	61	70
各项补贴		90	12	18	28	32
其他		0	0	0	0	0
合计		3 990	549	810	1 244	1 387
其他增加		0	0	0	0	0

续上表

编制单位：						
项目及明细	本年数据	预算年度数据	一季度	二季度	三季度	四季度
应付福利费期末余额	0	0	0	0	0	
计入预算年度损益						
生产人员						
营销人员						
管理人员						
其他提取						
生产人员		806.25	111.25	164	251	280
工会经费		43	6	9	13	15
教育经费		32.25	4.25	7	10	11
失业保险		43	6	9	13	15
养老统筹		473	65	96	147	165
住房公积金		215	30	44	66	75
营销人员		0	0	0	0	0
工会经费		0	0	0	0	0
教育经费		0	0	0	0	0
失业保险		0	0	0	0	0
养老统筹		0	0	0	0	0
住房公积金		0	0	0	0	0
管理人员		506.25	70	103	158	175.25
工会经费		27	4	6	8	9
教育经费		20.25	3	4	6	7.25
失业保险		27	4	6	8	9
养老统筹		297	41	60	93	103
住房公积金		135	19	27	42	47
预计支付						
应付款余额		0	0	0	0	0

表 19.2　某民营上市公司的薪酬预算表模板

公司名称：汇总表		制表人/日期：				审　核：			审　批：	
项　目	人数	薪　资				五险一金（公司承担部分）			其他福利	总　计
		小　计	基本工资	业绩工资	年终奖金	小计	社会保险	住房公积金		
合计	587	1277.2	766.9	443.1	67.2	408.0	351.6	56.5	93.2	1 778.4
总部	26	136.0	97.9	30.0	8.1	81.5	71.0	10.5	5.3	222.8
技术中心	20	94.5	57.0	29.2	8.2	40.2	31.9	8.2	4.0	138.7
生产管理部、质量管理部	10	30.0	14.3	12.9	2.80	19.6	15.8	3.8	2.0	51.6
销售公司	93	349.6	256.9	80.8	11.9	106.9	87.0	19.8	18.1	474.6
A 工厂	302	461.1	166.0	272.7	22.3	113.1	107.2	5.9	30.3	604.4
B 工厂	136	206.1	174.7	17.5	13.9	46.7	38.5	8.2	33.5	286.3

表 19.3　某民营科技公司的薪酬预算表模板

		合计	1 月	2 月	3 月	4 月	5 月	6 月	7 月	8 月
	职工薪酬合计		5.21	2.71	2.71	2.71	2.71	2.71	3.11	3.11
01	工资薪金		3.35	1.61	1.61	1.61	1.61	1.61	1.86	1.86
0101	职工工资		1.61	1.61	1.61	1.61	1.61	1.61	1.86	1.86
0102	奖金	1.74	1.74							
0103	补贴津贴		—	—	—	—	—	—	—	—
02	社会保险费	9.24	1.38	0.66	0.66	0.66	0.66	0.66	0.76	0.76
0201	养老保险	3.18	0.47	0.23	0.23	0.23	0.23	0.23	0.26	0.26
0202	医疗保险	2.60	0.39	0.19	0.19	0.19	0.19	0.19	0.21	0.21
0203	失业保险	0.46	0.07	0.03	0.03	0.03	0.03	0.03	0.04	0.04
0204	工伤生育保险	0.33	0.05	0.02	0.02	0.02	0.02	0.02	0.03	0.03
0205	住房公积金	2.67	0.40	0.19	0.19	0.19	0.19	0.19	0.22	0.22
03	其他人工成本	5.66	0.48	0.44	0.44	0.44	0.44	0.44	0.49	0.49
0301	工会经费	0.45	0.07	0.03	0.03	0.03	0.03	0.03	0.04	0.04
0302	职工教育经费									
0303	职工福利费	1.85	0.13	0.13	0.13	0.13	0.13	0.13	0.18	0.18
0304	商业保险	3.36	0.28	0.28	0.28	0.28	0.28	0.28	0.28	0.28
0305	员工补偿金		—	—	—	—	—	—	—	—

9月	10月	11月	12月	社会保险占工资总额比例（%）	预算依据说明	人力资源部意见	处理平台	责任中心编号	一级责任中心	
3.11	3.11	3.11	3.11							
1.86	1.86	1.86	1.86	—				Z06-01-01	人力资源部	
1.86	1.86	1.86	1.86	—				Z06-01-01	人力资源部	
								Z06-01-01	人力资源部	
—	—	—	—	—	无			Z06-01-01	人力资源部	
0.76	0.76	0.76	0.76	—				Z06-01-01	人力资源部	
0.26	0.26	0.26	0.26	14.00				Z06-01-01	人力资源部	
0.21	0.21	0.21	0.21	11.50				Z06-01-01	人力资源部	
0.04	0.04	0.04	0.04	2.00				Z06-01-01	人力资源部	
0.03	0.03	0.03	0.03	1.40				Z06-01-01	人力资源部	
0.22	0.22	0.22	0.22	12.00				Z06-01-01	人力资源部	
0.49	0.49	0.49	0.49	—				Z06-01-01	人力资源部	
0.04	0.04	0.04	0.04	2.00				Z06-01-01	人力资源部	
								Z06-01-01	人力资源部	
0.18	0.18	0.18	0.18	—	440			Z06-01-01	人力资源部	
0.28	0.28	0.28	0.28	—	120	按280人预估		Z06-01-01	人力资源部	
—	—	—	—	—				Z06-01-01	人力资源部	

19.1.2 部门年度薪酬预算表

生产部的薪酬预算表模板，见表19.4。

工厂计件薪酬预算表模板，见表19.5。

表 19.4 生产部员工薪酬预算表模板

序 号	姓 名	部 门	职 位	职 等	职 类	上年上次薪点	上年现薪点	津贴元
1		生产部	主管	4	生产类	37.0	37.0	200
2		生产部	技工	1	生产类	12.0	12.0	200
3		生产部	技工	1	生产类	11.0	11.0	200
4		生产部	技工	1	生产类	9.0	9.0	200
5		生产部	技工	1	生产类	9.0	9.0	200
6		生产部	技工	1	生产类	9.0	9.0	计件
	合计					87.0	87.0	1000.0

上年现月薪元	已增绩效工资100元	上年现月薪元	标准月薪元	再增月薪元	再增比例（%）	增加月薪（含100）元	增加比例（含100）（%）	
3 700	100	3 800	4 200	400	11	500	14	
1 200	100	1 300	1 100	−200	−17	−100	−8	
1 100	100	1 200	1 300	100	9	200	18	
900	100	1 000	1 100	100	11	200	22	
900	100	1 000	1 100	100	11	200	22	
900	100	1 000	1 100	100	11	200	22	
8 700	600	9 300	9 900	600	7	1 200	14	
			118 800			14 400		

表19.5 工厂计件薪酬预算表表模板

公司名称：工厂　　制表人及时间：　　审核：　　审批：

项目		人数（人）	薪资				五险一金（公司承担部分）							其他福利				总计
			小计（万元）	基本工资（万元）	业绩工资（万元）	年终奖（万元）	小计（万元）比例	养老（万元）19%	医疗（万元）7%	失业（万元）2%	生育（万元）0.06	工伤（万元）1%	公积金（万元）10%	小计 标准	高温费（万元）400	午餐贴（万元）1000	医疗费（万元）1000	总计
合计		403	636	220	371	45	191	121	44	13	38	6	64	53	16	40	40	880
管理	总经理	1	10	10	0	0	4.5	1.9	0.7	0.2	0.6	0.1	1.0	0.24	0.04	0.1	0.1	14.74
	副总经理	0	0				0	0.0	0.0	0.0	0.0	0.0	0.0	0	0	0	0	0
	部门经理	3	25	15	7.5	2.5	11.25	4.8	1.8	0.5	1.5	0.3	2.5	0.72	0.12	0.3	0.3	36.97
	一般管理	11	42.5	22	16.5	4	19.125	8.1	3.0	0.9	2.6	0.4	4.3	2.64	0.44	1.1	1.1	64.265
	小计1	15	78	47	24	7	35	15	5	2	5	1	8	4	1	2	2	116
作业工人 计件工人	操作工	295	425.5	105	291	29.5	117.4	80.8	29.8	8.5	25.5	4.3	42.6	43.7	11.8	29.5	29.5	586.6
非计件工人	质检员	39	60	28.1	28	3.9	17.2	11.4	4.2	1.2	3.6	0.6	6.0	5.8	1.56	3.9	3.9	83
	机修工	31	45	22.4	19.5	3.1	12.8	8.6	3.2	0.9	2.7	0.5	4.5	0.3	1.24	3.1	3.1	58.1
	驾驶员	1	2.7	1.2	1.4	0.1	1	0.5	0.2	0.1	0.2	0.0	0.3	0	0.04	0.1	0.1	3.7
	后勤服务	22	25	16	7.5	1.5	7.3	4.8	1.8	0.5	1.5	0.3	2.5	0	0.88	2.2	2.2	32.3
	小计2	388	558	173	317	38	156	106	39	11	33	6	56	50	16	39	39	761

（1）计算公式：

假定在 Excel 表中，人数在 D 列，合计在 7 行，则：

人数的合计=小计 1+小计 2，即：D7=D12+D18，

管理人员小计 1=SUM（D8：D11）

生产工人小计 2=SUM（D13:D17）

右拉公式，分别得到管理人员小计、生产工人小计、合计的其他栏的公式设置。

管理的总经理的总计=薪资小计+五险一金小计+其他福利小计，即：T8=E8+I8+P8

管理的总经理的薪资小计=基本工资+业绩工资+年终奖，即：E8=SUM(F8:H8)

管理的总经理的五险一金小计=养老+医疗+失业+生育+工伤+公积金，即：I8=SUM(J8:O8)

管理的总经理的其他福利小计=高温费+午餐费+医疗费，即：P8=SUM(Q8:S8)

下拉公式，得到其他职位的总计、薪资小计、五险一金小计、其他福利小计的公式设置。

各项保险、公积金=薪资小计×比例。以管理的总经理的为例。先设置其养老保险公式：

J8=$E8*J$5

薪资小计先固定了 E 列，比例固定了 5 行，右拉公式，得到管理的总经理的其他保险和公积金的公式设置。

再下拉公式，得到其他职位的各项保险、公积金的公式设置。

其他福利=人数×人均福利标准。以管理的总经理的为例。先设置其高温费的公式：

Q8=$D8*Q$5/10 000

人数先固定了 D 列，高温费标准先固定了 5 行，右拉公式，得到管理的总经理的其他福利的公式设置。因为福利的标准是元/（人·年），因此换算为万元单位时需除以 10 000。

再下拉公式，得到其他职位的其他福利的公式设置。

至此，Excel 公式设置完毕。

（2）主要数据：

人数合计=403 人，薪资小计=636 万元，五险一金小计=191 万元，其他福利=53 万元。

管理人员人数=15 人，薪资小计=78 万元，五险一金小计=35 万元，其他福利=4 万元。

生产工人人数=388 人，薪资小计=558 万元，五险一金小计=156 万元，其他福利=56 万元。

19.2.3　薪酬预算报告

案例：省公司人员薪酬福利预算说明

一、人员增长测算方案

（一）合同制员工

根据公司业务发展和当前融合重组的实际情况，确立年人员需求计划的指导思想是"合同制员工零增长，适量增加社会化用工"。

为确保较高的劳动生产率，实现年经营目标，有效控制人员规模，增强公司的综合竞争力，合同制员工实现零增长；保持在 552 人。

合同制员工各类人员比例为：管理类 20%，销售类 44%，运维类 25.5%，工程类 10%，客服类以社会化员工为主。

（二）社会化用工人数测算

为适应业务拓展的需要，将考虑适当增加社会化用工数量，继续实施灵活、多样的用人方式。

上年末已有社会用工 185 人；为加强公司直销队伍、低端维护队伍和客服中心人员的配备，正确处理好直销与代理代办、自行维护和代维的关系，有效控制运营成本，计划年新增社会化用工 217 人，其中全省集中的客服中心增加 62 人。

到本年末，社会化用工总人数达 402 人，全年平均人数为 329 人。社会化员工各类人员比例为：销售类 53.5%，运维类 18.4%，客服类 28.1%。

为缓解人员紧缺的矛盾，我公司将通过人员的合理流动、用人机制的创新、人力资源内部的优化配置，不断提高员工素质，建立一支更精干、更高效的核心员工队伍，有效控制人员规模。

二、薪酬福利总额测算方案

人员薪酬福利水平的确定，首先要根据社会劳动力价格和企业的承受能力，同时为有利于吸引和留住人才，要保证公司的薪酬福利水平在行业中有一定的竞争力。

本年公司的薪酬福利水平比去年略有增长。

为有效激励公司引进的各级人员，我们将继续实施"以岗位评价为基础，结合绩效考核，以激励为导向的薪酬体系"。

公司的薪酬体系按照"收入市场化、工资岗位化、奖金绩效化、福利多元化"的总体思路，体现"对外有竞争性、对内有公平性、岗位有差异性"的薪酬政策，注重薪酬的激励作用，绩效工资分配与企业效益和个人绩效挂钩。

绩效工资分配要依据绩效考核结果，体现收入能增能减的原则，向高级管理、高级技术、高级营销和有突出贡献的岗位倾斜，重点保证核心员工队伍薪酬水平的竞争性。对分公司分不同类别制定不同的薪酬标准，并通过经营业绩考核使其效益和贡献程度挂钩。

（一）合同制员工工资、提取法定福利基金两项实际预算

上年合同制员工平均人数 400 人，人均工资=2 980 万元/400 人=7.45 万元/人。

年合同制员工人均工资水平增长按 3%计算，达到 7.7 万元。按 57.5%提取法定福利基金，测出合同制员工人均工资、提取法定福利基金两项总额：7.7×1.575=12.12 万元。

公司合同制员工工资、提取法定福利基金两项的总费用测算为：12.12 万元/人×552 人=6 690 万元。

各类人员的工资预算根据目前的水平，按平均增长率增长。在月份的预算中，6月、12 月考虑了半年度、全年度的绩效工资发放，其他月份按月岗位工资和月度绩效工资预算，在执行时按实际作一定调整。

（二）社会化用工劳务费总额的预算

1．预算全省社会化用工人均工资为 15 000 元/年。

2．缴纳社会保险（五险）基数为 12 000 元/年，缴费比例为 31.3%，故全年人均应缴纳的社会保险为 12 000×31.3%=3 756（元），加上管理费等其他费用，合计约 5 000 元。

3．综上两项，人均劳务费计为 2 万元/年。

4．全省社会化用工的劳务费总额=人均劳务费×平均人数=2 万元/年×329=658 万元/年

（三）合同制员工工资—其他预算方案

工资—其他内容主要包括服装、体检、劳保用品等费用，按合同制员工人均 2 000元计算，工资—其他的总额按实际人数计算=552×2 000=110.4 万元，尚未考虑住房补贴等内容的费用。

（四）综合（一）、（二）、（三）得出全省全部人员的薪酬福利总额 S：

S=6 690+658+110.4=7 458.4（万元）

三、全部人员薪酬福利占业务收入的比例 X

X=7 458.4÷35 100=21.2%

19.2　人工成本统计模板

19.2.1　人工成本统计表模板

人工成本统计表模板，见表 19.6，表 19.7，表 19.8。

表 19.6　人工成本统计明细模板 1

姓　名	应发工资	专项报销	销售提成	项目奖金	年终奖金	薪资小计	养老
	57 082.00	500.00				57 582.00	9 600.00

医　疗	失　业	工　伤	生　育	公积金	附加成本小计	人工成本合计
4 800.00	480.00	192.00	384.00	3 600.00	19 056.00	76 638.00

表 19.7　人工成本统计表明细模板 2

序号	月份	一级责任中心	二级责任中心	三级责任中心	岗位	姓名	应发工资	专项报销	销售提成	项目奖金	年终奖金	薪资小计	养老	医疗
1	一月	财务部			出纳		2 600		0	0	8 210	10 810	364	299

失业	工伤	生育	公积金	午餐津贴	高温费	春节	五一节	中秋、国庆节	妇女节	劳保用品	生日	其他	附加成本小计	人工成本合计
52	15.6	20.8	234	252									1 237	12 047

表 19.8　人工成本统计表模板 3

人员类别	薪资		奖金	福利								其他人工成本			
	基本薪资	绩效薪资	奖励	社会保险	公积金	午餐补贴	夏季清凉饮料费	独生子女费	子女保育费	中夜餐津贴	通信津贴	医疗费	培训费	招聘费	其他费用
管理人员															
工程技术															
营销人员															
生产工人															
服务人员															

19.2.2　人工成本的方案、统计、规则、测算、下达通知

案例 1：分公司工资总额控制方案

一、目的

通过对分公司实行工资总额控制的办法，引导分公司的经营行为与省公司的策略

意图一致，试图达到以下目标：

使各分公司实现年初核定的业务收入；引导各分公司通过提高劳动生产率来实现业务收入；使各分公司自动控制人员规模，合理使用社会化用工；使各分公司自动控制核心员工的定岗定级，合理确定薪酬水平；在一定的工资总额的规模下，通过控制人员规模提高核心员工的平均薪酬水平，分享业绩成果，激励员工工作积极性。

二、方法

1. 采用自上而下的办法

按照年初核定的业务收入的一定比例提取工资总额；同时考虑创业阶段分公司运营的实际情况，对较小规模的分公司采取扶持的政策，给予最低限度的工资总额，见图 19.1。

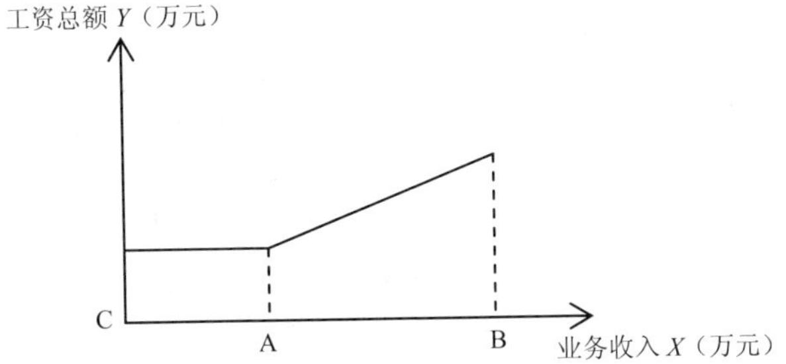

图 19.1 工资总额与业务收入的关系

2. 计算公式

（1）当业务收入 $X \leq A$ 时，工资总额为固定值 C，即工资总额 $Y=C$。

（2）当业务收入 $X > A$ 时，工资总额按照年初核定的业务收入 X 的固定比例 $P\%$ 提取，即工资总额 $Y=$ 业务收入 $X \times P\%$。

（3）业务收入临界值 A 根据经验推测。

由于业务收入 $X=$ 劳动生产率 $Q \times$ 人数 N，业务收入与劳动生产率已经确定的情况下，各分公司人员规模 N 可以推算出来。

在分公司组建初期，实际运营需要最小限度的人数，该人数由省公司根据经验确定。当最小限度的人数 N 确定时，根据劳动生产率可以确定业务收入临界值 A。

（4）工资总额固定值 C 的确定。

工资总额 $C=$ 人均薪酬 $M \times$ 人数 N。

（5）人均薪酬 M 的确定。

采取自下而上的办法，由省公司根据经验推测。根据最小限度的人数 N 各岗位的年度薪酬的累加模拟计算。

（6）固定比例 $P\%$ 的确定。

由省公司根据经验推测。根据工资总额固定值 $C=$ 业务收入 $X \times P\%$ 推算，即 $P\%=$ 工资总额固定值 $C/$ 业务收入 X。

三、分析

以上策略是否能够实现省公司的策略意图，引导分公司的行为与省公司一致呢？

分公司的经营行为是由分公司领导班子主导的，对分公司领导班子的控制和引导主要由《各市分公司经营业绩考核办法》确定。

分公司领导班子只有提高各类考核指标的得分，才能得到较好的绩效和薪酬奖励。在考核指标中有两个相关因素：业务收入指标（25 分）和劳动生产率指标（4 分）对分公司经营行为有直接制约作用。

根据业务收入=劳动生产率×人数，分公司提高业务收入有两条途径：

（1）控制人数 N，提高劳动生产率；

（2）扩大人数 N，降低劳动生产率。（由于人数已定）

第 1 种途径在业务收入与劳动生产率两个指标上同时得分，符合省公司的策略意图。

第 2 种途径在业务收入指标上得分，同时在劳动生产率指标上扣分，不符合省公司的策略意图。

案例2：省公司人工成本统计

一、人工成本预算表

某电信运营商省公司的人工成本预算，见表 19.9。

省公司本部的人工成本预算表，见表 19.10。

各市分公司的人工成本预算表，见表 19.11。

人工成本分配表，见表 19.12。

表 19.9　人工成本预算省公司

| 序　号 | 单　位 | 编制日期： | | | 方案一 | | |
		业务收入 X（万元）	劳动生产率 Y（万元/人）	人数 N=X/Y（人）	人工成本 U=X×P（万元）	人均年收入 W=U/N（万元/人）	人工成本比率 P（%）
1	HZ	6 650	110	60	532	8.8	8
2	NB	7 380	110	67	590	8.8	8
3	WZ	6 520	110	59	522	8.8	8
4	JX	2 260	100	23	181	8.0	8

续上表

		编制日期:			方案一		
序 号	单 位	业务收入 X（万元）	劳动生产率 Y（万元/人）	人数 N=X/Y（人）	人工成本 U=X×P（万元）	人均年收入 W=U/N（万元/人）	人工成本比率 P（%）
5	HZ	1 160	90	13	93	7.2	8
6	SX	2 610	100	26	209	8.0	8
7	JH	3 410	100	34	273	8.0	8
8	QZ	900	80	11	72	6.4	8
9	LS	500	80	6	40	6.4	8
10	TZ	3 730	100	37	298	8.0	8
11	ZS	420	80	5	34	6.4	8
12	省公司			80	960	12.0	2.7
13	各市分公司领导奖金				350	23.3	
14	总经理奖励基金				300		
15	预留				300		
16	社会化用工人工费用			150	300	2	0.8
17	合计	35 540	62	573	5 052.8	8.82	14

表 19.10　人工成本预算——省公司本部

岗位等级	预测人数	平均岗位系数（E档）	岗位年收入1（万元）	岗位年收入2（万元）	季度岗位工资（万元）	季度绩效工资（万元）	年终绩效奖金（万元）	津贴补贴（万元）	保险福利（万元）	公积金（万元）	该岗位所有人员年薪（万元）	该岗位所有人员年薪（含津贴、福利）（万元）
a	b	c	d	e	f	g	h	i	j	k	l	m
1	1	8	40	47.2	12.8	19.2	8	0.5	5.1	1.6	40	47.2
2	1	6.4	32	38	10.2	15.4	6.4	0.5	4.1	1.4	32	38
3	1	4.68	23.4	28	7.5	11.2	4.7	0.5	3	1.1	23.4	28
4	4	4.16	20.8	24.9	6.7	10	4.2	0.5	2.7	1	83.2	99.6
5	6	3.33	16.7	20.2	5.3	8	3.3	0.5	2.1	1	99.9	121.4

续上表

岗位等级	预测人数	平均岗位系数（E档）	岗位年收入1（万元）	岗位年收入2（万元）	季度岗位工资（万元）	季度绩效工资（万元）	年终绩效奖金（万元）	津贴补贴（万元）	保险福利（万元）	公积金（万元）	该岗位所有人员年薪（万元）	该岗位所有人员年薪（含津贴、福利）（万元）
6	0	2.83	14.2	17.1	4.5	6.8	2.8	0.5	1.8	0.6	0	0
7		2.33	11.7	14.3	3.7	5.6	2.3	0.5	1.5	0.6		
8	67	1.44	7.2	9.1	2.3	3.5	1.4	0.5	0.9	0.5	482	609
9		1.49	7.5	9.2	2.4	3.6	1.5	0.5	1	0.3		
10		1.19	6	7.5	1.9	2.9	1.2	0.5	0.8	0.3		
11		0.95	4.8	6.2	1.5	2.3	1	0.5	0.6	0.3		
12		0.76	3.8	4.8	1.2	1.8	0.8	0.5	0.5	0		
13												13~15 岗位为社会化用工员工，本预算表不统计
14												
15												
1～6岗合计	13	56	279	334	89	134	56	7	36	14	279	334
7～15岗合计	67	96	482	609	154	232	96	34	62	31	482	609
总计	80	152	761	943	243	365	152	40	97	45	761	943

二、预算编制说明

1. 总额

省公司本部人工成本=761 万元，省公司本部人工成本（含补贴、福利和公积金）=943 万元。

2. 人均

省公司本部人均年收入=9.5 万元，省公司本部人均年收入（含补贴、福利和公积金）=11.8 万元

三、计算公式说明

（1）岗位等级记为 a，1～6 岗为 A 组，7～15 岗为 B 组。

（2）预测人数记为 b，预测总数为 80 人，其中 A 组 13 人，B 组 67 人。

（3）平均岗位系数记为 c，以 E 档代替，其中 8 岗以 H 档（1.44）代替。

（4）岗位年收入 1 记为 d，含季度岗位工资、季度绩效工资、年终绩效奖金，$d=c×5$ 万元。

（5）岗位年收入 2 记为 e，在岗位年收入 1 的基础上另含津贴补贴、保险福利、公积金等，$e=d+i+j+k$。

（6）季度岗位工资记为 f，$f=d×32\%$。

（7）季度绩效工资记为 g，$g=d×48\%$。

（8）年终绩效奖金记为 h，$h=d×20\%$。

（9）津贴补贴记为 i，$i=0.5$ 万元/人/年。

（10）保险福利记为 j，$j=f×40\%$。

（11）公积金记为 k，参考财务部规定的比例。

（12）该岗位所有人员年薪记为 l，$l=\sum$(预测人数×岗位年收入 1)$=\sum$（$b×d$）。

（13）该岗位所有人员年薪（含津、福利）记为 m。

（以上适用 1～6 岗的计算）

（14）7～15 岗以平均值（8 岗）乘人数 67 计算。

（15）13～15 岗为社会化用工员工，本预算表不统计在内。

B 类分公司=A×（1-3.75%）=0.962 5×A

11 个分公司，A 类 3 个，B 类 5 个，C 类 3 个。岗位划分为三类测算：总经理、副总、部门经理级；9 岗及以下员工。录入每类岗位的人数、人均年收入，计算得到年收入=人数×人均年收入。再对三类岗位求和，得到总体的人数、年收入、人均年收入的数据。

主要预算预测结果：

总体年收入=1 812 万元，341 人，人均=5.3 万元。

A 类公司，年收入=975 万元，186 人，人均=5.2 万元。

B 类公司，年收入=584 万元，107 人，人均=5.5 万元。

C 类公司，年收入=253 万元，48 人，人均=5.3 万元。

考虑不同地区的薪资折扣系数，B=A×（1-3.75%），C=A×（1-3.75%×2），则：

B 类公司，年收入折算=562 万元，人均折算=5.2 万元。

C 类公司，年收入折算=234 万元，人均折算=4.9 万元。

考虑地区薪资折扣系数后，11 个分公司的年收入折算=975+562+234=1 771 万元。

表19.11 人工成本预算——市分公司

序号	分公司	分公司类别	人数			三类岗位人均年收入			三类岗位年收入			总体		
			总经理、副总(人)	部门经理级(人)	9岗及以下员工(人)	总经理、副总(万元/人)	部门经理级(万元/人)	9岗及以下员工(万元/人)	总经理副总(万元)	部门经理级(万元)	9岗及以下员工(万元)	年收入(万元)	人数(人)	平均年收入(万元/人)
a	b	c	d	e	f	g	h	i	j=d×g	k=e×h	l=f×i	m	o=d+e+f	p=m/o
1	分公司1	A	1	10	49	16.0	10.0	4.0	16	100	196	312	60	5.2
2	分公司2	A	1	10	56	15.4	10.0	4.0	15	100	224	339	67	5.1
3	分公司3	A	2	10	47	18.0	10.0	4.0	36	100	188	324	59	5.5
4	分公司4	B	1	5	17	16.0	9.0	3.5	16	45	60	121	23	5.2
5	分公司5	B	1	3	9	16.0	9.0	3.5	16	27	32	75	13	5.7
6	分公司6	B	2	4	20	15.0	9.0	3.5	30	36	70	136	26	5.2
7	分公司7	B	1	7	26	16.0	9.0	3.5	16	63	91	170	34	5.0
8	分公司8	B	2	3	6	17.3	9.0	3.5	35	27	21	83	11	7.5
9	分公司9	C	2	3	1	17.3	8.0	3.0	35	24	3	62	6	10.3
10	分公司10	C	1	5	31	16.0	8.0	3.0	16	40	93	149	37	4.0
11	分公司11	C	1	3	1	15.4	8.0	3.0	15	24	3	42	5	8.5
12	合计		15	63	263	16.2	9.0	3.5	246	586	980	1812	341	5.3
13	A类分公司		4	30	152	16.5	10.0	4.0	67	300	608	975	186	5.2
14	B类分公司		7	22	78	16.1	9.0	3.5	113	198	273	584	107	5.5
15	C类分公司		4	11	33	16.2	8.0	3.0	66	88	99	253	48	5.3

表 19.12　人工成本分配表

序号	单位	年业务收入计划数(万元)	年人工成本计划			人均年收入(万元)	年人工成本计划			人均年收入(万元)
			提取比例(%)	人工成本(万元)	占全省人工成本比例(%)		提取比例(%)	人工成本(万元)	占全省人工成本比例(%)	
1		6 650	7	480	14	8.1	8	509	13	8.6
2		7 380	7	528	15	8	8	557	14	8.4
3		6 520	7	441	12	7.7	7	467	12	8.2
4		2 260	7	165	5	7.5	8	177	4	8.1
5		1 160	7	85	2	7.1	8	93	2	7.7
6		2 610	7	173	5	7.2	7	183	5	7.6
7		3 410	7	245	7	7.4	8	262	5	7.9
8		900	8	68	2	7.5	8	75	2	8.3
9		500	8	38	1	9.6	9	46	1	11.4
10		3 730	7	254	7	7.1	7	267	7	7.4
11		420	9	38	1	9.6	11	46	1	11.4
12	省公司			761	21	9.5		943	24	11.8
13	各市分公司领导奖金			268	8	17.9		322	8	21.5
14	总经理奖励基金			0				0		
15	预留			0				0		
16	社会化用工人工费用			0				0		
17	合计			3 544	100			3 947	100	
18	集团下达预计总额									

案例3：下达各市分公司人工成本的通知

为顺利实施分公司人工成本的总量控制，引导各市分公司在核定人工成本的范围内，与成本、激励相联系，特制定本办法。

一、人工成本的核定原则

（1）以经济效益为中心，通信业务收入为依据。

（2）以建设规模并适当考虑地域差异因素确定比例。

（3）效率优先、兼顾公平。

二、人工成本的核定方法

（1）以业务收入划分类别

A 类地区为全年业务收入计划在 6 000 万元以上的市分公司；B 类地区为全年业务收入计划在 6 000 万元以下、2 000 万元以上的市分公司；C 类地区为全年业务收入计划在 2 000 万元以下的市分公司。

（2）人工成本的提取比例

A 类地区提取比例为 8%；B 类地区提取比例为 8.5%；C 类地区提取比例为 10%。

（3）人工成本的提取公式

人工成本=业务收入×提取比例。各市分公司当年的人工成本核定，见表 19.13。

表 19.13　各市分公司人工成本

序　号	单　位	业务收入（万元）	提取比例(%)
1	分公司 1	6 650	8
2	分公司 2	7 380	8
3	分公司 3	6 520	8
4	分公司 4	2 260	8.5
5	分公司 5	1 160	10
6	分公司 6	2 610	8.5
7	分公司 7	3 410	8.5
8	分公司 8	900	10
9	分公司 9	500	10
10	分公司 10	3 730	8.5
11	分公司 11	420	10
12	省公司		
13	各市分公司领导		
14	总经理奖励基金		
15	预留		
16	合计		
17	集团下达预计总额		

三、考核

根据《200×年公司市分公司经营业绩考核办法》的有关要求考核。

四、其他

（1）各市分公司的人工成本，包括核心员工和社会化用工的薪酬：季度岗位工资、季度绩效工资、年终绩效奖金、津贴补贴、保险福利、公积金。

（2）各市分公司领导（总经理、副总经理）的人工成本另计。

（3）建立省公司总经理奖励基金，用于奖励对效益做出贡献的分公司和对公司业务发展做出突出贡献的个人。

（4）人工成本的提取比例，根据集团下达给本省的比例作相应调整。

（5）本办法自下发之日起施行，由省公司人力资源部负责解释。

案例4：分公司人工成本测算报告

一、判断标准

选择 9G、9H、10F 三种方案的判断标准是：

（1）人均人工成本 A 类地区比 B 类地区高，B 类地区比 C 类地区高，差距控制在 0.3 万元左右。

（2）剩余部分人均人工成本：A 类地区比 B 类地区高，B 类地区比 C 类地区高，差距控制在 0.3 万元左右。

说 明

9G、9H、10F 指薪等薪级表的 9 等 G 级、9 等 H 级、10 等 F 级的薪资水平。

二、9G、9H、10F 的比较

情况 1

见表 19.14。

表 19.14　剩余人工成本比较

单位：万元

分公司	9G	9H	10F
HZ	403	377	357
NB	503	474	452
WZ	406	380	361
JX	133	128	121
HZ	104	95	92
SX	171	166	158

续上表

分公司	9G	9H	10F
JH	186	179	169
QZ	35	28	25
LS	2	−2	−3
TZ	282	275	263
ZS	38	34	33
合计	2 265	2 135	2 029
A 类分公司	1 313	1 231	1 170
B 类分公司	772	748	711
C 类分公司	180	155	147

分析：

LS 市分公司在 9H、10F 情况下人工成本已超支。原因是员工已超支 2 人，故 LS 市分公司的数据在以下表格中不做统计。

情况 2

见表 19.15。

表 19.15　剩余人均人工成本比较　　　　　　　单位：万元

分公司	9G	9H	10F
HZ	9.0	8.4	7.9
NB	9.0	8.5	8.1
WZ	10.2	9.5	9.0
JX	8.8	8.5	8.1
HZ	8.7	7.9	7.6
SX	9.5	9.2	8.8
JH	8.1	7.8	7.4
QZ	7.0	5.6	5.1
LS	−2.5	1.5	3.0
TZ	8.8	8.6	8.2
ZS	9.5	9.5	8.3
合计	9.1	9.1	8.1
A 类分公司	9.4	8.8	8.3
B 类分公司	8.8	8.5	8.1
C 类分公司	8.4	7.7	7.0

分析：根据判断标准 2（排除 LS 市分公司）。

（1）9G 方案

A=9.4 万元，B=8.8 万元，C=8.4 万元；A 类地区比 B 类地区高 0.6 万元，B 类地区比 C 类地区高 0.4 万元。顺序符合，差距偏高。

（2）9H 方案

A=8.8 万元，B=8.5 万元，C=7.7 万元；A 类地区比 B 类地区高 0.3 万元，B 类地区比 C 类地区高 0.8 万元。顺序符合，B、C 差距偏高。

（3）10F 方案

A=8.3 万元，B=8.1 万元，C=7.0 万元；A 类地区比 B 类地区高 0.2 万元，B 类地区比 C 类地区高 1.1 万元。顺序符合，B、C 差距偏高。

情况 3

见表 19.16

表 19.16 剩余人均人工成本比较（员工）

项　　目	9G	9H	10F
HZ	7.5	6.9	6.3
NB	7.9	7.3	6.8
WZ	9.6	8.9	8.3
JX	7.9	7.6	7.1
HZ	6.9	5.9	5.5
SX	9.2	8.9	8.5
JH	7.1	6.8	6.3
QZ	5.3	3.5	2.8
LS	5.8	7.8	8.6
TZ	8.2	7.9	7.6
ZS	−4.6	−8.0	−9.2
合计	8.1	7.5	7.0
A 类分公司	8.3	7.7	5.5
B 类分公司	8.1	7.8	7.4
C 类分公司	6.0	5.7	5.6

案例 5：人工成本和人员预算制订规则

一、人员预算

（1）全省总人员预算按零增长的原则制订，人员预算总数按融合名单人数确定。

（2）各分公司如确因人员紧缺和业务发展需要，拟增加人员的，以委代办的方式解决，费用不得从人工成本中支出。

（3）所有人员按管理类、销售类、客服类、运维类、建设类五类人员划分。具体人员分类原则见表19.17。

表 19.17　人员分类

人员分类	省公司部门/人员范围	市分公司部门范围
管理类	管理层	管理层
	综合部	综合部
	人力资源部	财务部
	计划财务部	
	信息系统部	
	党群纪检部	
	互联互通部	
销售类	市场经营部	市场拓展部（不含客服人员）
	集团客户部	集团客户部
		县市分公司/经营部所有人员
客服类	客户服务中心	市场拓展部客服人员
运维类	网络部运维人员	网络运行部的运维人员
	网络技术支撑中心	
	业务支撑中心	
建设类	网络部规划人员	网络运行部建设、工程管理人员
	网络部建设人员	
	网络部工程管理人员	
	商务与项目管理部	
	无线通信部	

注：市分公司网络人员分类时，可按4:1分为运维类人员和建设类人员的方法确定人数

（4）各市分公司的本财年人员预算将根据上财年实际劳动生产率和本财年劳动生产率预算及地区分类进行微调。

（5）省公司本财年人员预算保持目前省公司人员数。

二、人工成本

（1）本财年全省薪酬总额（含各项法定福利基金）根据业务收入预算以及薪酬总额占费用总额的一定比例来确定。具体的总额由集团公司核定。

（2）各市分公司薪酬总额（含各项法定福利基金）根据业务收入以及薪酬总额占费用总额的一定比例测算后，由省公司结合各市分公司地区分类、目前实际工资水

平、劳动生产率测算和省公司的留存额度等因素进行适当微调后核发给各市分公司。

（3）福利基金按如下标准提取：

社会保险＝平均岗位工资×1.2×31％

公积金＝工资×10％

三项计提（福利费、工会经费、教育经费）＝工资×17.5％

（4）社会化员工包括工资、奖金及各项福利基金所有费用都计入劳务费项目。

案例6：公司重组阶段的人工成本测算

甲、乙、丙三家公司合并重组新甲公司。在重组阶段，人力资源部对三方的人工成本进行了测算。

一、原甲公司人均工资收入的确定

（1）按10岗F档预测各市分公司9岗以下员工（含9岗）的人均工资收入；按C档预测各市分公司中层干部（8岗以上，含8岗）的人均工资收入；按D档预测各市分公司领导的人均工资收入。

（2）按照"效率优先、兼顾公平"的原则，A类、B类、C类地区的人均人工成本按4％递减。

（3）进行人均工资收入的测算时，人数按照给各市分公司核定的到年底劳动生产率所对应的人数核定。

（4）工资收入部分包括季度岗位工资32％、季度绩效工资48％、年终绩效奖金20％、津贴补贴5 000元/（人·年）、非工资收入部分包括社会保险（季度岗位工资的40％）、公积金。

二、人工成本测算

人工成本测算，见表19.18。

表19.18　人工成本

科　目	公　司	人均工资收入（万元/人）	人均社会保险公积金（万元/人）	人均工资支出小计（万元/人）	平均人数（人）	总　额（万元）
工资总额	原甲公司	7.8	1.4	9.2	314	2 888.8
	原乙公司	5	1.4	6.4	65	416.0
	原丙公司	4	1.4	5.4	39	210.6
	小计				418	3 515.4
培训费用	人均4 000元，以总人数596人计算					238.4
福利费用	工资总额的14％					492.2
人工成本小计	工资总额、培训费用、福利费用之和					4 246.0

计算公式：

人均工资支出小计=人均工资收入+人均社会保险公积金

总额=人均工资支出小计×平均人数

工资总额小计=原甲、乙、丙公司的总额之和

人工成本小计=工资总额小计+培训费用+福利费用

培训费用总额=人均培训费×总人数，其中：人均培训费=4 000 元/人，总人数=596人，与平均人数不同。

福利费用总额=工资总额小计×预提比例，其中：预提比例=14%。

人工成本：4 246 万元；工资总额：3 515.4 万元；A 公司培训费：238.4 万元；福利费：492.2 万元。

三、相关说明

（1）原甲公司的人均工资收入 A=7.80 万元的计算依据：

原 A 公司"分公司人工成本预算报告"中，工资收入部分为：A 类地区 7.93 万元，B 类地区 7.62 万元，C 类地区 7.27 万元，HUZ 分公司 7.38 万元；人数分别为：A 类地区 159 人（含省公司 61 人），B 类地区 64 人，C 类地区 12 人，HUZ 分公司 7 人。

加权平均，得到：

人均工资收入=7.93×159+7.62×64+7.27×12+7.28×7=7.80（万元）

（2）原甲公司的人均非工资收入 D=1.40 万元的计算依据：

原甲公司"分公司人工成本预算报告"中，

非工资收入部分为：A 类地区 1.42 万元，B 类地区 1.38 万元，C 类地区 1.33 万元，HUZ 分公司 1.35 万元；人数分别为：A 类地区 159 人（含省公司 61 人），B 类地区 64 人，C 类地区 12 人，HUZ 分公司 7 人。

加权平均，得到：

人均非工资收入=1.42×159+1.38×64+1.33×12+1.35×7=1.40（万元）

（3）原乙公司的人均工资收入 B=5 万元的计算依据：在乙公司原有数据 4.93 万元适当提高到 5 万元。

（4）原乙公司的人均非工资收入 E=1.40 万元的计算依据：与原甲公司同。

（5）丙公司的人均工资收入 C=4 万元的计算依据：与原甲公司同。

（6）丙公司的人均非工资收入 F=1.40 万元的计算依据：与原甲公司同。

（7）有关甲公司、乙公司、丙公司到年底的人数、平均人数，见表 19.19。

表 19.19 平均人数

序号	单位	甲公司		乙公司		丙公司	
		实际人数		平均人数	实际人数	平均人数	实际人数
		甲公司	甲公司7折计	D×314/415		F×6/12	
1	HZ	60	42	32	28	14	51
2	NB	67	47	35	22	11	
3	WZ	59	41	31	15	8	
4	JX	23	16	12	10	5	
5	HUZ	13	9	7	11	6	
6	SX	26	18	14	7	4	
7	JH	34	24	18	14	7	
8	QZ	11	8	6	0	0	
9	LS	6	4	3	0	0	
10	TZ	37	26	20	11	6	
11	ZS	5	4	3	12	6	
12	省公司	80	80	61			
	合计	421			130	65	51
	A 类地区	266	210	159	65	33	51
	B 类地区	120	84	64	42	21	0
	C 类地区	22	15	12	12	6	0
	HUZ 分公司	13	9	7	11	6	0
		人均工资收入	人均社会保险、公积金				
	A 类地区	7.93	1.42				
	B 类地区	7.62	1.38				
	C 类地区	7.27	1.33				
	HUZ 分公司	7.38	1.35				
	甲公司平均	7.80	1.40				
	乙公司	5	1.40				
	丙公司	4	1.40				
		年底人数	平均人数				
	甲公司（含乙、丙公司）	596	419				

续上表

序　号	单　位	甲公司			乙公司		丙公司	
		实际人数			平均人数	实际人数	平均人数	实际人数
		甲公司	甲公司7折计	D×314/415			F×6/12	
	原甲公司（丙公司）	500	365					
	新甲公司（含丙公司）	466	353					
	丙公司	51	39	另1人计入NB分公司				
	乙公司	130	65	7月起计，6/12				
	甲公司	415	314	4月起计，9/12				

第二十章

拟上市公司的薪酬规范

自从创业板、中小板推出后，出现了众多拟上市公司。拟上市公司，就是进行股份制改造后准备上市的股份公司。包括在国内上市（主板、创业板、中小板）、海外上市。拟上市公司在券商、会计师事务所、律师事务所的多方审核下，需要对企业经营历史上的遗留问题做出符合政策法规的"规范"。这个"规范"，需要企业付出代价。一旦有了"规范"的约束，很多管理制度和操作上的漏洞就要补上，做法也与以前不同。本章就是通过众多案例，介绍拟上市公司的薪酬"规范"到底要做哪些事项，如何调整。

案例1：股份公司上市过程中人力资源调整方案

根据公司办公会议确定的原则，关于股份公司上市过程中涉及的人力资源相关问题，处理如下。

一、劳动关系梳理

1. 劳动关系在总部的员工

（1）管理、技术、营销岗位员工的处理：C子公司三名员工，劳动分别转移到C子公司、B子公司、A子公司。某挂靠股份公司人员，办理终止挂靠手续；其余员工保留在股份公司。

（2）工人岗位员工的处理：原则上工人岗位的劳动关系均转移到 A 子公司、B子公司，需签订劳动合同主体变更协议，相关领导配合做好沟通解释工作。持有就业援助证、残疾人证的员工，其劳动关系仍保留在股份公司。原有已缴存公积金的员工，劳动关系仍保留在股份公司。

2. 劳动关系在某外地 S 子公司的员工

（1）借用给销售公司的 10 名员工：其中 1 名员工为管理岗位员工，劳动关系转移到股份公司；其余 9 名为客服人员，劳动关系转移到 A 子公司。

（2）借用给股份总部的 10 名员工：劳动关系保持不变；在 B 子公司的其他员工不变。

二、公积金缴存政策

1. 劳动关系在股份公司的所有员工

按如下规定缴存住房公积金：

老员工从上年 1 月 1 日开始缴存。新增人员从试用期满考核转正后次月开始缴存。考虑到政策的平衡，公积金激励方案中涉及的员工，补缴 1~4 月的公积金总额 1.7 万元。缴存基数按年初激励方案的标准执行，见表 20.1。

表 20.1 年度公积金缴存基数分级表

缴费基数档级	月缴基数	月缴额	适用岗位范围
1	1 300	156	一般工人(后勤)
2	1 500	180	班组长、客服人员、司机
3	1 700	204	一般管理人员(3~4 职等)、客户经理
4	2 200	264	各级主管(5~7 职等)、高级客户经理
5	2 600	312	部门经理及以上（薪等 8 及以上人员）

2. 劳动关系在 A 子公司的员工

从本年 1 月 1 日起按如下规定缴存公积金：

管理、技术、营销岗位的员工，从试用期满考核转正后次月开始缴存。工人岗位从司龄满 5 年的次月开始缴存。在公司、子公司的工作年限可合计计算。缴存标准按表 20.1 执行。

3. 劳动关系在 B 子公司的员工

除 5 月公积金激励方案中涉及的员工给予补缴 1~4 月的公积金外，其他人员次年 1 月 1 日后，由 B 子公司参照 A 子公司的方案考虑具体实施办法，报股份公司总部备案。

三、A 子公司社会保险缴费基数申报标准、医疗门诊待遇

劳动关系在 A 子公司所有人员的缴费基数按最低缴费基数申报：1 225 元/月。注意：此为历史数据。

考虑到 A 当地门诊统筹待遇相对比较低，劳动关系在 A 子公司的员工的医保门诊，参照股份公司保险福利制度中的农民工门诊医疗办法执行。试用期内员工门诊医疗费自付；从试用期满的次月起，根据本公司司龄，由医务室建立公司内部个人账户，只用于支付符合基本医疗保险开支范围内的门诊费用。账户金额可累积跨年度使用，见表 20.2。

表 20.2　医疗门诊个人账户的报销标准

标准 项目　　　司龄	1 年内	1~5 年	5~10 年	满 10 年
个人账户额度（元/年）	60	120	180	240
报销比例（%）	50	55	60	70

员工门诊费用先由 L 县医保个人账户当年资金支付，再由公司个人账户当年资金支付。两个账户资金不足支付，由个人承担门诊起付标准 1 000 元/年。

门诊起付标准以上部分医疗费，由公司按上述比例承担，个人承担部分可启用历年个人账户资金。待 L 县门诊统筹待遇提高后，再另行考虑公司政策。

附件：

劳动合同主体变更协议

甲　　　方：××股份有限公司

单位性质：

地　　　址：

乙　　　方：

性　　　别：

出生日期：

丙　　方：××科技有限公司

单位性质：有限公司

地　　址：××经济开发区

根据《中华人民共和国劳动合同法》及有关法律、法规和政策规定，因____□甲方搬迁，□工作调整 □其他(_____) 原因：经双方平等协商一致，原与甲方签订的劳动合同主体自　　年　　月　　日起变更为丙方。原甲方的工作年限与进入丙方后的工作年限累计计算。乙方愿意服从丙方统一安排，到公司所属的各公司/子公司工作。薪资福利暂按工作所属公司/子公司的相关规定执行。

甲方（盖章）：　　　　　乙方（签字）：　　　　　丙方（盖章）：

签约日期：　　　　×年×月×日

案例2：某国企上市前尽职调查（薪资部分）

上市尽职调查问题：

问题一　请说明员工的薪酬结构。奖金是否与工作表现挂钩？请提供公司的平均薪资标准，如可能，请与其他电信公司相比较。

1. 员工薪酬结构

包括岗位工资、绩效工资、津贴补贴、保险和福利、其他激励等。

岗位工资是按照不同岗位的岗位责任、贡献、技能要求、工作强度、工作环境等因素，依据各岗位相应的社会劳动力价格，结合公司薪酬水平的竞争力设定的工资单元，是员工薪酬的主要部分。

绩效工资是根据公司的经济效益和经营业绩，结合员工的个人绩效而设置的工资单元。

津贴补贴包括生活补贴和误餐补贴。

保险和福利包括基本养老保险、医疗保险、失业保险、工伤保险和生育保险及住房公积金。

其他激励包括总经理奖励基金等，用于奖励年度有特殊贡献和单项表现突出的优秀人才。

2. 奖金是否与工作表现挂钩

根据公司薪酬制度规定，绩效工资与企业效益和个人绩效挂钩。为严格实行绩效考核，制定了绩效管理办法、员工绩效工资分配指导意见等配套措施。

3．公司的薪资标准

全省员工年均薪酬福利标准为 12.1 万元，其中薪资为 8.5 万元，各项社会保险费和公积金之和为 2.1 万元，各项福利费、教育基金和工会基金之和为 1.5 万元。

4．与竞争对手的比较

YD 公司的薪酬水平明显高于省内其他运营商；本公司的薪酬水平略低于 DX 公司，但骨干员工的薪酬基本与 DX 公司持平。

问题二 请详细描述衡量工作表现的标准和考核制度；员工提升的标准／程序是什么？是否制定了股票期权等非现金薪酬形式？

1．衡量工作表现的标准和考核制度

（1）公司制定了《绩效管理办法》，目标是及时了解和客观评价组织绩效和人员绩效；实施目标管理；提高员工工作绩效与胜任能力；促进沟通，形成开放、积极参与、主动的企业文化。

（2）各分公司都制定了绩效管理实施细则。

（3）在周期上，采用按月、季、年进行考核。在内容上进行如下考核：

1）员工绩效考核：员工与直接上级签订"员工绩效协议"，考核结果占 60%；由上级对员工"工作表现"进行评价，考核结果占 20%；与"部门绩效"挂钩，考核结果占 20%，以鼓励团队合作。

2）部门绩效考核：部门经理与直接上级签订"部门绩效协议"，考核结果占 80%；由其他部门和分公司作为内部客户进行内部的"客户评价"，考核结果占 20%。

（4）在考核主体上，员工考核一般由部门经理、分管副经理、其他副经理等按照各自的权重进行打分，部门考核一般由总经理、分管副总经理、其他副总经理等按照各自的权重进行打分。

（5）在流程上，一般由绩效计划、绩效实施、绩效考核、绩效沟通四个环节组成。为维护考核程序的公平性，员工对考核结果可以提出申诉。

2．员工提升的标准/程序

员工工资的提升主要有以下途径：

（1）员工通过努力，胜任上一岗位工作，岗位一旦发生变化，则签订新的岗位聘任书，同时岗变薪变，按新岗位核定岗位工资。

（2）员工业绩突出，绩效考核优秀，岗位系数向上晋升一档。员工薪酬调整由公司人力资源委员会根据员工年度绩效考核总分在部门内的排序具体拟订调整方案。

（3）员工对公司做出重大贡献给予特别奖励。

3．是否制定了股票期权等非现金激励形式

公司实行以岗位工资为主的薪酬制度，目前未制定股票期权等非现金激励形式。

案例3：某民营公司上市前计件工资中加班工资、年休假补偿的调整方案

为维护员工的合法权益，根据国家、省、市、区县关于劳动合同法方面的法律、法规和规定，结合SA8000的要求和结合企业实际，对计件工资中有关加班工资、年休假补偿等基数和计算方法做如下规定。

一、适用范围

主要适用股份公司下属的A工厂、B工厂。C工厂另行制定。

二、岗位分类

根据上年A工厂各工序的薪资年收入差异，分四大类岗位，见表20.3。

表20.3 四类岗位

类 别	1	2	3	4
岗位	半成品材料、产品1装配、产品2装配、辅助车间、检验（除阀体检验）、仓管员及厨工	机修、叉车员工	班组长	其他员工

三、加班工资基数

加班工资含平时、双休日及法定节假日。在充分考虑不同岗位员工收入差异的基础上，确定不同的计发基数及相应的支付额。具体如下：

（1）日加班工资计发基数=（人均年收入-年终奖）×0.7/12月/21.75天。

（2）加班工资支付额：

平时、双休日加班工资支付额=日加班工资计发基数×0.5

法定节假日加班工资支付额=日加班工资计发基数×3

（3）驾驶员加班工资支付办法按原方案执行。

四、年休假补偿基数

（1）日报酬计发基数=（人均年收入-年终奖-加班工资）×/12月/21.75天。

（2）未休年休假工资报酬：日支付额=日报酬计发基数×200%。

（3）驾驶员支付办法按原方案执行。

五、上述四类岗位对应的加班基数和年休假补偿基数，将作为每月计件工资中加班、年终时未休年休假补偿的计算依据。

六、附则

（1）本规定由人力资源部负责解释。

（2）本规定提请公司工会会议审核通过后施行。

（3）本规定根据国家和地方有关劳动合同法的法律、法规和规定的政策变化，作相应的调整。一般每年调整 1 次。

××股份有限公司

20××年×月×日

案例 4：关于参加农民工医保、双低养老保险情况的报告

根据公司《保险福利制度》的规定，劳动关系在股份公司、子公司的农业户籍的员工，可自愿申请参加"低标准缴费低标准享受"基本养老保险（简称"农民工双低养老保险"）。公司为农业户籍的员工缴纳"农民工医保"。

《保险福利制度》发布后，根据社会保险工作进度，人力资源部、行政人事部分头组织对照国家和公司相关政策，组织农业户籍员工填写申请表，申请参加农民工双低养老保险和农民工医保。现将上述工作情况汇报如下。

一、在市区参保的农业户籍员工社会保险情况

1．农民工医保

根据公司制度规定要统一办理，组织他们全部填写了农民工医保申请表，从 5 月开始参加农民工医保。

2．双低养老保险

根据社会保险部门的规定及公司制度的要求，由员工自愿申请参加的，目前没有员工申请，故目前均按城镇职工参加养老保险。

二、在 Y 区参保的农业户籍员工社会保险情况

1．农民工医保

根据公司制度规定要统一办理，7 月开始均已按农民工医保办理。个人申请手续 Y 区社会保险暂未办理。

2．双低养老保险

A 子公司（工厂）目前只要是社会保险系统内为农业户籍的员工，从 7 月开始，全部办理了双低养老保险。但个人申请手续未办理，现正在补办。

三、补办申请手续中出现的情况

（1）由总部管理的共有 21 人，其中 6 位拒绝签订关于参加双低养老保险的申请书，要求继续参加城镇职工养老保险及医疗保险。其余 15 位员工已经在申请单上签字。

（2）由 A 子公司管理的农业户籍员工中约有 10%拒绝签订关于参加双低养老保险的申请书，要求继续参加城镇职工养老保险及医疗保险。

（3）由 C 工厂管理的农业户籍员工有 24 人，其中 18 位员工已在申请单上签字，其他 6 名员工本人确认是城镇户籍，正在办理农转非相关手续，所以未签订申请书。

四、鉴于双低养老保险对于今后养老保险基金的转移以及今后的退休待遇将会产生影响，建议作如下处理

（1）股份总部的农业户籍员工人员不多，且工资水平低，对公司的社会保险费用总体影响不大，且大多为老员工，考虑到延续性，如个人不申请的话，就按原城镇职工标准继续缴纳。新员工进来，动员他们参加双低养老保险，实在不愿意办理的按城镇职工办。

（2）A 子公司大部分员工均为农业户籍，已申请缴纳双低养老保险的按申请处理；不同意办理双低养老保险的，是否请行政人事部到区社会保险局修改。

五、市区、Y 区的养老及医疗保险缴费率

见表 20.4。

表 20.4 市区、A 区的养老及医疗保险缴费率

参保地	农业户籍人数	城镇职工费率（%）	农民工费率（%）	费率差额（%）
市区	21 人	19	13	6
		11.5	3	8.5
Y 区	550 人	15	12	3
		8.5	3	5.5

请批示。

人力资源部

20××年×月×日

案例 5：公司上市前住房公积金现状摸底

应公司上市需要，对住房公积金的政策情况作了了解，并整理了本公司缴纳情况。

一、经测算对比，本公司的公积金缴纳现状，见表 20.5。

表 20.5　本公司公积金缴纳现状

公　司		缴纳基数	缴纳比例规定(%)	缴纳范围
市区	政策要求	上年度月平均工资	12	劳动合同制员工自建立劳动关系 30 日内办理
	公司情况	上年度按政策操作，本年度新增人员分等级缴纳，老员工未调整	12	上年度之前，只针对本地城镇户籍人员，本年度增加了一批激励人员缴纳，转正后次月开始缴纳
Y 区	政策要求	上年度月平均工资	5～12	有指标：上年度要求有 25 人缴纳
	公司情况	上年度按政策操作，本年度新增人员分等级缴纳，老员工未调整	12	上年度之前，只针对非工人岗位中的本地城镇户籍人员，本年度增加了一批激励人员缴纳，转正后次月开始缴纳
L 县	政策要求	上年度月平均工资	8～12	与 A 区有点类似，会下指标
	公司情况		未定	

A 子公司所在地为 Y 区，已缴人数=144 人，已缴金额=5.91 万元，应缴未缴人员=82 人，如按 Y 区当年的政策，每人最低 146 元/月，则应缴未缴金额=1.20 万元；按公司制定的公积金分档缴纳规定，应缴未缴金额=1.69 万元；按上年平均工资缴纳，应缴未缴金额=2.33 万元。

B 子公司所在地为 L 县，已缴人数=46 人，未缴应缴人数=562 人，按最低每人 146 元/月，应缴未缴额=8.21 万元，按公司制定的公积金分档缴纳规定，应缴未缴额=9 万元。

二、公积金支取已比较方便，购房、还房贷、租房等均可以支取。外地户籍的员工解除/终止合同后，立即可以支取所有余额。

案例 6：拟上市公司销售中心公积金缴纳政策调整

就公司上市引发的公积金缴纳事宜与销售中心 A 相关领导沟通，达成如下意见。

一、未缴人员情况：销售中心 A 目前为止未缴纳公积金人员为 54 人，其中：有 5 名应届毕业生原本就要在试用期满后开始缴纳；有 12 名员工为 A 工厂劳动合同制员工，借用到销售中心 A；其余 37 人为股份公司劳动合同制员工。

二、对于 5 名应届毕业生，根据公司政策缴纳公积金。

三、对于 37 名股份公司劳动关系的未缴人员中，除了客户中心 1 名商务助理及 3 名大区商务助理外，其余人员均为营销、客服工程师或客服人员，是销售中心 A 的关键人员。如果要将劳动关系转移到 L 子公司，沟通比较难做，可能引起一定的不稳定因素。如费用不大，建议全员缴纳。

四、在其他人员全数办理了公积金后，12 名 A 劳动关系的未缴人员（目前大多为客服人员）可以考虑如下方式：设立一个条件，将其中在销售中心 A 工作年限达到一定时间的、优秀员工的劳动关系转移到股份公司，并根据股份公司的政策享受相关社会保险及公积金政策。这样，就不会引致 A 工厂其余工人与客服人员的攀比。

要求会后做一个详细的测算。

五、经测算，销售中心 A 上述人员的公积金费用情况，见表 20.6。

表 20.6　销售中心员工公积金调整测算表

员工类别	人　数（人）	月度缴费标准（元）		
		按最低数缴	按分级数	按实缴
股份总部劳动关系人员	42	6 132	8 616	10 665
其中应届毕业生	5	730	1 080	1 202
老员工	37	5 402	7 536	9 463
A 劳动关系人员	12	1 752	2 184	2 564

案例7：公司上市前公积金激励政策调整方案

根据《住房公积金管理条例》的有关规定，结合公司发展及员工激励策略，建议对公积金缴存范围进行调整，提请公司办公会议讨论决定。现将有关调整情况汇报如下。

一、管理、营销、技术岗位维持原有公积金缴存范围：但考虑到公司在 Y 区、L 县有工厂，故上述岗位类员工公积金缴存范围增加 Y 区、L 县的城镇户籍人员。新进员工从试用期转正的次月开始缴存公积金。办理了进杭落户或人才引进的员工从落户次月开始缴存公积金。

二、关于户籍在市区、Y 区、L 县的工人岗位（含客服人员）：原则上不缴存公积金。但考虑到历史原因，对原有已在缴的人员维持不变，继续缴存公积金。

三、为提高员工的归属感，激励员工为公司多作贡献，公司决定：对符合以下条件之一的关键岗位或业绩突出的员工，可以不受户籍地及户籍性质的限制，给予缴存公积金：

1. 被公司评选为"××之星"及"十佳"的员工，从次年开始给予缴存。

2. 被公司聘任为车间主任的员工，从聘任起始的次月开始给予缴存。

3. 司龄满十年的生产中心班组长及其他管理、技术、营销岗位员工，从次年开始给予缴存。

4. 当地城镇户籍的劳动合同制员工从工人岗位提升为管理、营销、技术类岗位的，经异动考核合格后，从次年开始给予缴存公积金。

5. 上述条件以外，对公司有突出贡献的员工，经各部门、各子公司提出申请，公司办公会议同意，从会议决定的次月起给予缴存。

四、缴存基数及费率的确定

缴存基数的确定实行"老人老办法，新人新办法"。"老人"指现已在缴人员，"新人"指今后新招聘的员工及列入本次缴存范围的员工。

"老人"原缴存基数，按上年度1～12月平均工资水平确定。考虑到上、本年度公司对员工的薪资进行了普调，故本年度"老人"的缴存基数暂不作调整，今后视公司情况确定。

"新人"的缴存基数，由人力资源部参照社会平均工资水平，制订《本年度公积金缴存基数分级表》，见表20.7。

表 20.7　本年度公积金缴存基数分级表

缴费基数档级	月缴费基数测算	岗位范围
1 档	1 300	一般工人类岗位
2 档	1 500	班组长
3 档	1 700	一般人员（薪等 2～4 人员）、客户经理
4 档	2 200	各级主管（薪等 5～7 人员）、高级客户经理
5 档	2 600	部门经理及以上（薪等 8 及以上人员）

本次激励方案缴存人员基数确定经公司审批后执行。

新人随着岗位等级的变化，可以调整到相应的缴存基数档级。新招聘员工司龄满5年后，缴存基数标准可以靠向"老人"的标准。

缴存费率按照当地公积金管理相关规定执行。

五、其他规定

以上缴存范围不包括劳动关系挂在市区的C子公司员工。原有已缴存的员工维持不变。由于农村户籍的员工没有人事档案，人事档案将不再作为限制条件。凡符合第三条规定享受缴存公积金待遇的，若违反公司《员工奖惩条例》规定受到处罚的，或由于工作能力、工作失误等不再担任班组长、车间主任的，或从管理、营销、技术岗位调任至其他工人岗位的员工，从调任的次月起不缴存公积金。

六、本次公积金缴存从本年1月1日开始执行。

人力资源部
20××年×月×日

案例8：公司上市前人力资源部对公积金政策调整分析报告

一、新情况的分析

从 2008 年的新《中华人民共和国劳动合同法》实施的条件来看，员工离职时企业支出成本会加大。如果本公司今后的调薪是继续用于现金性收入的提高，固定、压缩公积金等福利政策，那么员工离职时公司承担的补偿标准将更高。

更重要的是，现金性收入的提高，就是企业工资总额的提高，被提取的社会保险也随着提高。这部分钱员工拿不到，但企业支出增加。

从参加新《中华人民共和国劳动合同法》实施案例培训来看，企业的思路要作调整：要控制住现金性收入，调薪要转移到不纳入工资总额范围的其他科目（如公积金、培训基金、分红保险、企业年金等）。

从招聘难度来看，除工人、应届生以外，本企业目前录用的人员基本来自有一定规模的企业，这些企业都是按前 12 个月工资的平均数为基准缴纳公积金的多。

本公司目前的薪资竞争力从早几年的中上（70%～80%）变为中等（50%～60%），如果固定或压缩福利政策，技术、管理类的人才来本企业服务的意愿将降低。

公司搬迁去 L 县，工作地点的变化也是个影响因素。关于福利政策的变化会给员工传递某些信号，会不会对本企业未来的薪资福利产生某些消极看法，本企业目前关于薪资和福利的保密事实是做不到的。

二、建议

1. 纳入激励政策的第一批 35 人，按 5 档标准确定，减少 50% 左右，建议讨论确定，执行。

2. 现有员工的公积金标准，建议 7 月也仍旧上调（电话咨询的员工挺多）。等本企业搬迁到 L 县后，再考虑固定标准。

3. 新进员工的公积金标准，建议与现有员工一致。

4. 应届生，可以考虑前 2 年按最低的标准缴纳，第 3 年起按现有标准。

5. 明年如有调薪计划，则不再考虑增加现金性收入，补充到公积金、培训基金、分红保险、企业年金等当中去。

6. 与员工明确，本企业的工资性收入包括现金性收入+公积金+分红保险+企业年金等可折现收入。以此作为与外面企业的薪资比较。

案例 9：拟上市公司子公司本年度社会保险调整方案

N 公司：

请于本年 6 月 20 日前，办理本年度（本年 7 月 1 日—下年 6 月 30 日）与 N 公司签订劳动合同的员工的社会保险缴纳。社会保险（养老、医疗、失业、工伤、生育）。

操作规则如下：

1. 缴纳基数：按上年度月平均工资（上年 1 月 1 日—上年 12 月 31 日）（最低按上年社会月平均工资的 60% 保底，最高按上年社会月平均工资的 300% 封顶）。

2. 缴纳比例：按 N 市规定比例（8%～12%）的下限 8%。

3. 执行时间本年年 7 月 1 日起（以 N 市当年调整时间为准）。

案例10：拟上市公司劳动合同补充协议、劳动合同解除协议

劳动合同补充协议

甲方：××有限公司

乙方：×××（女，身份证******************，岗位：区域销售经理）

经双方协商一致，甲方与乙方确认双方的劳动合同关系（签订时限自　年　月　日～　年　月　日）存续过程中的有关问题，双方达成如下协议：

1. 甲方给予乙方一次性补偿金　元，包括五险一金补偿金和其他劳动关系方面补偿等所有项目。

2. 乙方20××年1～2月的工资，由甲方照常发放，合计　元。

3. 根据公司内部管理需要，乙方同意服从××股份有限公司的安排，自20××年4月1日起，与股份公司下属的全资子公司B公司签订劳动合同关系（自20××年4月1日～201×年3月31日）。

4. 甲方为乙方的社会保险、公积金缴纳截止到　年3月31日，自　年4月1日起由B公司在所在地缴纳或股份公司选定的第三方人事机构在当地缴纳（由乙方根据个人需要选择）。

5. 双方确认劳动合同关系（签订时限自　年11月1日～　年10月31日）存续期间的劳动关系问题已全部解决，不再存在其他的劳动争议。

6. 乙方承诺保守甲方的商业秘密、本次补偿标准不得向其他员工透露，如乙方违反本条，甲方保留法律起诉的权利。

7. 本协议一式2份，甲乙双方各持1份。

甲方（盖章）　　　　　　　　　　　　乙方（签字）

日期：201×年×月×日　　　　　　　　日期：201×年×月×日

劳动合同解除协议

甲方：A有限公司

乙方：（此处说明性别、身份证、岗位）

因乙方个人原因提出辞职，经双方协商一致，甲方自　年　月　日起解除与乙方的劳动合同关系。双方达成如下协议：

1. 鉴于双方确定的劳动合同期限从 年 月 日起至 年 月 日止（如有文件不一致应按照本协议的期限约定），综合五险一金缴纳的补偿金和其他劳动关系方面补偿、赔偿等所有项目，双方同意由甲方一次性支付乙方 元（人民币，下同）。

2. 乙方的工资计算到离职当日，合计 元（税前）。

3. 乙方向甲方的借款（备用金） 元，在离职当日全额归还甲方。

4. 上述 1～3 项的款项加减扣除后，甲方合计应给予乙方 元。

5. 甲方为乙方的社会保险缴纳截止到 年 月 日。

6. 甲方为乙方的公积金缴纳截止到 年 月 日。

7. 乙方应按甲方的管理制度办理完所有离职手续（工作资料和客户信息等移交、工作流程移交等事项），办理完毕后由甲方支付 4 项约定款项金额。

8. 双方确认劳动合同关系（签订时限自 年 月 日～ 年 月 日）已结束，不再存在任何劳动争议和纠纷。

9. 乙方承诺保守甲方的商业秘密、本次补偿标准不得向其他员工透露，如乙方违反本条，甲方有权追究乙方违约责任，违约金为 3 000 元。

10. 本协议一式 2 份，甲乙双方各持 1 份。

甲方（盖章）　　　　　　　　　　乙方（签字）

日期：201×年×月×日　　　　　　日期：201×年×月×日

案例 11：公司上市前员工要求支付加班工资的处理报告

一、事由

某老员工，×年 1 月作为聘用人员，跟公司是聘用关系，双方签订聘用协议，约定月工资一刀切（目前工资为 850 元/月）。

次年×月调值班员岗位，单休。只在长假日支付 3 天节日及 4 天的假日工资，其他时间无加班工资。不是所有的假日加班工资都没有支付，一部分没有支付。

多年执行下来，没有提出异议。但他现在因某种原因跟公司要求支付第 6 天的加班工资（按日工资的双倍计算），平时延长的工作时间未要求支付加班工资。

二、政策咨询

聘用人员也是参照签订劳动合同的员工执行加班工资的法规。即按规定：要发加班费的。这种情况她建议协商处理，适当地给一点尽量不要闹到打官司。但真打起官司来，企业必输。

仲裁时效的问题，最高院司法解释：对于工资拖欠问题已取消仲裁时效的说法。只要是劳动关系存在期间以及劳动关系结束后 2 个月，任何时间都可以主张。劳动关系结束 2 个月以后仲裁申诉失效。

三、历年工资清单及历年市最低工资标准

略。

四、加班工资结算办法

按最低工资标准计算单休加班工资后的金额（以下简称"应当支付工资"）与当时支付的月度基本工资（以下简称"实际支付工资"）对比：

1. 实际支付工资比应当支付工资高，视为已支付加班工资。

2. 实际支付工资比应当支付工资低，视为加班工资未全额支付。

五、支付建议有如下 3 个方案

方案 1：

按第四条规定，实际支付工资比应当支付工资低的，予以补足。根据历年工资支付情况看，应当补足 5 677 元。

方案 2：

按第四条规定，把当年支付的年终奖金加到实际支付工资中后，差额部分将减少为 2 022 元，予以补足。

方案 3：

先找他沟通，不提加班费的事，但通过别的渠道适当补偿，金额另行商议。后果：等候仲裁。

六、确保协商结果的法律效力

协商成功后，到仲裁院开具调解书，便具有法律效力，再也不能反悔。

案例 12：公司上市前年终奖与年休假测算

某公司上市前，人力资源部对年休假与年终奖进行了测算，目的是希望把未休年休假的补偿金额包含在当年的年终奖中，这样在年终奖当月的月工资表中，写上一栏：年终奖（含未休年休假补偿），有利于企业方的《中华人民共和国劳动合同法》维权举证。测算数据见表 20.8、表 20.9、表 20.10。

表 20.8　年终奖金与年休假测算表 1

工作年限		条例规定可休年休假天数 A	已集体休假天数 B	如平时不休 C	差异天数 G	未休补薪（按天计算）D	未休补薪（按月计算）E	A 工厂计件工资测算 F	C 工厂计件工资测算 F
1～10 年	1～5 年	5			5	15	0.7	586	517
	5 年及以上	5			5	15	0.7	586	517
10～20 年		10			10	30	1.4	1 172	1 034

表 20.9 年终奖金与年休假测算表 2

工作年限		条例规定可休年休假天数 A	已集体休假天数 B	允许带薪休假天数 C	差异天数 G	休假扣薪（按天计算）	休假扣薪（按月计算）	未休补薪（按天计算）D	未休补薪（按月计算）E	A工厂计件工资测算 F	C工厂计件工资测算 F
1～10年	1～5年	5	2	1	2	2	0.1	6	0.3	586	517
	5年及以上	5	2	3	0	0	0.0	0	0.0	586	517
10～20年		10	2	3	5	5	0.2	15	0.7	1 172	1 034

备注：B+C 的休假是带薪的，相当于公司总体维持原有的年休假政策及相应的薪资待遇

表 20.10 年终奖金与年休假测算表 3

工作年限		条例规定可休年休假天数 A	已集体休假天数 B	如平时未休 C	差异天数 G	未休补薪（按天计算）D	未休补薪（按月计算）E	A工厂计件工资测算 F	C工厂计件工资测算 F
1～10年	1～5年	5	2		3	9	0.4	586	517
	5年及以上	5	2		3	9	0.4	586	517
10～20年		10	2		8	24	1.1	1 172	1 034

案例 13：拟上市公司人力资源部对年休假问题的批复

对于行政人事部对年休假政策的理解，咨询了劳动部门、律师及 HR 同行，多方面咨询的结果如下。

一、关于第 1 点（累计工作年限计算截止时间的问题）

关于《企业职工带薪年休假实施办法》18 条说明的"年度"是指阳历年度，具体是累计到上年末的 12 月 31 日还是累计到当年的 12 月 31 日并无明确说明，企业理解可根据自身的经济效益及企业宗旨等，按严格的计算方法执行（即累计到上年末），或者按宽泛的计算方法执行。

HR 同行对于这方面的操作，累计到上年末的比较多，这样方便操作。

还有 HR 同行是分段计算的，一年有 12 个月 365 天，分的段也比较多，最复杂的当年是按天分段，其次是按月，相对比较方便的就是按上半年和下半年来分段。

累计到当年末的还没听说过。

律师特别提出，累计到当年末的话，会碰到员工中途离职的情况。

本公司按什么标准来操作，还需公司领导做确定。

二、关于第 2 点（新员工年休假核算的问题）

新进员工可折算享受年休假，这与当年满 10 年的员工折算并不矛盾，本身是两种不同情况。

《企业职工带薪年休假实施办法》第三、四、五条作了很明确的规定，综合理解如下：新员工进来，除非他从原单位离职后与来我公司上班是连续的，否则可以理解为：他中断了工作，因此他就得按照第三条的规定，在本公司连续工作满 12 个月后才能按第四、五条来折算享受年休假待遇。

当然，对于怎么样才算中断，公司也可以有宽和严格的标准，宽的标准是按月（如员工原单位 3 月 1～31 期间从原单位离职，4 月 1～30 日期间来我公司报到，都不算中断）；严的标准就是按天（如员工 3 月 31 日从原单位离职，4 月 2 日及以后来我公司报到，就算中断）。

所以按宽按严，也需公司领导确定。

提请负责招聘的人事工作人员，在可能的情况下，可以在这个条款上，通过让新人离开原单位后，延迟报到的举措，来为公司节支一年的年休假支付成本。（当然，公司急需人才是不可能这么操作的）。

三、关于第 3 点（怎样安排年休假？工资支付标准？是否可以跨年度？）

《职工带薪年休假条例》第五条也比较明确：

第五条　单位根据生产、工作的具体情况，并考虑职工本人意愿，统筹安排职工年休假。年休假在 1 个年度内可以集中安排，也可以分段安排，一般不跨年度安排。单位因生产、工作特点确有必要跨年度安排职工年休假的，可以跨 1 个年度安排。单位确因工作需要不能安排职工休年休假的，经职工本人同意，可以不安排职工休年休假。对职工应休未休的年休假天数，单位应当按照该职工日工资收入的 300%支付年休假工资报酬。

为了方便管理，建议年休假不跨年度安排，但鉴于今年本身《实施办法》9 月中旬才出台，累计工作年限的通知 11 月初才开始做，许多员工并不明确知道可以按累计工作年限来休假，所以上年的年休假可以延迟到次年 1 月 15 日前。

至于到 1 月 15 日仍未休完的年休假，工资支付标准在《实施办法》中也有明确规定：

第十一条　计算未休年休假工资报酬的日工资收入按照职工本人的月工资除以月计薪天数（21.75 天）进行折算。

前款所称月工资是指职工在用人单位支付其未休年休假工资报酬前 12 个月剔除加班工资后的月平均工资。在本用人单位工作时间不满 12 个月的，按实际月份计算月平均工资。

职工在年休假期间享受与正常工作期间相同的工资收入。实行计件工资、提成工资或者其他绩效工资制的职工，日工资收入的计发办法按照本条第一款、第二款的规定执行。

提醒：年休假的问题与加班工资的问题一样，将是未来容易发生争议的问题。

案例14：拟上市公司未休年休假的补偿及奖励规定

公司领导：

经人力资源部研究，本年未休年休假按如下办法操作：

一、实行不定时工作制的高管、营销相关人员、客服人员、常驻外地办公的员工，因实行弹性工作制，工作时间相对灵活，可灵活进行休假，故在年初就已确认自行安排休假。

二、实行综合计时制的直接生产工人、辅助生产工人及生产中心的后勤服务员工，根据年初制订的计件工资方案，由各生产中心自行操作。

三、其他实行标准工时工作制的管理、技术人员及部分股份公司的综合计时类岗位，未休年休假按如下方案处理：

1. 明确次年2月份发放本年年终奖励工资，包含未休年休假的补偿。

2. 为了鼓励因工作原因未能休假的员工，同时确定了如下的特别奖励方案，此奖励在次年2月份与年终奖励（包含未休年休假补偿）一并发放，见表20.11。

表20.11 未休年休假放弃的奖励标准

未休天数	未休人数	奖励标准（元）	奖励总额（元）
0～2天	15	200	3 000
2（含）～5天	27	500	13 500
5（含）～10天	54	1 000	54 000
10天及以上	24	1 500	36 000
合计	120		106 500

3. 经测算，每个员工第1、2两项合计后的金额大于未休年休假时间所计算应获得的补偿，因此公司合法核发了本年未休年休假的补偿金。核算完后请员工做一个书面确认。

请批示。

附件：年休假补偿员工确认书

人力资源部

201×年×月×日

附件：员工年休假及未休假补偿确认书

本人本年未休年休假　　天，相应的补偿金已于　　年2月份如数核算，确认无误。

员工签名：

日　　期：

第二十一章

体系审核对薪酬操作的要求

体系审核是统称，实际分内审、外部体系审核、外部供应商审核。

体系审核是第三方机构的证书审核，有首次认证和复审：质量管理体系（ISO9000）、环境管理体系（ISO14000）、职业健康安全体系（OHSMS）、社会责任体系（SA8000）、有害物质认证（ROHS），甚至还有反恐体系认证等。内审是公司内部自己组织内审员参照体系要求展开的。供应商审核，也叫厂验，是客户对供应商的审核。

企业在对待体系审核的态度上要切实配合，发现问题后及时采取改进措施。但也有不少是为了拿证书，不认真对待体系审核。有的甚至采取两套表，内部实际管理一套，体系审核有专门的一套表和数据。

做国内业务的公司，对体系审核不够重视，因为是否有体系审核证书与接单（国内订单）没有必然关系。而且国内业务的科技公司、运营商等由于行业原因，在管理的很多方面不需要刻意去准备应付。

人力资源管理也是体系审核的一个组成部分。本章主要介绍体系审核常见的薪酬问题点，这对HR来说（尤其是外贸业务公司的HR）也是要了解的。

21.1 供应商审核检查表的解读

先看一个移动厂验（中移动对供应商的审核）的检查表，见表 21.1。

表 21.1 移动厂验检查表样表

设备制造商综合实力表			
公司名称：（盖章）			
评价层面	指标名称	指标值	指标解释
社会责任指标	员工权益		

这个表叫设备制造商综合实力表，也就是中移动通过这个审核，最终得到一个综合评估分。表头组成：评价层面、指标名称、指标值、指标解释。我们只选取社会责任指标（评价层面）-员工权益（指标名称），它要求填写 SA8000 认证的情况。如投标企业没有进行或没有通过 SA8000 认证，则对以下问题进行说明，实际涉及薪资两个细分指标：

1. 员工工作时间的管理

指标解释：投标企业对员工日常工作时间、加班时间以及节假日的相关规定、执行情况。员工的加班补偿、津贴、福利等制度的实施情况。

2. 薪资与支付情况

指标解释：投标企业的薪酬结构、薪酬水平（基本年度工资、月度工资、奖金等），以及投标企业的薪酬福利管理规定。

从中可以发现，中移动厂验（供应商审核）对薪资相关的关注点是：工作时间、加班时间、节假日休假；加班工资补偿、津贴、福利；薪资结构、薪酬水平、薪资组成、薪酬福利制度。

上述还出现了一个词"投标企业"，这就是中移动把供应商审核的综合评估分作为投标的条件之一。是否能参与投标、投标排名是否靠前，涉及是否入围、中标后的份额大小，对供应商来说非常重要。从某种程度来说，这是经营的组成部分。如某企业做的是中移动的业务，那么作为 HR 就不得不研究如何"应付"或配合好与此相关的审核准备和整改工作，不然出现严重不符合项不仅影响部门业绩，还拖了公司后腿，HR 经理难辞其咎。

21.2 外企厂验审核结果（不符合项）的解读

外企做厂验的情况类似中移动的审核检查表，如果是中英文对照还好办，如果是全英文就需要公司自己组织人员翻译。如果是牵头的外贸部自己翻译，对 HR 来说难度不高，但有时外贸部也不想全部翻译，就把与 HR 相关的条款直接选取给 HR，HR 就要直接看英文，或想办法翻译出来。

每个条款的审核要么通过，要么有观察项、不符合项、严重不符合项。出现严重不符合项 HR 就麻烦了，这是"红线"，即下限，接下来书面承诺的整改计划会被追踪，直到符合，否则证书拿不到。不符合项（也就是有点问题）需要 HR 提出整改。观察项就是审核方给你提点锦上添花的更高目标，只是建议，问题不大。

在供应商审核结束后，审核方会提出一个审核表，提出整改要求，见表 21.2。

表 21.2 外企厂验不符合项举例

No	Gate-gory 1/2	Clause	Process/ Area / Dept.	F = Finding, Non-Conformity O = Opportunity for Improvement / Observation N = Note-worthy Effort
O6		4.5.1 E	人力资源部	建议： 在绩效考评中增加环境保护方面的内容。 <u>Focus Area</u> NA Issued by

表头的组成可以理解为：序号（No）、类别(Gategory1/2)、条款（Clause）、责任部门（Process/Area/Dept.）、不符合项（F=Finding,Non-Conformity）、观察项（O=Opportunidy for Improvement/Observation）、严重不符合项（N=Note-worthy Effort）。

在本次审核表中，审核结论是：在绩效考评中增加环境保护方面的内容。审核条款是根据 4.5.1E，人力资源部是责任部门。

人力资源部后来怎么做的呢？把各部门的年度绩效计划表增加了一条：做好环境管理体系（ISO14000）的要求，达不到，扣除相应分数。然后提交这些修订过的部门绩效计划表，就通过了。

21.3 社会责任体系 SA8000 审核对薪资相关模块的要求

社会责任体系 SA8000，是从企对人权的角度提出的。通俗说，欧美发达国家的产品转移给不发达国家制造，但外国用户在使用这些产品时，又担心是来自血汗工厂的，所以要求这些不发达国家的供应商必须达到欧美国家提出的道德底线要求。这些底线关注 9 大方面：童工、强迫性劳工、健康与安全、组织工会的自由与集体谈判的权利、歧视、惩戒性措施、工作时间、工资、管理体系。

现选取 SA8000 审核检查表与薪资相关的条款，供 HR 了解该体系对薪资相关模块的审核点：第 6 条惩戒性措施（扣罚，与薪资相关）、第 7 条工作时间（涉及薪资计算）、第 8 条工资报酬。

以下节选自 SA8000 条款：

6．惩戒性措施

6.1 公司是否从事或支持体罚、精神或肉体压迫，以及语言侮辱？

- 公司是否制定惩罚性措施的程序，是否提供申诉途径？
- 公司是否提供足够的文件、记录和相关证据？
- 公司管理层是否了解并尊重法律法规要求？

7．工作时间

7.1 每周正常工作时间是否超过 48 小时？采用中国法规规定每周工作 40 小时。

- 是否每周至少安排一天休息？即每周连续 24 小时的休息时间。

7.2 每周加班时间是否超过 12 小时？同时采用中国法规规定每天不得超过 3 小时，每月累计加班时间不得超过 36 小时。

- 是否支付额外的加班费，加班费是否按照中国法规规定计算？
- 工作日加班：至少正常工资标准×150 %
- 休息日加班：至少正常工资标准×200 %
- 法定假期加班：至少正常工资标准×300 %

7.3 是否签订符合 ILO 规定的集体劳动合同，该合同时否符合标准和法规的规定？

- 是否根据中国法规提供带薪年假？
- 是否根据中国法规提供至少 90 天产假？
- 公司是否提供足够的文件、记录和相关证据？
- 公司管理层是否了解并尊重法律法规要求？

8．工资报酬

8.1 公司支付的工资是否达到当地最低工资标准？

- 工人工资是否满足员工的基本需要，并能提供一些可以随意支配的收入？

8.2 公司是否采用扣减工资的方法惩罚工人？

- 工资和福利的组成是否清楚列明？包括工作时间、基本工资、津贴、奖金、福利部分、扣减额。

- 是否为全体工人提供足额社会保险？包括工伤保险、医疗保险、失业保险、养老保险和生育保险。
- 是否采用现金或支票方式支付工资？
- 是否以产品或其他非现金方式支付工资？
- 是否拖欠工人工资？
- 法定假日是否支付正常工资？
- 是否支付停工工资？

8.3　是否采用纯劳工的合约或虚假的学徒计划以逃避法定的责任？

21.4　整改措施

审核出现不符合项、严重不符合项后，该如何制定整改措施并实施呢？

一、SA8000 外审出现不符合项

考勤记录发现员工连续工作 7、8、9 天，违反每周不超过 6 天的规定，被要求整改，责任部门是行政人事部。见表 21.3。

表 21.3　SA8000 外审的不符合项

不符合项	原因分析	纠正措施	负责部门	预计完成时间	实际完成时间
检查焊组车间员工考勤记录时发现，员工 A 在 3 月 29 到 4 月 4 日连续工作 7 天，员工 B 在 3 月 29 日到 4 月 5 日连续工作 8 天，员工 C 在 3 月 27 日到 4 月 4 日连续工作 9 天，不符合相关的要求			行政人事部		

模拟练习：

假定你是该工厂的行政人事部经理，请你考虑：原因分析、纠正措施、预计完成时间、实际完成时间该如何填写？

二、外部体系审核出现不符合项

工作时间、工资与福利两方面出现了不符合项：最低工资、加班时间、工作时间在考勤记录抽查时不符合规定；扣罚不符合规定。要求人力资源部整改。人力资源部对工作时间作了原因分析、纠正措施，见表 21.4。

表21.4　外审不符合项整改措施

序号	要点	不符合项	责任部门	原因分析	纠正措施	责任人	预计完成时间
1	工作时间	最低工资、加班时间和工作时间的问题不能依据以下原因来明确：1. 辅助室的电子记录显示有工人分别在20××年4月11日、3月7日、2月24日上班，但是手制的考勤记录显示以上工人在以上日期并没有上班 2. 涂板检验记录显示：有工人分别在20××年4月3日、4月6日、4月7日加班到16：40、16：50、17：50，但手工的考勤记录显示这些工人都工作到15：30 3. 通过和相关主管交流发现，手工记录并不能很准确地显示工作时间	HR	1. 员工有无上班最终以班组长的每日手工考勤为准，门口的电子刷卡只是作为识别是否是本公司员工，有的员工来后不一定全是上班的 2. 部分员工因生产所需有时上班时间是超了，但班组长会在当月给他们以补休。确实不能补休的会把小时累计折算成天数在手工考勤中予以体现 3. 个别班组长有时会忘记个别员工的超时计算及给予他们的补休，所以有时手工记录并不能很准确地显示工作时间	针对此问题，公司专门作了讨论并采取以下措施：在各个车间门口增加电子考勤机。每天每班二次考勤，由班组长或主管在员工上班进入车间时督促考勤。下班时也一样。每一班除中间就餐及休息时间。同时班组长每天做手工考勤。人力资源部每月核对电子考勤与手工考勤的时间是否符合。查实原因。按相关规定计算员工工资		
2	工资与福利	EICC（电子工业行为准则）要求：禁止以扣除工资作为纪律处分的手段 审核发现：工厂制度规定如果员工违反公司规章制度将会从工资中扣除200～1 000元以警告其他员工。但是在员工访谈中，工人表明他们知道有这些制度，但是从来没有被处罚过	HR				

模拟练习：

假定你是该公司的人力资源部经理或薪酬主管，工资与福利的原因分析、纠正措施、责任人、预计完成时间该如何填写？

三、SA8000 审核不符合项

某次 SA8000 审核，被发现：健康与安全、工作时间、薪酬缺少可量化的指标。人事主管初步填写了纠正措施，见表 21.5。

表 21.5 SA8000 审核不符合项整改

序号	问题点	纠正措施	预计完成时间	实际完成时间	负责部门	负责人
1	参照 SA8000 条款中第 3 条健康与安全，第 7 条工作时间，第 8 条薪酬需要制定可量化的指标，以便进行衡量	另行制定可量化的指标，提交质管部	200×2.10		人力资源部质量管理部	

模拟练习：

假定你是薪酬主管或人力资源部经理，你觉得纠正措施该如何填写？

最后，再看三个整改措施的案例，供读者评判。

案例1：考勤和工作时间调整的整改报告

爱立信的供应商审核对加班问题很关注，对目前工人考勤以天或半天为单位表示不同意，要求精确到小时。

目前，本公司实行早、中、晚三班，每班 8 小时。长日班 8：30～16：30；早班 7：30～15：30；中班 15：30～23：30；夜班 23：30～次日 7：30。考勤机放在大门口。工人刷卡后，要先去吃早饭；下班要去洗澡，再去大门口刷卡。考勤出来的小时数包含了一头一尾的吃饭和洗澡时间。

工厂、人力资源部、IT 部一起讨论后，为满足爱立信的要求，同时结合工厂的情况，建议采取的整改措施：

一、修订工厂的考勤实施细则，并请工会开会通过。

建议改为：

1. 早上中间可休息 15 分钟（早班休息时间 9：00～9：15），下午中间可休息 15 分钟（早班休息时间 14：00～14：15），中午吃饭 30 分钟（早班吃饭时间 11：30～12：00），中班和晚班类推。

2. 工作时间为在刷卡出来的考勤数据扣除 1 小时（休息+吃饭）。

二、考勤机放在洗澡间，配置 4 个考勤员，实行 4 班 3 运转。

三、监督工人刷卡

再配置 1 人专门在每天整理头一天的考勤数据，以符合每个月不能超过 36 小时加班，每月工作不能超过 26 天的规定，符合外商审核时的要求。5 人增加 10 万元左右的人工工资。

四、请信息中心对考勤机设置

每日数据在 7：30 前和 15：30 后的自动变为 7：30 和 15：30。

人力资源部

201×年×月×日

案例 2：办事处检验员、仓保员薪资发放调整

某次体系审核，被发现某办事处的检验员、仓管员薪资与工厂的检验员、仓管员薪资有差异，没有做到同工同酬。于是人力资源部制定了整改措施。

质量管理部检验组及计划管理部仓库派驻办事处的检验员、仓管员的薪资发放调整：

1. 派驻办事处期间，检验员、仓库员的薪资均按工厂所在的检验班组或仓库的平均工资发放。

2. 当平均工资低于目前已按薪点确定的薪资水平时，则按薪点确定的薪资发放。

3. 派驻办事处期间，根据当地的生活水平，另行给予 500 元/月的生活补贴。回工厂后，生活补贴取消。

人力资源部

20××年×月×日

案例 3：加班时间的控制

某次体系审核被发现：加班时间超过 36 小时/月的规定。于是人力资源部提出了整改措施，设计了加班时间控制表（月）（见表 21.6）、加班时间控制表（年）（见表 21.7）、月考勤表修订（见表 21.8）。

表 21.6　加班时间控制表（月）

基本信息					加班上限小时数		实际加班小时数	
序　号	车　间	班　组	工　序	姓　名	每　天	每　月	1 月	超　时
1					3	36	19	-17
2					3	36	39	3
3					3	36		-36
4					3	36		-36
5					3	36		-36

备注：超时用灰色标注

表 21.7 加班时间控制表（年）

基本信息				加班上限小时数			实际加班小时数		
序 号	车 间	班 组	工 序	姓 名	每 天	每 月	每 年	1 月	2 月	3 月
1					3	36	432			
2					3	36	432	37	37	37
3					3	36	432			
4					3	36	432			
5					3	36	432			

实际加班小时数										
4 月	5 月	6 月	7 月	8 月	9 月	10 月	11 月	12 月	累 计	超 时
									0	−432
37	37	37	37	37	37	37	37	36	443	11
									0	−432
									0	−432
									0	−432

备注：超时用灰色标注

表 21.8 X 月考勤表

序 号	姓名	1	2	3	4	5	6	7	8	9	10	11	12	13	14	15
1																
2		8	8	9	7	8	8									
3																
4																
5																

16	17	18	19	20	21	22	23	24	25	26	27	28	29	30	31	签 名

案例 4：计件工资工时定额整改的争论

某次内审被发现计件工资的最低工资不符合规定，人力资源部、工厂对整改措施出现了争论。

一、人力资源部的观点

工厂上报的计件工资方案，用定额计件和超产计件来做综合单价，存在风险，劳动部门会问：劳动定额合理吗（70%的工人都能完成定额）?怎么来举证这个定额的合理性？

定额是比较难办的：定额定得过高，工人完不成；定额不合理会违法；定额定得太低，超产多了，工资成本支出多。

二、工厂的观点

1. 劳动部门会不会问这样的问题?

就工厂行政人事部与当地劳动部门咨询的结果，劳动部门关心的是加班有没有加班工资。

2. 关于定额的合理性，是应该考虑：工资成本支出的合理性是否匹配。

3. 本厂的员工想的是什么呢?

员工关心的：每周能保证有1天的休息时间，不要每天都加班，加班时间最好不要太长，收入能够有所增加，劳动环境能够进一步改善。

4. 对于新《中华人民共和国劳动合同法》的风险规避，应该考虑几个基本的问题：

《中华人民共和国劳动合同法》的精神实质是什么，地方执法部门关心的又是什么?企业目前的管理规范性，企业的生产组织方式及特点，员工的思想状况。

离开了这些基础，就无从谈什么规避了。再者，既然是规避，肯定不是明明白白、清清楚楚地支付加班工资。

思考：

假如你是公司人力资源部经理或工厂行政人事部经理，抑或生产副总，你对此有何看法？

第二十二章

薪酬调查

第二篇薪酬体系设计，第 5、6、7 章主要介绍了设计一套公司薪酬体系——薪点制、薪资配套操作 1——职位分析、薪资配套操作 2——岗位评估。实际上，完整的薪酬体系设计还需要配套 3——薪酬调查。

在不考虑外部市场薪酬数据（第三方咨询公司提供）的情况下，内部公平性是通过表 5.1 薪点表、图 5.1 薪酬曲线。而薪酬水平高低是否合理的判断是通过表 5.4、表 5.5、表 5.6，即薪点值 1 分 =2000 元、2500 元、3000 元的测算来判断。

当公司参加第三方咨询公司组织的地区或行业薪酬调查，在阅读购买的薪酬福利报告时，将会发现有着不同的薪酬术语表达，一方面看起来专业，同时也令人费解。因此，掌握薪酬调查报告的图、表的薪酬术语是非常必要的。

Excel 制图也体现了如何把知识点变成技巧点的实用技能培训精神。

22.1　Excel 的制图方法

在咨询公司提供的薪酬调研报告，最常见的有三张图：薪等架构图、薪酬曲线图、薪资结构图。作为示意图讲解，也可以画图。但是正规来讲，这些图是根据数据制作的，薪等架构图，见图 22.1；薪酬曲线图，见图 22.2；薪酬结构图，见图 22.3。

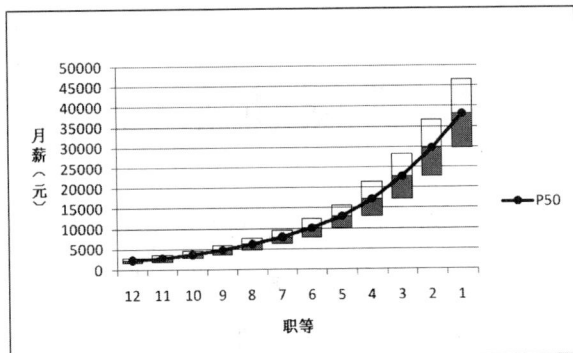

图 22.1　薪等架构图

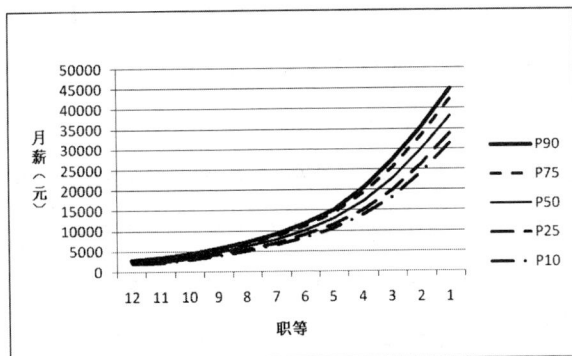

图 22.2　薪酬曲线图

在图书、杂志、调研报告等中，看到的三张图是最后的呈现结果，是静态的。这是咨询顾问的专业特长，同样的数据，被他们后台加工后，得到的表达形式看起来确实规范专业。普通的 HR 对于这种图如何制作不是很清楚，在各种人力资源相关的网络论坛、百度搜索等都可以看到 HR 提出如何制图的疑问。现在，我们一起来学 Excel 制图的技巧，这使得我们对图与原始数据之间的关系有更深刻的理解，并有一种我也终于掌握了咨询顾问的特长这种成就感。

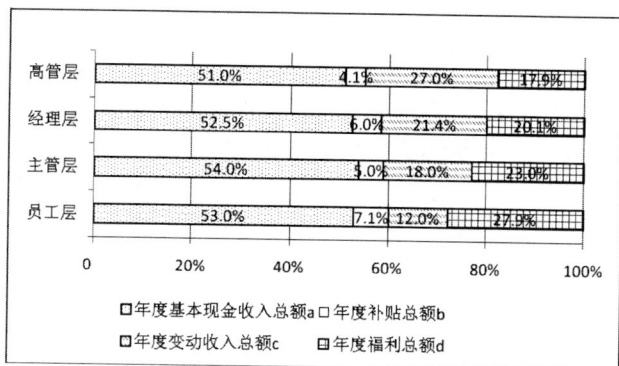

图 22.3 薪酬结构图

下面就介绍如何在 Excel 表上制图。真实的薪等架构图、薪酬曲线图、薪酬结构图等均以外部市场数据为依据，本章选取的薪酬数据只是为了演示制图步骤。

22.1.1 薪等架构图的制作

首先选取薪等薪级表数据作为制图基础，见表 22.1。

由于 1 分=2000 元，实际是月薪数据，因此本章图的纵坐标是月薪（元）。咨询公司提供的调研报告数据是年薪，纵坐标是年薪（元）。

表 22.1 薪等薪级表数据

职等	薪级 1	薪级 2	薪级 3	薪级 4	薪级 5	薪级 6	薪级 7	薪级 8	薪级 9	薪级 10	薪级 11	薪级 12	薪级 13	薪级 14	薪级 15
1	29 720	30 920	32 120	33 320	34 520	35 720	36 920	38 120	39 320	40 520	41 720	42 920	44 120	45 320	46 520
2	22 720	23 720	24 720	25 720	26 720	27 720	28 720	29 720	30 720	31 720	32 720	33 720	34 720	35 720	36 720
3	17 120	17 920	18 720	19 520	20 320	21 120	21 920	22 720	23 520	24 320	25 120	25 920	26 720	27 520	28 320
4	12 920	13 520	14 120	14 720	15 320	15 920	16 520	17 120	17 720	18 320	18 920	19 520	20 120	20 720	21 320
5	10 120	10 520	10 920	11 320	11 720	12 120	12 520	12 920	13 320	13 720	14 120	14 520	14 920	15 320	15 720
6	7 880	8 200	8 520	8 840	9 160	9 480	9 800	10 120	10 440	10 760	11 080	11 400	11 720	12 040	12 360
7	6 200	6 440	6 680	6 920	7 160	7 400	7 640	7 880	8 120	8 360	8 600	8 840	9 080	9 320	9 560
8	4 800	5 000	5 200	5 400	5 600	5 800	6 000	6 200	6 400	6 600	6 800	7 000	7 200	7 400	7 600
9	3 680	3 840	4 000	4 160	4 320	4 480	4 640	4 800	4 960	5 120	5 280	5 440	5 600	5 760	5 920
10	2 840	2 960	3 080	3 200	3 320	3 440	3 560	3 680	3 800	3 920	4 040	4 160	4 280	4 400	4 520
11	2 000	2 120	2 240	2 360	2 480	2 600	2 720	2 840	2 960	3 080	3 200	3 320	3 440	3 560	3 680
12	1 800	1 880	1 960	2 040	2 120	2 200	2 280	2 360	2 440	2 520	2 600	2 680	2 760	2 840	2 920

薪等架构图的制作方法包括：堆积柱形图+折线图替换、涨/跌柱法。

（1）Excel 制图方法 1：堆积柱形图+折线图替换

1）制图取数

设置公式：最小值、P50、最大值；两个差额：P50 –最小值、最大值 –P50。

P50 代表中位数。公式是 MEDIAN(数据 1：数据 n)。假定表 22.2 与表 22.1 在同一个 Excel 子表内，薪级 1、薪级 15 在 B 列、P 列（与 P50 无关，只是巧合正好是 P 列），P50 在 T 列；职等 1 在第 3 行；则职等 1 对应的中位数 P50=MEDIAN(B3:P3)

最小值（MIN）、最大值（MAX）、差额的公式设置过于简单，不再赘述。

下拉职等 1 对应数据，得到所有职等的制图取数，并把 P50-最小值、最大值-P50 用红色粗线醒目突出，见表 22.2。

表 22.2　制图取数（最小值、P50、最大值、差额）

职　　等	最小值	P50	最大值	P50-最小值	最大值-P50
1	29 720	38 120	46 520	8 400	8 400
2	22 720	29 720	36 720	7 000	7 000
3	17 120	22 720	28 320	5 600	5 600
4	12 920	17 120	21 320	4 200	4 200
5	10 120	12 920	15 720	2 800	2 800
6	7 880	10 120	12 360	2 240	2 240
7	6 200	7 880	9 560	1 680	1 680
8	4 800	6 200	7 600	1 400	1 400
9	3 680	4 800	5 920	1 120	1 120
10	2 840	3 680	4 520	840	840
11	2 000	2 840	3 680	840	840
12	1 800	2 360	2 920	560	560

2）堆积柱形图

选表 22.2 数据（职等这列除外），Excel 菜单的选项卡操作步骤：插入-柱形图-堆积柱形图，得到初步加工的堆积柱形图，见图 22.4。

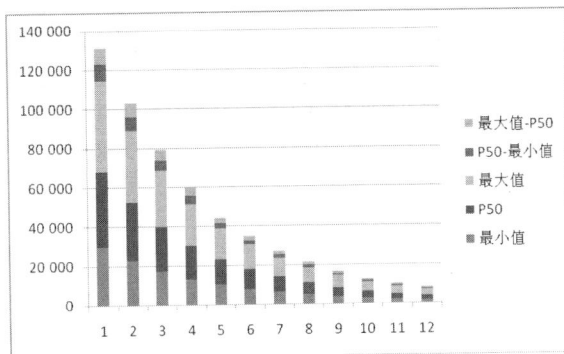

图 22.4　堆积柱形图

3）堆积柱形图调整

点击 X 轴（水平），鼠标右键，出现选项卡，选：设置坐标轴格式-坐标轴选项-打勾：逆序类别、最大分类，得到堆积柱形图调整，见图 22.4。

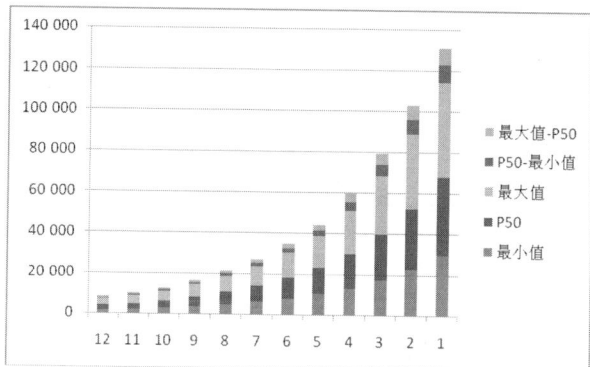

图 22.5　堆积柱形图调整

这步是由于表 22.1 薪等薪级表数据职等 12 在下面（低端职位，薪资低），职等 1 在上面（高端职位、薪资高）。如果按照职等 12~职等 1（从上到下排），就直接会出现表 2.35 的图形，不需要做调整（逆序类别、最大分类）。

4）折线图替换（P50、最大值）

点击 P50 对应的堆积柱形图，鼠标右键，出现选项卡，选：设置数据系列格式。

注意

Excel 菜单一级图标"图表工具"有三个子图标"设计、布局、格式"，点击"设计"。

这时在菜单左上角出现选项"变更图表类型"，点击，选"折线图"（左起第一个），得到 P50 折线图替换，见图 22.6。

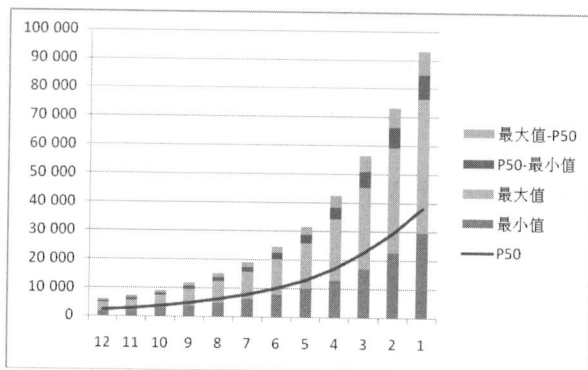

图 22.6　P50 折线图替换

按同样操作方法，得到最大值折线图替换，见图 22.7-1。

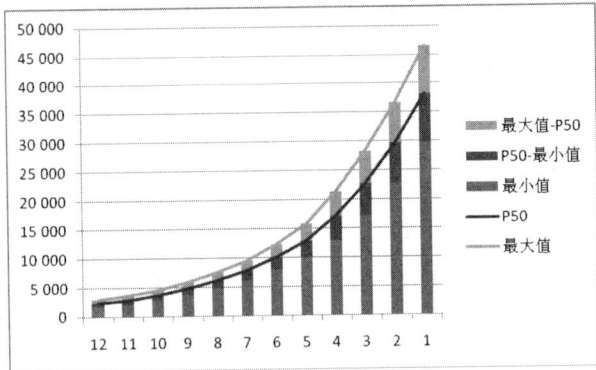

图 22.7-1　最大值折线图替换

5）堆积柱形图隐藏（最小值）

点击最小值对应的堆积柱形图，鼠标右键，出现选项卡，选：设置数据系列格式-填充-无，得到最小值的堆积柱形图被隐藏，见图 22.7-2。

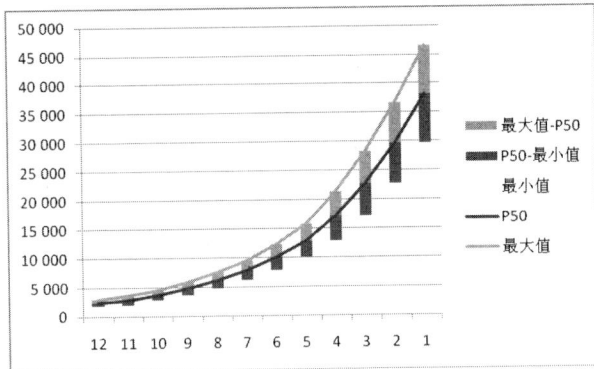

图 22.7-2　最小值堆积柱形图被隐藏

6）折线隐藏（最大值）

点击最大值的折线，鼠标右键，设置数据系列格式-线条颜色-无。

点击 P50 的折线，鼠标右键，设置数据系列格式-线条颜色-实线-黑色。设置数据系列格式-数据标记选项-内置-圆点；设置数据系列格式-数据标记填充-纯色填充-黑色。

得到折线隐藏后的堆积柱形图，见图 22.8。

7）调整柱形图

点击"最大值-P50"对应的堆积柱形图，鼠标右键，设置数据系列格式-填充-无，边框颜色-实线-黑色；

点击"P50-最小值"对应的堆积柱形图，鼠标右键，设置数据系列格式-填充-纯色填充-灰色，边框颜色-实现-黑色；

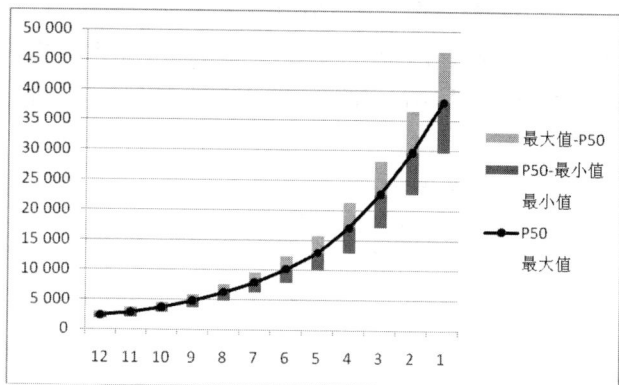

图 22.8　折线隐藏后的堆积柱形图

　　点击"P50-最小值"或"最大值-P50"的柱形图，鼠标右键，设置数据系列格式-系列选项-分类间距，调整数据为 50%。得到调整后的柱形图，见图 22.9。

注　意

　　10%，间距变小，但柱形图变宽；100%，间距变大，柱形图变窄。

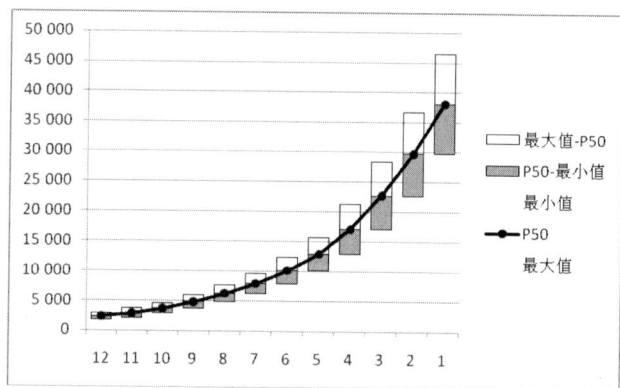

图 22.9　调整后的柱形图

8）优化规范表式

　　点击右侧的图例格式，鼠标右键，点击 2 次，删除不需要的图例，只保留 P50 的。得到图 22.10。注意：也设置图例格式-底部。

　　点击 X 轴数据，Excel 菜单一级图标"图表工具"选"布局"，坐标轴标题-主要横坐标标题-坐标轴下方标题，修改输入"职等"。

　　点击 Y 轴数据，坐标轴标题-主要纵做表标题-竖排标题，修改输入"薪点"。

　　图表标题-图表上方，修改输入"薪等架构图"。

　　得到规范后的薪等架构图，见前文图 22.1。

纵坐标的刻度也可以调整，设置坐标轴-坐标轴选项，最大值、主要刻度单位等。

制图技巧小结：虽然有 8 个小步骤，但关键步骤是：（1）制图取数，两列差额"P50-最小值"、"最大值-P50"；(2)堆积柱形图；（4）折线图替换；（5）堆积图隐藏；（6）折线图隐藏。

（2）Excel 制图方法 2：涨/跌柱法

1）制图取数

选取表 22.2 制图取数的三列数据：最小值、P50、最大值。

2）折线图

Excel 菜单的选项卡操作步骤：插入-折线图（左边第一个），得到初步加工的堆积柱形图，见图 22.10。

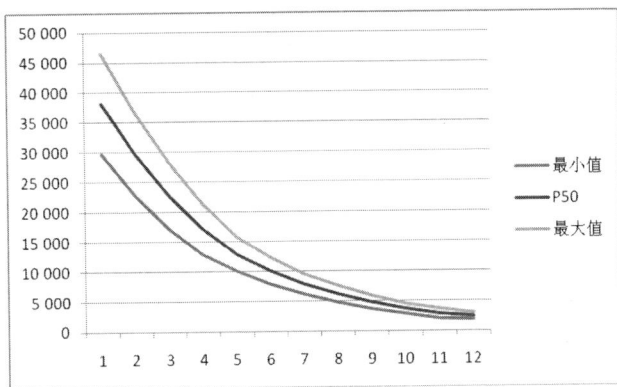

图 22.10　初步折线图

3）折线图调整

点击 X 轴（水平），鼠标右键，出现选项卡，选：设置坐标轴格式-坐标轴选项-打勾：逆序类别、最大分类，得到折线图调整，见图 22.11。

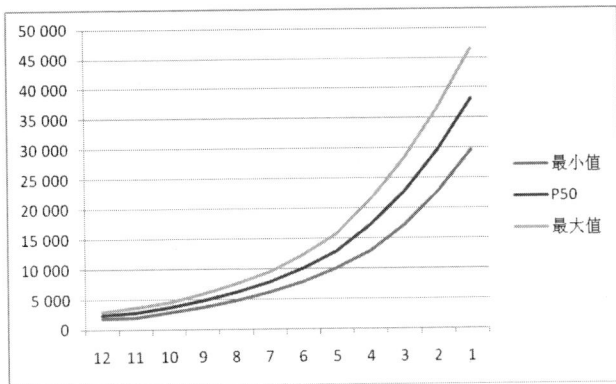

图 22.11　折线图调整

4）涨/跌柱

点击 P50 折线，Excel 菜单一级图标"图表工具"选"布局"-涨/跌柱-涨/跌柱线，得到涨/跌柱图初步。见图 22.12。

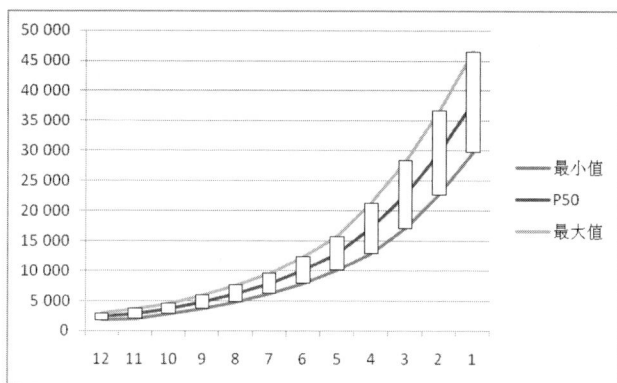

图 22.12　涨/跌柱图初步

5）隐藏折线（最大值、最小值）

隐藏最小值、最大值的折线，得到涨/跌柱图调整。见图 22.13。

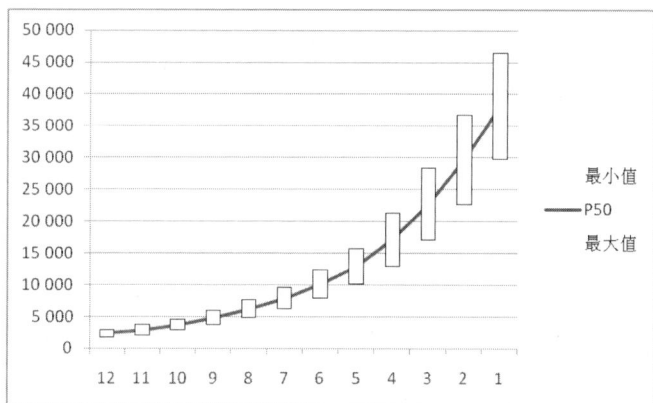

图 22.13　隐藏折线的涨/跌柱图

6）优化规范图式

借鉴制图方法 1 的优化规范图式的操作步骤，得到规范后的薪等架构图，见 23.14。

7）变化情况

图 22.14 不够规范之处在于，P50 折线在涨/跌柱的后面，看上去不连贯。如果需要让 P50 折线在涨/跌柱前面，看上去连贯，需要对表 22.2 三列取数的行顺序作调整（从上到下，依次为职等 12、11，直到职等 1，数据也相应调整）。

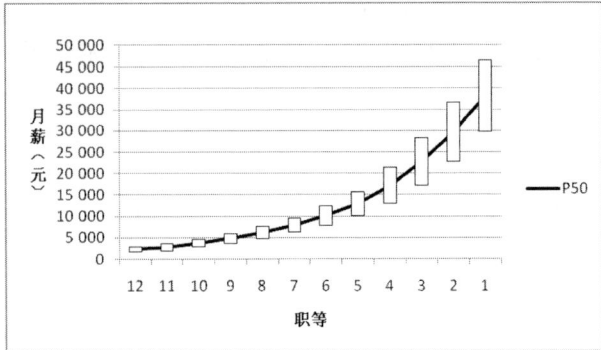

图 22.14　规范后的薪等架构图-涨/跌柱法

此时，点击 P50 折线，鼠标右键，设置数据系列格式-系列选项-次坐标轴，就会实现，见图 22.15。

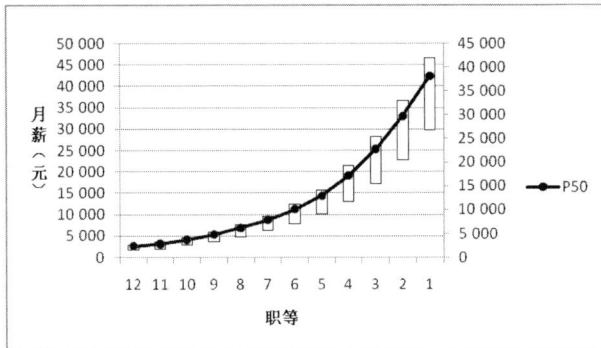

图 22.15　薪等架构图-涨/跌柱法

8）制图方法 2 小结

涨/跌柱法的制图取数，不要增加两列差额。关键要能找到"涨/跌柱线"的选项在哪里（菜单的图表工具的"布局"）。

其次就是数据行的高低调整，P50 折线能够运用系列选项的次坐标轴，让 P50 折线显示到涨/跌柱前面，看起来连贯。

涨/跌柱法制作的框图是一个，而"堆积柱形图+折线图法"制作的框图是上、下两半段组合的。

22.1.2　薪酬曲线图的制作

（1）制图取数（P10 P25 P50 P75 P90）

根据表 22.1 薪等薪级表数据进行取数，得到五组百分位数：P10、P25、P50、

P75、P90。

百分位数的 Excel 公式是 PERCENTILE（数据 1:数据 n,参数)，参数在 0~1 之间，P10、P25、P50、P75、P90 的参数分别是：0.1、0.25、0.5、0.75、0.9。

假定薪级 1、薪级 15 在 B 列、P 列,P10 在 R 列，职等 1 在第 3 行，则百分位 10(即 P10) 的 公式 设置：P10=PERCENTILE(B3:P3,0.1)。复制公式，把参数替换为 0.25,0.5,0.75,0.9，则得到另外的百分位数 P25、P50、P75、P90 的公式设置。下拉，得到所有职等的各百分位数的公式设置和数据。见表 22.3。

表 22.3　制图取数（P10 P25 P50 P75 P90）

职　　等	P10	P25	P50	P75	P90
1	31 400	33 920	38 120	42 320	44 840
2	24 120	26 220	29 720	33 220	35 320
3	18 240	19 920	22 720	25 520	27 200
4	13 760	15 020	17 120	19 220	20 480
5	10 680	11 520	12 920	14 320	15 160
6	8 328	9 000	10 120	11 240	11 912
7	6 536	7 040	7 880	8 720	9 224
8	5 080	5 500	6 200	6 900	7 320
9	3 904	4 240	4 800	5 360	5 696
10	3 008	3 260	3 680	4 100	4 352
11	2 168	2 420	2 840	3 260	3 512
12	1 912	2 080	2 360	2 640	2 808

（2）折线图初步

选取五组数据（职等除外），插入-折线图（左面第一个），得到五条薪酬曲线初步，见图 22.16。

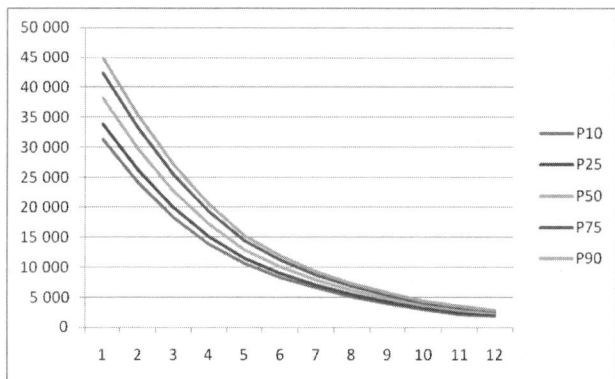

图 22.16　五条薪酬曲线初步

（3）薪酬曲线调整

点击 X 轴数据，鼠标右键，设置坐标轴格式-逆序类别、最大分类，得到调整后的薪酬曲线初步，见图 22.17。

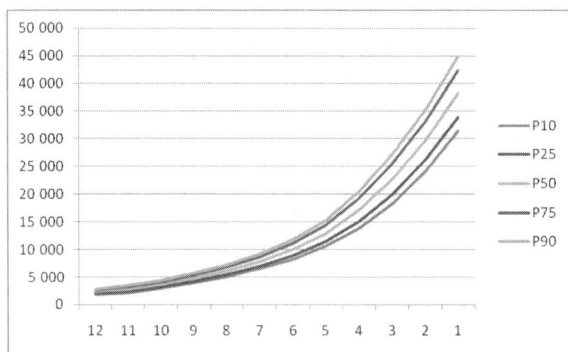

图 22.17　调整后的薪酬曲线初步

（4）优化规范图式

规范后的薪酬曲线图，见图 22.18

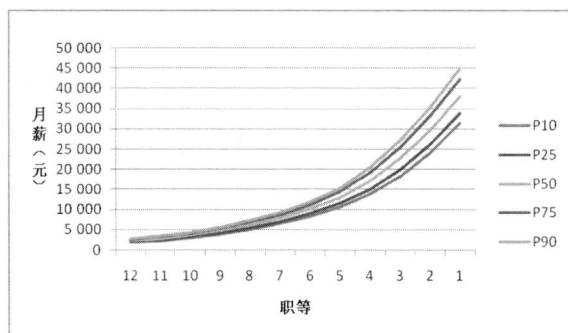

图 22.18　规范后的薪酬曲线图

（5）用线型代替线条颜色

电脑 Excel 表显示线条颜色是清晰的，但书中容易混淆，可以考虑用线型代替颜色。见图 22.19。

（6）图例顺序调整

就得到图 22.2 薪酬曲线图。

（7）薪酬曲线低端职位部分的放大

在咨询公司提供的调研报告中，咨询顾问经常诊断分析薪酬曲线的合理性，比如低端职位、中端职位、高端职位，但是低端职位的曲线几乎叠加在一起，从阅读对象来看，顾问所说的其实从图上无从看到。因此，需要把薪酬曲线的低端职位部分放大，就可以看到五条曲线的情况。见图 22.20。

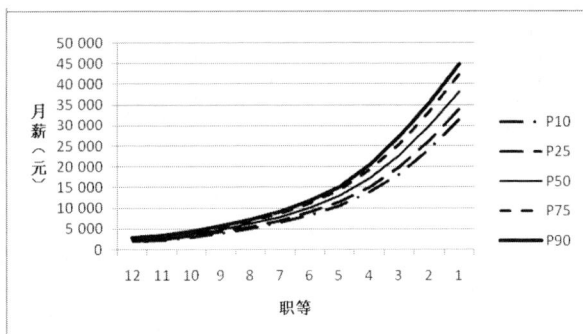

图 22.19　线型代替颜色的薪酬曲线图

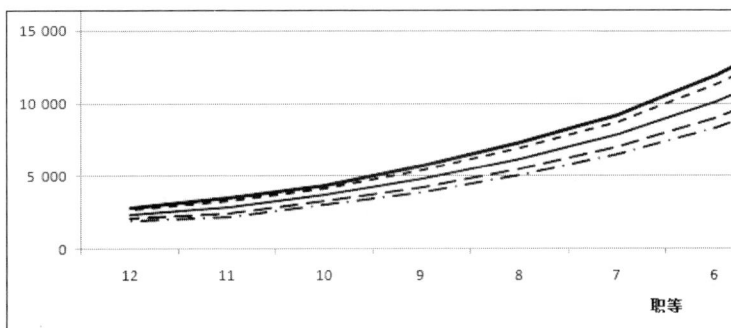

图 22.20　薪酬曲线低端职位部分的放大

（8）变化

掌握了五条薪酬曲线的制图技巧，就可以得心应手的制作变化，比如三条曲线
（P25 P50 P75），单条曲线（P50），四条曲线（P25 P50 P75 公司实际数据）。制作方
法略过，只看最后的结果图式。

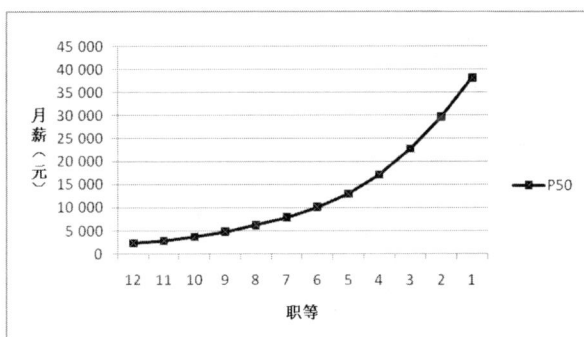

图 22.21　薪酬曲线 P50

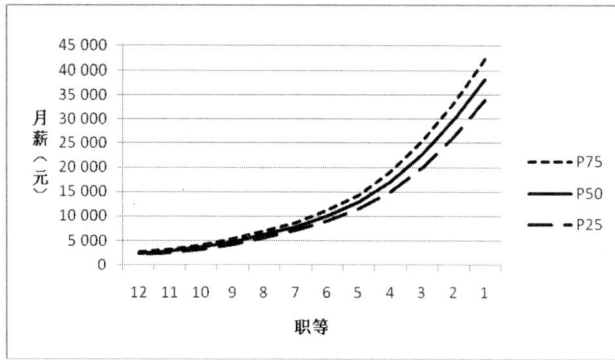

图 22.22　薪酬曲线 P25 P50 P75

（9）薪酬曲线对比（市场数据与本公司数据）

前面只是呈现了外部市场薪酬数据的水平。要想直观了解本公司与外部市场数据的差异，就要做薪酬曲线对比。有的咨询公司提供五条外部曲线与本公司，一共六条。为简化起见，本章选取三条外部薪酬曲线（P25 P50 P75）与本公司数据，一共四条。

假定相关数据，见表 22.4。

表 22.4　制图取数（P25 P50 P75 本公司数据）

职等	P10	P25	P50	P75	P90	本公司
1	31 400	33 920	38 120	42 320	44 840	28 000
2	24 120	26 220	29 720	33 220	35 320	30 000
3	18 240	19 920	22 720	25 520	27 200	24 000
4	13 760	15 020	17 120	19 220	20 480	12 400
5	10 680	11 520	12 920	14 320	15 160	12 000
6	8 328	9 000	10 120	11 240	11 912	8 800
7	6 536	7 040	7 880	8 720	9 224	8 400
8	5 080	5 500	6 200	6 900	7 320	6 000
9	3 904	4 240	4 800	5 360	5 696	5 600
10	3 008	3 260	3 680	4 100	4 352	6 000
11	2 168	2 420	2 840	3 260	3 512	3 400
12	1 912	2 080	2 360	2 640	2 808	2 800

制图得到薪酬曲线对比，见图 22.23。

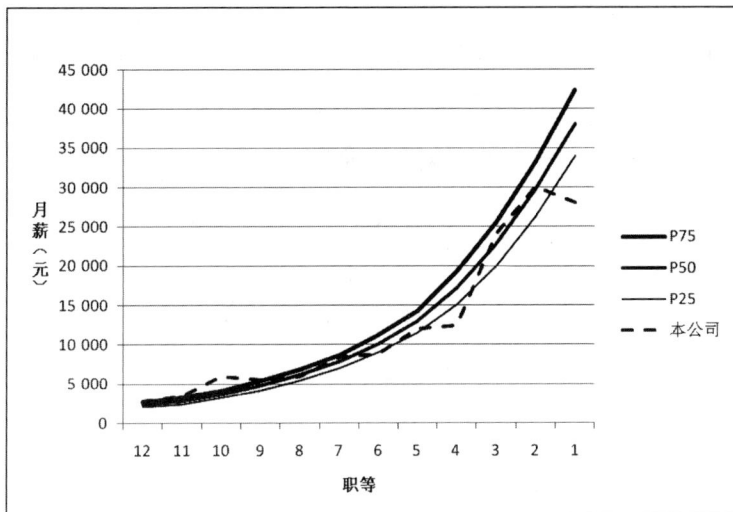

图 22.23　薪酬曲线对比

可以看到：低端职位职等 10，本公司数据超过了 P75；中端职位职等 4，本公司数据低于 P25；高段职位职等 1，本公司数据低于 P25。这些明显有着不合理，需要分析调整。

高端职位职等 2、3 在 P50 与 P75 之间，比较领先水平；中端职位 5,6 接近 P25；其他低端职位其实在图上已经看不清楚了，需要放大或直接看表 22.4 的数据对比。

22.1.3　薪酬结构图的制作

假定某咨询公司制定的统一职位层级有 4 个：员工层、主管层、经理层、高管层；统一的薪酬结构划分为 4 部分：年度基本现金收入总额 a、年度补贴总额 b、年度变动收入总额 c、年度福利总额 d。

（1）制图取数

薪酬结构比例表，见表 22.5。

表 22.5　薪酬结构比例表

职位层级	年度基本现金收入总额 a	年度补贴总额 b	年度变动收入总额 c	年度福利总额 d
员工层	53.0%	7.1%	12.0%	27.9%
主管层	54.0%	5.0%	18.0%	23.0%
经理层	52.5%	6.0%	21.4%	20.1%
高管层	51.0%	4.1%	27.0%	17.9%

（2）百分比堆积条形图

在 Excel 中选择插入-条形图-百分比堆积条形图（左起第三个），得到图 22.24。

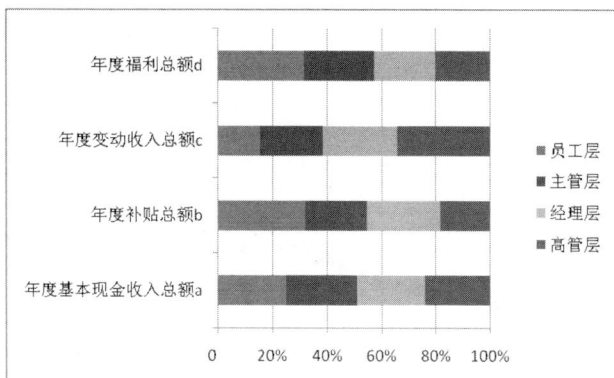

图 22.24　百分比堆积条形图初步

点击条形图任意部分，鼠标右键，设置数据系列格式-选择数据-切换行列，得到图 22.25。

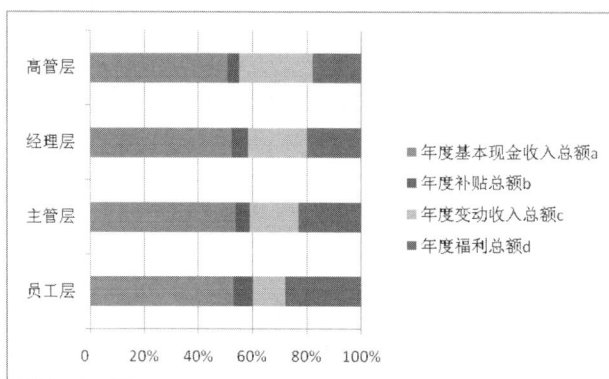

图 22.25　百分比堆积条形图（行列切换）

（3）优化规范

点击条形图任意部分，鼠标右键，设置数据标签格式-值。

右侧图例调整为底部。

得到调整后的薪酬结构比例图，见图 22.26。

在 Excel 表或电脑阅读时，不同颜色的填充色有明显区别。但在书中，可用图案填充代替颜色填充。就得到了图 22.3。

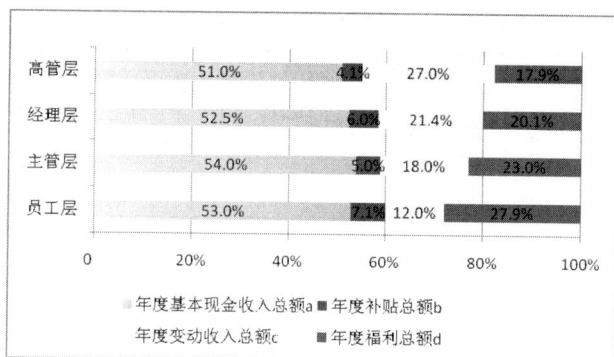

图 22.26 调整后的薪酬结构比例图

22.1.4 薪酬结构层次与薪酬曲线分析的结合

（1）数据转换

对表 22.5 薪酬结构比例表进行加工（叠加），得到年度基本现金收入 A、年度固定现金收入 B、年度直接薪酬 C、年度总薪酬 D 的薪酬结构比例（叠加），见表 22.6。

表 22.6 薪酬结构比例（叠加）

职位层级	年度基本现金收入 A=a	年度固定现金收入 B=a+b	年度直接薪酬 C=a+b+c	年度总薪酬 D=a+b+c+d
员工层	53.0%	60.1%	72.1%	100.0%
主管层	54.0%	59.0%	77.0%	100.0%
经理层	52.5%	58.5%	79.9%	100.0%
高管层	51.0%	55.1%	82.1%	100.0%

假定在某咨询公司制定的规则下，统一的职位层级与本公司的职等对应关系，见表 22.7。

表 22.7 统一的职位层级与本公司职等对应归类

职位层级	职等对应
员工层	12~9
主管层	8~6
经理层	5~4
高管层	3~1

（2）四类薪酬曲线图表

1）年度基本现金收入 A 的薪酬曲线，见表 22.8，图 22.27。

表 22.8　薪酬曲线-年度基本现金收入

职等	P10	P25	P50	P75	P90
1	16 014	17 299	19 441	21 583	22 868
2	12 301	13 372	15 157	16 942	18 013
3	9 302	10 159	11 587	13 015	13 872
4	7 224	7 886	8 988	10 091	10 752
5	5 607	6 048	6 783	7 518	7 959
6	4 497	4 860	5 465	6 070	6 432
7	3 529	3 802	4 255	4 709	4 981
8	2 743	2 970	3 348	3 726	3 953
9	2 069	2 247	2 544	2 841	3 019
10	1 594	1 728	1 950	2 173	2 307
11	1 149	1 283	1 505	1 728	1 861
12	1 013	1 102	1 251	1 399	1 488

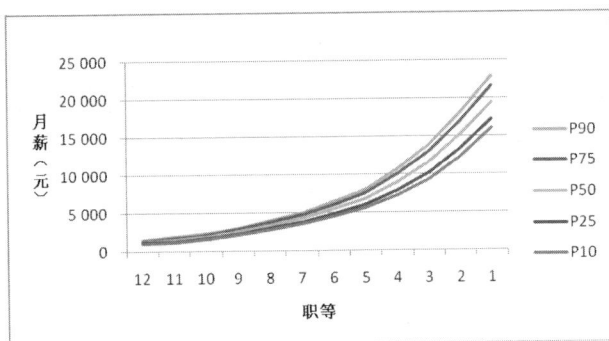

图 22.27　年度基本现金收入的薪酬曲线图

2）年度固定现金收入 B 的薪酬曲线，见表 22.9，图 22.28。

表 22.9　年度固定现金收入

职等	P10	P25	P50	P75	P90
1	17 301	18 690	21 004	23 318	24 707
2	13 290	14 447	16 376	18 304	19 461
3	10 050	10 976	12 519	14 062	14 987
4	8 050	8 787	10 015	11 244	11 981
5	6 248	6 739	7 558	8 377	8 869
6	4 914	5 310	5 971	6 632	7 028

续上表

职等	P10	P25	P50	P75	P90
7	3 856	4 154	4 649	5 145	5 442
8	2 997	3 245	3 658	4 071	4 319
9	2 346	2 548	2 885	3 221	3 423
10	1 808	1 959	2 212	2 464	2 616
11	1 303	1 454	1 707	1 959	2 111
12	1 149	1 250	1 418	1 587	1 688

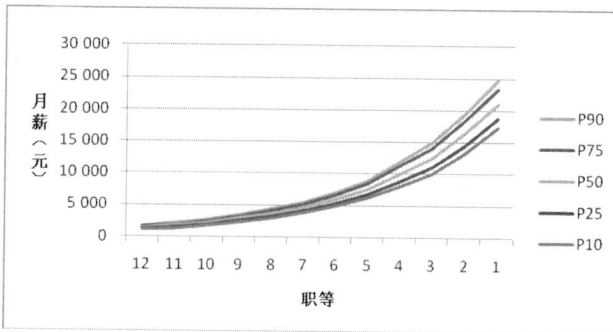

图 22.28　年度固定现金收入的薪酬曲线图

3）年度直接薪酬的薪酬曲线，见表 22.10，图 22.29。

表 22.10　薪酬曲线-年度直接薪酬

职等	P10	P25	P50	P75	P90
1	25 779	27 848	31 297	34 745	36 814
2	19 803	21 527	24 400	27 274	28 998
3	14 975	16 354	18 653	20 952	22 331
4	10 994	12 001	13 679	15 357	16 364
5	8 533	9 204	10 323	11 442	12 113
6	6 413	6 930	7 792	8 655	9 172
7	5 033	5 421	6 068	6 714	7 102
8	3 912	4 235	4 774	5 313	5 636
9	2 815	3 057	3 461	3 865	4 107
10	2 169	2 350	2 653	2 956	3 138
11	1 563	1 745	2 048	2 350	2 532
12	1 379	1 500	1 702	1 903	2 025

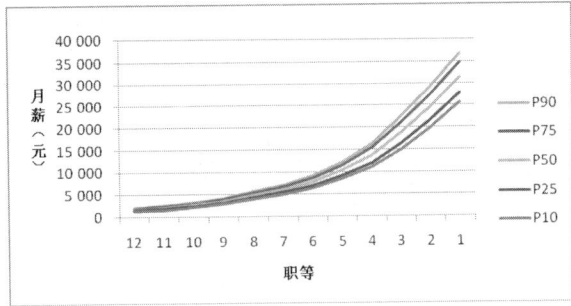

图 22.29　年度直接薪酬的薪酬曲线图

4）年度总薪酬的薪酬曲线，见表 22.11，图 22.30。

表 22.11　年度总薪酬

职等	P10	P25	P50	P75	P90
1	31 400	33 920	38 120	42 320	44 840
2	24 120	26 220	29 720	33 220	35 320
3	18 240	19 920	22 720	25 520	27 200
4	13 760	15 020	17 120	19 220	20 480
5	10 680	11 520	12 920	14 320	15 160
6	8 328	9 000	10 120	11 240	11 912
7	6 536	7 040	7 880	8 720	9 224
8	5 080	5 500	6 200	6 900	7 320
9	3 904	4 240	4 800	5 360	5 696
10	3 008	3 260	3 680	4 100	4 352
11	2 168	2 420	2 840	3 260	3 512
12	1 912	2 080	2 360	2 640	2 808

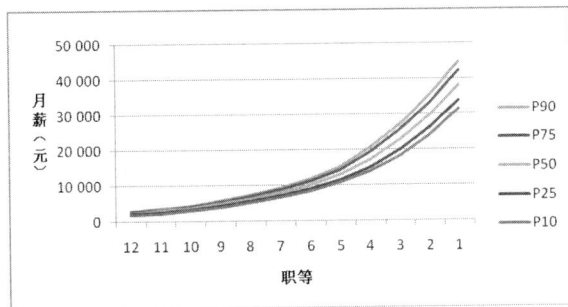

图 22.30　年度总薪酬的薪酬曲线图

22.2 一张样表（表式的不同）

某咨询公司的调研报告中，有岗位薪酬总览报告。见表 22.12。

在表式方面，它看上去显得规范，主要是：隐藏了数据的格子线条，看上去清爽；表头留下的部分线条加粗，醒目有层次。数值使用了千分位隔符（如 32,920）、阴影部分（百分位栏）。

这种在 Excel 表设置处理后，变成 PDF 文档或打印报告，看到上去显得专业、规范。

在数据内容表达方面，每一个岗位可以看到代码、职位名称、薪酬、百分位数、样本数量。

薪酬有几个层次（跟薪酬结构划分和叠加有关）：年度总薪酬、年度直接薪酬总额、年度总现金收入、固定年薪、基本薪金。

百分位数包括：P10、P25、P50、P75、P90,还包括平均值。

样本数量包括多少个公司、多少个个人。

本表与前面分结构薪酬曲线的本质是一样的，一个用表式（可以查看数据）、一个用图式（直观）。

本表来源于某咨询公司薪酬调研报告的样表，对数据作了部分微调处理。

表 22.12 岗位薪酬总揽报告样表

岗位薪资福利调查报告   报告类型：综合报告
薪酬总揽   单位：元（人民币）

代码	职位名称	薪酬	百分位数						样本数量	
			10 分位	25 分位	50 分位	75 分位	90 分位	平均值	公司	个人
D0080161	工程师	年度总薪酬	32 920	40 980	46 440	55 260	76 360	50 895	7	22
		年度直接薪酬总额	25 320	30 890	35 910	43 480	59 760	39 963	7	22
		年度总现金收入	23 910	29 050	34 020	40 780	56 755	37 342	7	22
		固定年薪	21 800	26 620	31 780	38 350	51 050	34 008	7	22
		基本薪金	19 470	23 610	28 310	34 470	43 330	29 681	7	22
D0160271	生产副总	年度总薪酬	32 910	40 980	46 440	55 260	76 360	50 899	9	11
		年度直接薪酬总额	25 320	30 890	35 910	43 480	59 755	39 962	9	11
		年度总现金收入	23 910	29 050	34 020	40 780	56 755	37 343	9	11
		固定年薪	21 800	26 620	31 780	38 350	51 050	34 005	9	11
		基本薪金	19 465	23 605	28 310	34 470	43 330	29 682	9	11

22.3 薪酬调研的实施过程步骤（组织与参加的不同角度）

22.3.1 第三方薪酬调研的定义

本章介绍的薪酬调查主要指第三方组织的薪酬调研。某咨询公司 T 对薪酬调研的定义：

由专业咨询公司组织，一定数量的具有相同地区或相似行业的企业参加。由专业咨询公司提供问卷，参加企业按照本企业的实际薪资数据填写问卷。专业咨询公司将企业填写的薪酬数据进行汇总统计并按照一定规则排序，形成统计报告。薪酬调研分类：地区、行业、投资类型。

关于为什么企业要取参加薪酬调查的目的，通常是为了满足薪酬体系设计的外部竞争、内部公平、成本合理，了解市场信息、查询调薪依据、控制人工成本、完善薪酬体系、吸引人才招聘、改善薪资福利，本公司数据与市场数据（P10、P25、P50、P75、P90）对比的薪酬曲线图，公司薪酬定位分析（对比分析）。

22.3.2 薪酬调研步骤（第三方与企业方的角度）

图书、杂志、网站等提及的薪酬调查，一般是从咨询公司的角度描述，如参加薪酬调查的步骤：调研邀请、岗位评估、职位匹配、收集数据、制作报告、成果发布。

T 咨询公司 2006 年华东服装行业薪酬福利调研邀请函中，说明了它的行业薪酬福利调研流程：邀请参与、职位匹配、数据收集、数据审核、分析制作、提交报告。为了最大限度地节约客户的宝贵时间，整个工作流程中只有职位匹配和数据填写阶段由咨询公司与客户共同完成，其他部分的工作均由咨询公司独立完成。

但是，对于企业 HR 来说，参加并付费购买薪资调研报告是一个类似项目选型的采购过程，有些环节有较大的工作量，有些环节则是咨询公司的后台工作，与 HR 无关。（虽然 HR 了解后台的制作过程对自我提升有好处）。

上述六个步骤，企业 HR 需要做的工作涉及：调研邀请（判断性价比和需求，填报信息表）、岗位评估（现有公司的岗位说明书整理、搞清楚咨询公司提供的岗位评估模型和评分标准、过程）、职位匹配（把本公司的职位统一归入到第三方咨询公司的统一尺度中去），然后就是成果发布（阅读打印版报告和详细的软件数据），最后是选取调研报告的数据，结合到本公司进行运用。

而收据数据、制作报告这两个步骤是咨询公司的后台工作，HR 不需要投入工作量。前面 23.1 和 23.2 用 Excel 制图方法和制表的技巧介绍，实际就是咨询公司在收集数据、制作报告后台工作的部分揭示。

22.4 参加薪酬调研的商务合作要点

通常企业 HR 会收到咨询公司的薪酬福利调研邀请函，可以通过邀请函的信息研判是否要参加。

邀请函一般会告知：调研流程、时间安排、报价方案、参加调研好处、咨询公司简介；或者还有免费报告样本索取。附件报名回执。

22.4.1 调研流程和时间安排

某咨询公司 T2006 年的薪酬福利调研邀请函的调研流程和时间安排如下：

一、调研邀请（1 月中旬～5 月上旬）

二、职位匹配（4 月下旬～5 月中旬）

三、数据收集、审核（5 月中旬～6 月中旬）

四、提交报告（6 月下旬）

五、持续服务（2006.6～2007.5）

22.4.2 报价方案比较

2006 年，某咨询公司 T 的报价（华东地区+服装行业）：

1 万元：标准版《2006 年度华东服装行业薪酬福利调研报告》（含公司定制分析模块）

1.5 万元：增值版《2006 年度华东服装行业薪酬福利调研报告》（含公司定制分析模块）+薪酬建议书（各职能序列、各岗位的定薪建议）

2006 年，某咨询公司 T 的报价（服装行业，全国）：

1.5 万元：标准版；2 万元：增值版。

另外提供增值服务：根据企业名录邀请目标企业，单价 0.8 万元/家，10 家左右，报价 6.4 万～8 万元。

22.4.3 ××集团数据咨询项目方案

针对××集团的 200×年度薪酬数据服务的需求,咨询公司 T 特提交以下方案供决策。

一、方案与服务内容

方案一 选择咨询公司 T 标准的行业薪酬福利调研服务

1. 主要思路

××集团今年会参加外部咨询机构的行业薪酬调研，以此来了解外部市场的薪酬变化情况，为自身员工招聘、吸引、保留达到参考作用。咨询公司 T 的建议是：参加咨询公司 T "200×年服装行业薪酬福利水平调研"，获得《200×年服装行业薪酬福利水平调研报告》。

通过行业薪酬调研报告，可以了解服装行业市场薪酬的整体情况，也可以了解自身的薪酬体系在市场中的定位。

2．服务内容

将获得咨询公司 T 专业的职位匹配服务;将获得《200×年服装行业薪酬福利水平调研报告》;将获得《薪酬建议书》;将获得咨询公司 T 一年内不定期的行业研讨会参会资格

3．相关价格

RMB15 000 元整

方案二　选择咨询公司 T 客户群体定制性的行业调研服务

1．主要思路

是根据××集团的资深行业背景和企业规模以及人员流动方向，给出针对客户群体的岗位薪酬分析。

目前服装行业的人才竞争异常激烈，年度之间的薪酬调整受到多种因素的影响，为了能使贵公司以最具竞争性的薪资投入留住优秀的人才，也为了能为明年更好的发展奠定基础，咨询公司 T 的建议是：全方位更精确地了解市场薪酬福利水平，在这个过程中，我们会按照贵司提供的企业名录进行邀请，让公司详细了解目前行业内的薪酬变化情况，制定有竞争力的薪酬体系。

2．服务内容

将获得咨询公司 T 专业的职位匹配服务;将获得《××集团定制薪酬数据分析报告》;免费获赠价值 RMB3 000 元的咨询公司 T 上门报告讲解服务一次；将获得咨询公司 T 一年内不定期的行业研讨会参会资格。

3．相关价格

选择企业名录费用 RMB8 000 元/家，此项服务为了确保样本量的足够、精确，一般建议企业选用 10 家左右。

考虑到邀请企业的成功率，建议给太和 15～20 个的客户名录进行邀请。

整项服务报价 RMB64 000～80 000 元整 ，此项服务所选择企业在 8～10 家。

方案三　选择咨询公司 T 序列定制性的行业调研服务

1．主要思路

由于××集团中各个序列的人员流动方向不一致，而集团侧重考虑的岗位分散在各个序列中，部分岗位的人员流动方向可能并不仅仅局限于服装行业或者华东地区，咨询公司 T 的建议是：普通岗位参加咨询公司 T "200×年服装行业薪酬福利水平调研"。对于关键岗位或者关键序列，咨询公司 T 将针对不同岗位的不同特点，与您沟通后，按照定制的服务制作。

您所提出的关键岗位如下：总经理、设计师（共 2 个）

您提出的关键序列如下：生产序列（包括车间主任及小样工）、销售序列（包括内销人员，外销人员⋯⋯等），共 2 个。

在此项报告提供中，由于数据来源较复杂，将不罗列客户名称。

2．服务内容

将获得咨询公司 T 专业的职位匹配服务；将获得《××集团定制薪酬数据分析报告》；将获得《薪酬建议书》；将获得咨询公司 T 一年内不定期的行业研讨会参会资格

3．相关价格

选择岗位费用：RMB1 500 元／岗

选择序列费用：RMB8 000 元／序列

其余部分岗位参与普通行查，费用：15 000 元。

如果按照以上的关键岗位和关键序列整体定价为：34 000 元。

二、比较方案

方案一：建立在大量数据基础上的行业调查报告，可以让公司清晰地了解到市场薪酬信息，以及自身的薪酬体系在市场上的对比关系。费用较低，针对性较弱。

方案二：由竞争对手构成的市场数据环境，有利于公司制定更有竞争力的薪酬体系。费用很高，针对性极强。

方案三：在了解外部信息的基础上，针对不同岗位不同流动方向的具体情况制作出的报告，可以帮助公司以最优惠的成本吸引到最优秀的人才。企业可以根据自己的战略发展了解其他区域的岗位薪酬情况，有利于企业发展的长期规划。费用较低，针对性较强。

综述所有报价方案，见表 22.13。

表 22.13　薪酬福利调研方案报价比较

方　案	获得数据产品	获赠服务	报　价	费用比较	针对性比较
方案一	《标准报告》《薪酬建议书》	1. 咨询公司 T 专业的职位匹配服务 2. 咨询公司 T 一年内不定期的行业研讨会参会资格	￥15 000	最低	较弱
方案二	《定制报告》《薪酬建议书》	1. 咨询公司 T 专业的职位匹配服务 2. 咨询公司 T 一年内不定期的行业研讨会参会资格 3. 上门讲解报告一次	￥80 000	最高	最强
方案三	《定制报告》《薪酬建议书》	1. 咨询公司 T 专业的职位匹配服务 2. 咨询公司 T 一年内不定期的行业研讨会参会资格	￥34 000	较低	较强
补选方案		上门讲解报告一次	￥3 000		

《标准报告》即《200×年服装行业薪酬福利水平调研报告》

《定制报告》即《××集团定制薪酬数据分析报告》

感谢××集团审阅该建议书，希望咨询公司 T 专业、客户化的数据咨询服务能够对您的薪酬管理工作真正提供帮助。

200×年×月×日

22.5 薪酬调研专业术语的通俗解读（图解与数据测算）

22.5.1 中位数、四分位数、百分位数的 Excel 公式设置小结

（1）只计算中位数时，可用 MEDIAN(数据 1:数据 n)。

（2）计算四分位数时，可用 QUARTILE（数据 1:数据 n，参数）。参数分别为：0、1、2、3、4。

第一个四分位（P25，或 Q1）=QUARTILE(P3:P8,1)

第二个四分位（P50，或 Q2）=QUARTILE(P3:P8,2)

第三个四分位（P75，或 Q3）=QUARTILE(P3:P8,3)

（3）需计算百分位数时，可用 PERCENTILE(数据 1:数据 n，参数)。参数为：0~1 之间。

第 10 个百分位（P10）=PERCENTILE(P3:P8,0.1)

第 25 个百分位（P25）=PERCENTILE(P3:P8,0.25)

第 50 个百分位（P50）=PERCENTILE(P3:P8,0.5)

第 75 个百分位（P75）=PERCENTILE(P3:P8,0.75)

第 90 个百分位（P90）=PERCENTILE(P3:P8,0.9)

因此，中位值、四分位值,包括最小值、最大值，都可以直接用百分位数公式设置参数得到。

P10，意思是在所有数据中，从高到低排序处于第 10%位置的数。也就是有 10%的数比它低。

P25、P50、P75、P90，均可作上述理解。

22.5.2 幅宽、重叠度、中位值、上限、下限、等差、级差、薪酬政策

（1）幅宽和幅宽率

职等（薪等）是一组数据，它有最小值 a（下限）、最大值 b（上限）、中间值 d

（P50）。上限-下限的差额 c，也就是每组数据的范围，叫幅宽 c。幅宽率 c%=(b-a)/a。

幅宽率的计算，见表 22.14。可以看到，幅宽率在 60%左右，但每组有所区别，职等 2 的幅宽率 84%。

表 22.14　幅宽率的计算

职　等	最小值	P50	最大值	幅　宽	幅宽率
代码	a	d	b	c=b-a	c%=(b-a)/a
12	1 800	2 360	2 920	1 120	62%
11	2 000	2 840	3 680	1 680	84%
10	2 840	3 680	4 520	1 680	59%
9	3 680	4 800	5 920	2 240	61%
8	4 800	6 200	7 600	2 800	58%
7	6 200	7 880	9 560	3 360	54%
6	7 880	10 120	12 360	4 480	57%
5	10 120	12 920	15 720	5 600	55%
4	12 920	17 120	21 320	8 400	65%
3	17 120	22 720	28 320	11 200	65%
2	22 720	29 720	36 720	14 000	62%
1	29 720	38 120	46 520	16 800	57%

假如通过付费购买咨询公司的薪酬调研报告，知道了中位数 P50，幅宽率确定每组都控制在 60%，此时如何确定每组数据的下限和上限？见表 22.15。

表 22.15　如何通过中位数和幅宽率倒推计算最小值和最大值

职　等	最小值	P50	最大值	幅　宽	幅宽率
代码	a	d	b	c=b-a	c%=(b-a)/a
12		2 360			60%
11		2 840			60%
10		3 680			60%
9		4 800			60%
8		6 200			60%
7		7 880			60%
6		10 120			60%
5		12 920			60%
4		17 120			60%
3		22 720			60%
2		29 720			60%
1		38 120			60%

（2）中位数和最小值、最大值的计算关系

中位数 d 和最小值 a、最大值 b 的计算关系：

d*2=a+b

单组数据的计算关系，选取职等 4，见图 22.31。

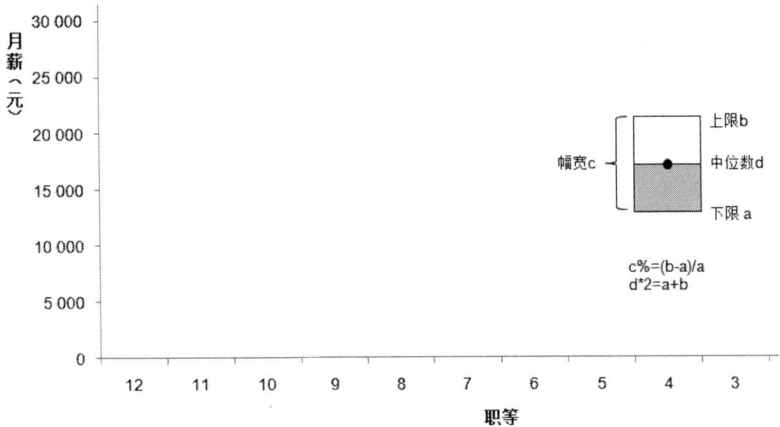

图 22.31　单组数据的计算关系（选取职等 4）

该组柱形图悬浮在坐标轴上，所谓下限 a，实际是高度为 a-0 的柱形图（被隐藏了），所谓上限 b，实际是高度为 b-0 的柱形图（被隐藏了 a-0 部分），所谓中位数 d，实际是高度为 d-0 的柱形图（被隐藏了 a-0 部分）。既然中位数是这组数据的第 50%位的数据，因此高度 d*2 倍=高度 a+高度 b。

(b-a)/a=60%,则 b=a*160%

d*2=a+b,则 d*2=a*(1+160%),

a=d*2/(1+160%)

b=a*160%

c=b-a

则在已知中位数和幅宽率的情况下，可先后计算出最小值、最大值、幅宽等。见表 22.16。

表 22.16　通过中位数和幅宽率得到最小值、最大值的结果

职　　等	最小值	P50	最大值	幅　宽	幅宽率
代码	a	d	b	c=b-a	c%=(b-a)/a
12	1 815	2 360	2 905	1 089	60%
11	2 185	2 840	3 495	1 311	60%
10	2 831	3 680	4 529	1 698	60%
9	3 692	4 800	5 908	2 215	60%

职 等	最小值	P50	最大值	幅 宽	幅宽率
8	4 769	6 200	7 631	2 862	60%
7	6 062	7 880	9 698	3 637	60%
6	7 785	10 120	12 455	4 671	60%
5	9 938	12 920	15 902	5 963	60%
4	13 169	17 120	21 071	7 902	60%
3	17 477	22 720	27 963	10 486	60%
2	22 862	29 720	36 578	13 717	60%
1	29 323	38 120	46 917	17 594	60%

在第五章表 5.3 薪点表的设置过程，是从某个职等的最小值为 1 开始起步，按照等内的每薪级差距得到中间值。上等的起步薪级最小值又与下等的中间值链接。因此，按照专业的薪酬调研得到外部市场数据的 P50，同时确定幅宽率，这时通过计算关系得出最小值、最大值，做法套路是不同的前后因果关系。

（3）等差、倍率和级差

等差是上个职等与下个职等的差距，可以用各自的最大值相减，也可以用各自的最小值相减。一般采取各自的中位数 P50 的值相减。

截取薪等架构图，职等 3 的 P50=22720 元，职等 4 的 P50=17120 元，则对应等差=22720-17120=5600 元。

倍率：

倍率=上一职等的中位数/下一职等的中位数

职等 3 与 4 的倍率=22720/17120=1.33

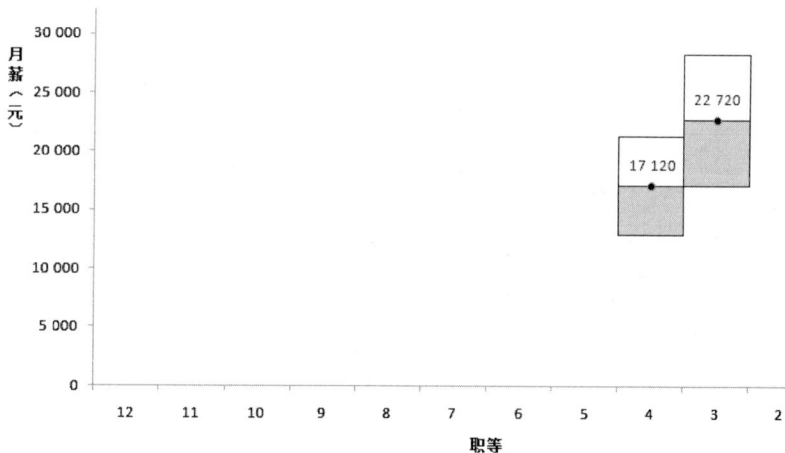

图 22.32　等差的图解

级差是每个职等内划分的上、下薪级数值的差额。可以理解为上图每组数据的柱形图内，划分为均等的小级别。

（4）重叠度的计算

重叠度=（下一职等的最大值-上一值等的最小值）/（下一职等的最大值-下一职等的最小值）

以职等 4 和职等 3 为例。

重叠度=（职等 4 的最大值-职等 3 的最小值）/（职等 4 的最大值-职等 4 的最小值）=（21320-17120）/(21320-12920)=4200/8400=50%

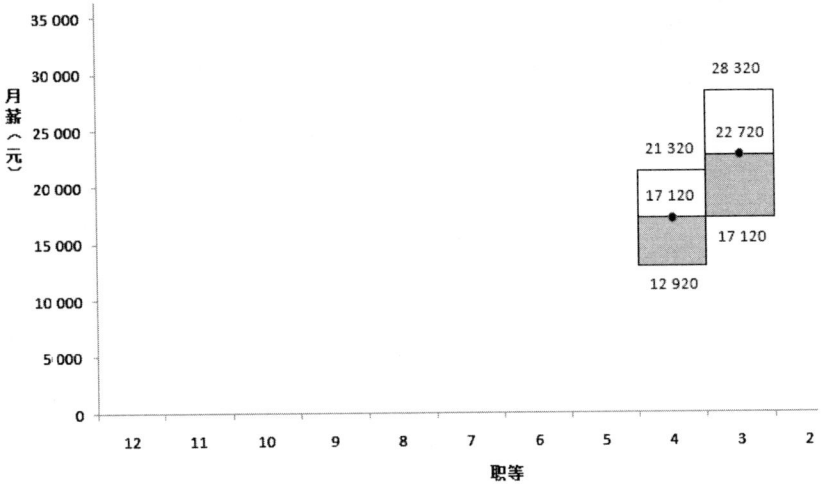

图 22.33　重叠度的图解（职等 4 与 3）

各职等的重叠度计算，见表 22.17。

表 22.17　各职等的重叠度计算

职等	最小值	P50	最大值	幅宽	重叠 e=下一职等的最大值-上一职等的最小值	重叠度 e%
代码	a	d	b	c=b-a		e%=e/c
12	1 800	2 360	2 920	1 120	920	82%
11	2 000	2 840	3 680	1 680	840	50%
10	2 840	3 680	4 520	1 680	840	50%
9	3 680	4 800	5 920	2 240	1 120	50%
8	4 800	6 200	7 600	2 800	1 400	50%
7	6 200	7 880	9 560	3 360	1 680	50%
6	7 880	10 120	12 360	4 480	2 240	50%
5	10 120	12 920	15 720	5 600	2 800	50%
4	12 920	17 120	21 320	8 400	4 200	50%
3	17 120	22 720	28 320	11 200	5 600	50%
2	22 720	29 720	36 720	14 000	7 000	50%
1	29 720	38 120	46 520	16 800		

5. 薪酬政策线的制定

本公司的实际薪酬曲线，在与外部市场薪酬数据（P10、P25、P50、P75、P90）对比后，作出本公司调整数据。这条新的薪酬曲线，就是本公司的薪酬政策。见表 22.18。

表 22.18　薪酬政策线（本公司调整数据）

职等	P10	P25	P50	P75	P90	本公司实际	本公司调整
1	31 400	33 920	38 120	42 320	44 840	28 000	40 000
2	24 120	26 220	29 720	33 220	35 320	30 000	31 000
3	18 240	19 920	22 720	25 520	27 200	24 000	23 000
4	13 760	15 020	17 120	19 220	20 480	12 400	18 000
5	10 680	11 520	12 920	14 320	15 160	12 000	14 000
6	8 328	9 000	10 120	11 240	11 912	8 800	11 000
7	6 536	7 040	7 880	8 720	9 224	8 400	8 500
8	5 080	5 500	6 200	6 900	7 320	6 000	7 000
9	3 904	4 240	4 800	5 360	5 696	5 600	5 500
10	3 008	3 260	3 680	4 100	4 352	6 000	4 000
11	2 168	2 420	2 840	3 260	3 512	3 400	3 200
12	1 912	2 080	2 360	2 640	2 808	2 800	2 600

薪酬政策线的图解，见图 22.34。

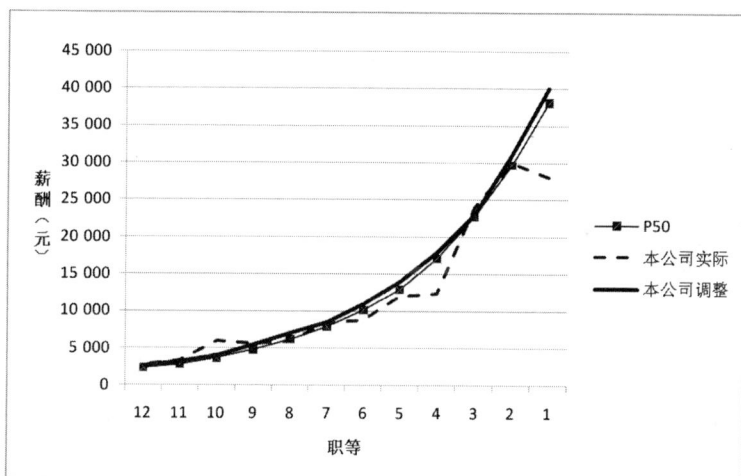

图 22.34　公司薪酬政策线的制定图解

关于薪酬调查报告（数据）具体如何运用，限于篇幅限制和修订时间工期的限制，不再展开。将来有机会第 3 版修订，或许再适当增加。